2019

Abitur
Original-Prüfungsaufgaben
mit Lösungen

Hamburg

Deutsch

STARK

© 2018 Stark Verlag GmbH
9. neu bearbeitete und ergänzte Auflage
www.stark-verlag.de

Das Werk und alle seine Bestandteile sind urheberrechtlich geschützt. Jede vollständige oder teilweise Vervielfältigung, Verbreitung und Veröffentlichung bedarf der ausdrücklichen Genehmigung des Verlages. Dies gilt insbesondere für Vervielfältigungen, Mikroverfilmungen sowie die Speicherung und Verarbeitung in elektronischen Systemen.

Inhalt

Vorwort

Hinweise und Tipps zum Abitur

1 Grundlagen I
2 Prüfungsstoff III
3 Aufgabenarten VI
4 Anforderungsbereiche (AFB)... IX
5 Operatoren X
6 Allgemeine Tipps für die Abiturklausur XII

Übungsaufgaben im Stil des Abiturs in Hamburg

Aufgabe 1:
Untersuchung und Vergleich literarischer Texte (Grundlegendes Niveau)
(zu: Gotthold Ephraim Lessing, *Emilia Galotti*)
    Arthur Schnitzler, *Der Ruf des Lebens* 1

Aufgabe 2:
Untersuchung und Vergleich literarischer Texte (Erhöhtes Niveau)
(zu: Gotthold Ephraim Lessing, *Emilia Galotti*)
    Arthur Schnitzler, *Der Ruf des Lebens* 6

Aufgabe 3:
Vergleichende Untersuchung eines Films und eines Dramas (Grundlegendes Niveau)
(zu: Friedrich Hebbel, *Maria Magdalena*)
    Maren Ade, *Toni Erdmann* (Standbild) 21

Aufgabe 4:
Vergleichende Untersuchung eines Films und eines Dramas (Erhöhtes Niveau)
(zu: Friedrich Hebbel, *Maria Magdalena*)
    Maren Ade, *Toni Erdmann* (Standbild) 23

Aufgabe 5:
Untersuchung und Vergleich literarischer Texte (Grundlegendes Niveau)
(zu: Saša Stanišić, *Vor dem Fest*)
Theodor Fontane, *Der Stechlin* 34

Aufgabe 6:
Untersuchung und Vergleich literarischer Texte (Erhöhtes Niveau)
(zu: Saša Stanišić, *Vor dem Fest*)
Theodor Fontane, *Der Stechlin* 37

Aufgabe 7:
Analyse eines pragmatischen Textes und Erörterung eines literarischen Textes
(Erhöhtes Niveau)
(zu: Theodor Fontane, *Irrungen, Wirrungen*)
Friedrich Christian Delius, *Fontane und die Anfänge* 49

Aufgabe 8:
Gedichtinterpretation (Grundlegendes Niveau)
Johann Wolfgang von Goethe, *Das Göttliche* 59

Aufgabe 9:
Vergleich lyrischer Texte (Erhöhtes Niveau)
Günter Kunert, *Mondnacht*
Joseph von Eichendorff, *Mondnacht* 65

Aufgabe 10:
Erörterung pragmatischer Texte (Thema: Lesen/Erhöhtes Niveau)
Hannelore Schlaffer, *Setz einen Frosch auf einen Stuhl* 73

Aufgabe 11:
Erörterung pragmatischer Texte (Thema: Sprache/Erhöhtes Niveau)
Jens Jessen, *Die verkaufte Sprache* 83

Aufgabe 12:
Erörterung pragmatischer Texte (Thema: Medien/Erhöhtes Niveau)
Alexandra Borchardt, *So ein Schwarm kann sehr dumm sein* 94

Abiturprüfungsaufgaben 2016 – Erhöhtes Anforderungsniveau (Auswahl)

Aufgabe 4: Materialgestütztes Verfassen eines Kommentars
zum Thema Nützlichkeit von Literatur .... EA 2016-1

Abiturprüfungsaufgaben 2017 – Erhöhtes Anforderungsniveau (Auswahl)	
Aufgabe 3: Materialgestütztes Verfassen eines Kommentars zum Thema Tendenzen der deutschen Gegenwartssprache ……	EA 2017-1

Abiturprüfungsaufgaben 2018 – Erhöhtes Anforderungsniveau (Auswahl)	
Aufgabe 3: Materialgestütztes Verfassen eines Kommentars zum Thema Abschaffung der Sie-Anrede ……………………	EA 2018-1
Aufgabe 4: Vergleich lyrischer Texte Gottfried Keller, *Abendlied an die Natur.* Björn Kuhligk, *Aus den Landschaften* ………………………	EA 2018-13

Autorinnen und Autoren

Brigitte Schwemmler (Einführungskapitel)

Jürgen Denzel (S. 21 f., S. 23 ff.); Dr. Klaus Gladiator (S. 1 ff.; S. 6 ff.); Dr. Susanne Holmes (S. 94 ff.); Angela Horwitz (S. 59 ff.); Dr. Stefan Helge Kern (S. 49 ff.); Christine Kossack (EA 2017/III); Lucie Küppers (S. 73 ff.); Claudia Mutter (S. 65 ff.); Annika Neesen (EA 2016/IV); Silke Nippert-Bussacker (EA 2018/IV); Alisa Schlegel (EA 2018/III); Redaktion (S. 34 ff., S. 37 ff., S. 83 ff.).

Vorwort

Liebe Abiturientinnen und Abiturienten,

Sie werden 2019 die zentral gestellte schriftliche Abiturprüfung im Kernfach Deutsch nach den Vorgaben der Profiloberstufe ablegen. Dieses Buch wird Ihnen helfen, sich optimal auf Ihre Prüfungen vorzubereiten.

Im einführenden Kapitel „**Hinweise und Tipps zum Abitur**" lernen Sie die Vorgaben kennen, an denen sich die Prüfung ausrichten wird. Sie erfahren, was Sie wissen müssen über Aufgabenarten, über Themen und Lektüren, über Bearbeitungsweise sowie Bewertungskriterien.

Zwölf **abiturähnliche Übungsaufgaben** zu den Themenbereichen für das Jahr 2019 eignen sich ideal zur Vorbereitung auf das Abitur. Dabei bereiten Sie drei Übungsaufgaben speziell auf die **Erörterung pragmatischer Texte** vor, die Ihnen auf erhöhtem Anforderungsniveau zusätzlich zur Wahl stehen wird.

Hilfreiches Trainingsmaterial sind auch die ausgewählten **Original-Prüfungsaufgaben der Jahre 2016 bis 2018**, die Ihnen zeigen, was in der Abiturprüfung auf Sie zukommen kann.

Zu jeder der in diesem Band enthaltenen Aufgaben finden Sie praxisnahe **Lösungsvorschläge**, die Ihnen helfen, Aufgabenstellungen zu verstehen und das eigene Schreiben darauf abzustimmen. Jedem Lösungsvorschlag sind **Hinweise und Tipps** vorangestellt, die Ihnen aufgabennahe Hilfestellungen zu Aufbau und Inhalt Ihres Aufsatzes und zu einer aufgabengerechten Schreibstrategie anbieten. **Hinweise am Rand** ermöglichen es Ihnen, der thematischen Entwicklung des Aufsatzes zu folgen und sinnvolle Strukturmerkmale sowie Anforderungen der Operatoren zu erkennen.

Sollten nach Erscheinen dieses Bandes noch wichtige Änderungen in der Abitur-Prüfung 2019 von der Behörde für Schule und Weiterbildung bekannt gegeben werden, finden Sie aktuelle Informationen dazu im Internet unter:
www.stark-verlag.de/pruefung-aktuell.

Wir wünschen Ihnen eine effektive Vorbereitung auf Ihr Abitur und eine erfolgreiche Prüfung.

Die Autoren und der Verlag

Hinweise und Tipps zum Abitur

1 Grundlagen

1.1 Vorgaben für die Abiturprüfung Deutsch

Zentraler Bestandteil der Profiloberstufe sind die von Ihrer Schule entwickelten **Profile** mit sprachlichem, naturwissenschaftlichem, gesellschaftswissenschaftlichem, künstlerischem, sportlichem oder beruflichem Schwerpunkt. Bei der Auswahl Ihrer Belegfächer sind folgende drei Aspekte zu beachten:
- verbindliche Kernfächer,
- zu Profilbereichen zusammengefasste Fächer
- und weitere, gemäß den Belegverpflichtungen zu wählende Fächer.

Deutsch gehört neben Mathematik und einer weitergeführten Fremdsprache zu den sogenannten **Kernfächern**. Die Kernfächer müssen von allen Schülern belegt werden: Mindestens zwei Kernfächer sind auf **erhöhtem Anforderungsniveau** zu belegen, ein Kernfach kann auf **grundlegendem Anforderungsniveau** belegt werden. Der Unterricht in den Kernfächern wird in den vier Semestern der Studienstufe durchgängig mit vier Unterrichtswochenstunden unterrichtet. Mindestens zwei der drei Kernfächer sind Prüfungsfächer, davon muss in mindestens einem Kernfach die schriftliche Prüfung auf erhöhtem Anforderungsniveau abgelegt werden. In welchen Fächern Sie die Abiturprüfung ablegen wollen, legen Sie zu Beginn des dritten Semesters fest.

Die **Abiturprüfung** besteht aus vier Teilprüfungen, drei schriftlichen und einer mündlichen. Die **mündliche Abiturprüfung** wird in Form einer Präsentationsprüfung oder der klassischen dreißigminütigen Prüfung (mit einer Vorbereitungszeit von weiteren 30 Minuten) durchgeführt. Diese kann auf erhöhtem oder grundlegendem Niveau abgelegt werden, je nachdem, auf welcher Niveaustufe Sie das Fach belegt haben. Zwei **schriftliche Prüfungen** müssen Sie auf erhöhtem Anforderungsniveau ablegen (mindestens eine davon in einem Kernfach). Die schriftlichen Abituraufgaben im Fach Deutsch werden wie in fast allen anderen Fächern zentral gestellt.
Zwei Aufgaben stammen von der Hamburger Schulbehörde (Aufgabe 1 und 2), die Aufgaben 3 und 4 werden dem **gemeinsamen Aufgabenpool** aller Bundesländer entnommen. Diese Aufgaben werden auf der Grundlage der Bildungsstandards für die Allgemeine Hochschulreife in enger Zusammenarbeit der Länder mit dem IQB (Institut für Qualitätsentwicklung im Bildungswesen) entwickelt. Die **vierte Aufgabe** (**Erörterung pragmatischer Texte**) müssen nur die Schülerinnen und Schüler bearbeiten, die Deutsch **auf erhöhtem Niveau** belegt haben.

Die schriftliche Abiturprüfung findet am Ende des vierten Semesters statt, Termin der Deutsch-Prüfung ist der 30. April 2019. Die mündliche Abiturprüfung wird Mitte/Ende Juni abgehalten.

1.2 Zeitrahmen und Ablauf der Prüfung

In der Abiturprüfung im Fach Deutsch werden Ihnen im grundlegenden Anforderungsniveau drei, im erhöhten Anforderungsniveau vier **unterschiedliche Aufgaben** vorgelegt, von denen Sie **eine auswählen**. Zur Bearbeitung stehen Ihnen 255 Minuten (grundlegendes Anforderungsniveau) beziehungsweise 315 Minuten (erhöhtes Anforderungsniveau) zur Verfügung. Die Arbeitszeit schließt Lese- und Auswahlzeit ein.

Zu Beginn der Arbeitszeit sollten Sie rasch eine Auswahl treffen, damit Sie möglichst schnell mit der Arbeit an Ihrem Thema beginnen können. Sicher werden Sie in Ihrer Vorbereitung auf die Abiturprüfung mindestens einen der zentral gestellten Schwerpunkte genauer und intensiver vorbereitet haben. Überprüfen Sie, ob Sie die Fragestellung zum Themenbereich in der Kopplung mit dem Aufgabentypus sicher bearbeiten können, denn die Auswahl der richtigen Aufgabe kann den Erfolg Ihrer Arbeit maßgeblich beeinflussen. Sie sollten die Aufgabenstellungen, die für Sie in die engere Wahl kommen, auf die folgenden Fragen hin überprüfen:
- Welche Aufgabe liegt mir? Wo kann ich meine Stärken am besten einbringen?
- Spricht mich eine der Aufgabenstellungen inhaltlich besonders an?
- Welches sind die Schwerpunkte der Aufgabe? Komme ich mit ihnen zurecht?
- Welche Operatoren liegen vor? Bin ich mir der damit verbundenen Anforderungen bewusst?
- Habe ich für die Lösung der Aufgabenstellung interessantes Zusatzwissen? Verfüge ich beispielsweise über Kenntnisse zum Leben und Werk des entsprechenden Autors oder über epochenspezifisches Wissen?

Haben Sie sich für eine Aufgabe entschieden, sollten Sie möglichst nicht mehr wechseln, denn das wäre verschenkte Zeit.

Der weitere **Prüfungsverlauf** könnte sich folgendermaßen darstellen:
- Lesen Sie die Aufgabenstellung der von Ihnen ausgewählten Aufgabe nochmals genau durch.
- Notieren Sie sich kurz, was von Ihnen verlangt wird. Damit verdeutlichen Sie sich die Aufgabenstellung.
- Machen Sie sich noch einmal die Anforderungen der Operatoren bewusst.
- Lesen Sie das vorgegebene Textmaterial und machen Sie sich erste Randnotizen.
- Beginnen Sie dann mit der genauen Textarbeit. Arbeiten Sie dabei mit den Ihnen vertrauten Markierungen, mit Farben und Randnotizen.
- Entwerfen Sie eine Stoffsammlung. Machen Sie sich dazu die notwendigen Notizen, welche Aspekte Sie ansprechen wollen.
- Entwerfen Sie eine Gliederung für Ihre Abiturklausur, indem Sie Ihre Aufzeichnungen ordnen.

- Beginnen Sie mit der Ausarbeitung Ihrer Klausur. Arbeiten Sie Punkt für Punkt der Gliederung ab und vergewissern Sie sich immer wieder, ob Ihre Ausführungen stimmig und überzeugend sind.
- Prüfen Sie, ob Sie die Aufgabenstellung im Blick behalten und die Anforderungen der Operatoren erfüllen.
- Am Ende der Arbeitszeit lesen Sie Ihren Text noch einmal durch, nehmen eventuell Verbesserungen vor und kontrollieren Rechtschreibung und Grammatik.

Legen Sie die Prüfung auf **erhöhtem Niveau** ab, können Sie sich an folgender Vorgabe orientieren: Nehmen Sie sich für die Textarbeit und Planung Ihrer Arbeit circa 120 Minuten Zeit. Entscheiden Sie sich in den ersten 15 Minuten für eine Aufgabe. Schließen Sie den Schreibprozess in weiteren 120 Minuten ab, dann bleiben Ihnen noch 60 Minuten für die Überarbeitung. Wenn Ihnen bei einer Prüfung auf **grundlegendem Niveau** 255 Minuten zur Verfügung stehen, ist es ratsam, sich in den ersten 15 Minuten für eine Aufgabe zu entscheiden. Für die Vor- und Textarbeit sollten Sie 100 Minuten, für den Schreibvorgang ebenfalls 100 Minuten einplanen, sodass Ihnen für die abschließende Überarbeitung noch 40 Minuten zur Verfügung stehen. Diese Vorgaben sind jedoch lediglich ungefähre Richtwerte. Nutzen Sie die Zeit der Prüfungsvorbereitung, um die für Sie **optimale Zeiteinteilung** herauszufinden, denn manche Schreiber benötigen mehr Zeit für die Vorarbeit, andere für das eigentliche Schreiben, wieder andere konzentrieren sich auf eine gründliche Überarbeitung ihres Aufsatzes.

1.3 Hilfsmittel

Als Hilfsmittel stehen Ihnen die offiziell festgelegten **Referenztexte** zur Verfügung. Diese dürfen jedoch keinerlei Schülerkommentare oder -notizen enthalten. Des Weiteren dürfen Sie ein **Rechtschreibwörterbuch** verwenden.

2 Prüfungsstoff

Die **rechtlichen Regelungen** zur Durchführung der Abiturprüfung mit zentraler Aufgabenstellung finden sich in der Ausbildungs- und Prüfungsordnung zum Erwerb der Allgemeinen Hochschulreife (APO-AH) vom 25. März 2008 in der jeweils geltenden Fassung:
http://www.hamburg.de/contentblob/1332736/data/bsb-apo-ah-18-03-2009.pdf

In der Prüfung werden Aufgaben zu **drei beziehungsweise vier Schwerpunktthemen** gestellt. Diese werden rechtzeitig vor Beginn der Oberstufe bekannt gegeben. Die Themen berücksichtigen meist die literarischen Gattungen Lyrik, Prosa und Drama. Jedes Schwerpunktthema ist bei der Abiturprüfung einmal vertreten. Grundsätzlich sind für das grundlegende und das erhöhte Niveau die gleichen Themen vorgegeben. Für das erhöhte Niveau werden jedoch zusätzliche Anforderungen gestellt und es

wird Ihnen eine vierte Aufgabe zum Aufgabenformat „Erörterung pragmatischer Texte" aus dem länderübergreifenden Pool vorgelegt.
Folgende Schwerpunktthemen sind für die **Abiturprüfung 2019** vorgegeben:

Schwerpunkt I: Wertvorstellungen – Von Vätern und Töchtern
Dieses Thema ist Schwerpunkt im Rahmen des Semesterakzentes „Literatur und Sprache von der Aufklärung bis zur Gegenwart". Verbindlich im Unterricht zu behandelnde Texte und Medien sind:
- Gotthold Ephraim Lessing: *Emilia Galotti*
- Friedrich Hebbel: *Maria Magdalena*
- Drehbuch zu *Toni Erdmann*
- Maren Ade: *Toni Erdmann* (Film)
- zusätzlich auf erhöhtem Anforderungsniveau: Inge Stephan: *„So ist die Tugend ein Gespenst" – Frauenbild und Tugendbegriff bei Lessing und Schiller*

Folgende Aspekte sollten Sie bei Ihrer **Prüfungsvorbereitung** beachten:
- Einordnung der Referenztexte in den Epochenkontext,
- Wirkung sprachlicher Gestaltungsmittel,
- korrekte Verwendung von Fachbegriffen,
- Anwendung von Verfahren der Filmanalyse und ihren Analysekategorien (Aufbau, Erzählstruktur, Einstellungsgrößen, Perspektiven, Kamera- und Objektbewegung, Beleuchtung, Mise en scène, Montage, Dialogführung, Wort-Bild-Ton-Beziehung),
- Analyse des Zusammenhangs von Darstellungsmitteln und ihrer Wirkungsweise in unterschiedlichen Medien,
- Kenntnis von textexternen Bezügen und deren Anwendung auf die Deutung.

Auf **erhöhtem Niveau** sind Kenntnisse von textexternen Bezügen, vor allem von kultur- und literaturhistorischen Aspekten, besonders wichtig. Außerdem sollten Sie in der Lage sein, auch komplexere Texte zu verstehen, auch solche, die höhere Anforderungen an Kontextwissen und Sprachverständnis stellen.

Schwerpunkt II: „Fürstenfelde" erzählen – Literarisierung eines fiktiven Dorfes
Dieses Thema ist Schwerpunkt im Rahmen des Semesterakzentes „Literatur und Sprache des 20./21. Jahrhunderts". In diesem Schwerpunkt befassen Sie sich mit dem Roman *Vor dem Fest* von Saša Stanišić. Außerdem müssen folgende Texte behandelt worden sein:
- Theodor Fontane: *Was soll ein Roman?* (Auszug)
- Karl Migner: *Kennzeichen des modernen Romans* (Auszug)
- Albert Koschorke: *Wahrheit und Erfindung* (Auszug)
- Theodor Fontane: ein frei wählbarer Roman

Folgende Aspekte sollten Sie bei Ihrer **Prüfungsvorbereitung** beachten:
- Anwendung analytischer und produktionsorientierter Texterschließungsmethoden,
- Untersuchung der Wirkung sprachlicher Mittel,

- Kenntnis von Fachbegriffen wie Sprachregister, Sprechweise, Figurenrede und Erzählerrede,
- Herstellen von textexternen Bezügen (insbesondere biografische, historische und literaturgeschichtliche) zur Deutung literarischer Texte,

Auf **erhöhtem Niveau** müssen Sie intermediale Bezüge zwischen Roman und Webseite (http//:fürstenfelde.de/?page_id=42) analysieren sowie produktive Verfahren der Textgestaltung anwenden und diese in unterschiedliche Textformen (z. B. Rezension, Bericht, Fabel, Chronik) umsetzen können.

Schwerpunkt III: Lyrik

Dieses Thema ist Schwerpunkt im Rahmen des Semesterakzentes „Interpretation eines literarischen Textes". Verbindliche Referenztexte sind repräsentative deutschsprachige Gedichte von der Klassik bis zur Gegenwart.

Folgende Aspekte sollten Sie bei Ihrer **Prüfungsvorbereitung** beachten:
- Untersuchung der Wirkung sprachlicher Gestaltungsmittel,
- Anwendung analytischer und produktionsorientierter Texterschließungsmethoden,
- Beschreibung von Deutungsproblemen und produktiver sowie reflektierter Umgang mit Zweideutigkeit,
- Herstellung textexterner Bezüge (biografisch, kultur-/literaturhistorisch),
- aspektorientierter Vergleich von Gedichten.

Auf **erhöhtem Anforderungsniveau** müssen Sie zusätzlich textexterne Bezüge herstellen und Gedichte aspektgeleitet im Hinblick auf relevante Motive, Themen und Strukturen vergleichen können.

Schwerpunkt IV (nur erhöhtes Anforderungsniveau): Sprache/Medien/Lesen

Dieses Schwerpunktthema bezieht sich auf den Unterrichtsgegenstand „textbezogenes Schreiben". Dabei müssen Sie über das methodische Wissen verfügen, zu strittigen Sachverhalten eine eigene differenzierte Argumentation zu entwickeln. Im Abitur 2019 wird in diesem Zusammenhang die Erörterung pragmatischer Texte gefordert.

Folgende Aspekte sollten Sie bei der **Prüfungsvorbereitung** beachten:
- Erschließung von komplexen Texten,
- systematische Analyse von Textstrukturen,
- Untersuchung von Aufbau und Intention eines argumentativen Textes,
- Analyse der Argumentationsstruktur eines Textes sowie der Wirkung von sprachlichen Mitteln,
- fundierte Beurteilung einer Argumentation,
- Verwendung begrifflich präziser und stilistisch wirksamer Formulierungen.

Auf **erhöhtem Niveau** müssen Sie zusätzlich komplexere Texte verstehen und implizite Argumentationsbestandteile erfassen sowie übergeordnete Theorien und Problemstellungen rekonstruieren.

Gemäß den einheitlichen Prüfungsanforderungen im Fach Deutsch werden in Hamburg im Rahmen der Schwerpunktsetzung **literarische und pragmatische Texte** sowie **Medienprodukte** als Gegenstand der Analyse beziehungsweise Erörterung herangezogen.
In der Aufgabenstellung im Abitur können Ihnen **unterschiedliche Textsorten** vorgelegt werden, die Sie dann in Ihrer Analyse aufeinander beziehen sollen. So kann zum Beispiel ein Gedicht oder ein Romanauszug einem theoretischen Text gegenübergestellt werden.
Des Weiteren werden ausgewählte Medien wie Hörbücher vorgegeben. Diese sind wie die verbindlichen Referenztexte Gegenstand des Deutschunterrichts, in dem Sie sie mithilfe von analytischen und produktiven Verfahren erschließen.

Hinweise zum Prüfungsstoff und den verbindlichen Lektüren finden Sie auch in der offiziellen Information „Abitur 2019. Regelungen für die zentralen schriftlichen Prüfungsaufgaben" im Internet unter:
http://bildungsserver.hamburg.de/contentblob/8796052/7e27dfec3f3add253018d1b6a2f422ed/data/abitur-a-heft-2019.pdf

3 Aufgabenarten

Jede Abituraufgabe kann in zwei bis drei Teilaufgaben untergliedert sein. Dabei können Ihnen folgende Aufgabenarten vorgelegt werden:
- Untersuchung eines literarischen Textes,
- Untersuchung eines pragmatischen Textes,
- Erörterung literarischer oder pragmatischer Texte,
- Mischformen aus diesen drei Aufgabenarten,
- kreative/produktive Teilaufgabe im Anschluss an eine der drei Aufgabenarten.

Zur genaueren Verdeutlichung kann die folgende Tabelle mit den Grundmustern der Aufgabenarten dienen:

	Textbezogenes Schreiben				Materialgestütztes Schreiben	
Aufgabenart	Interpretation literarischer Texte	Analyse pragmatischer Texte	Erörterung literarischer Texte	Erörterung pragmatischer Texte	Materialgestütztes Verfassen informierender Texte	Materialgestütztes Verfassen argumentierender Texte

Quelle: Bildungsstandards im Fach Deutsch für die Allgemeine Hochschulreife (Beschluss der KMK vom 18. 10. 2012), S. 24

3.1 Untersuchung eines literarischen Textes

Bei dieser Aufgabenstellung geht es um die Analyse und Interpretation eines fiktiven Textes. Zugrunde liegt ein Text beziehungsweise ein Ausschnitt aus einem lyrischen, epischen oder dramatischen Werk. Lesen Sie die Vorlage zunächst mehrmals, markieren Sie Auffälliges und formulieren Sie Fragen an den Text. Dabei ist es von großer Bedeutung, die Aufgabenstellung im Blick zu behalten.

Oft bietet es sich an, der Analyse eine Zusammenfassung des Inhalts voranzustellen und den Text – sofern es sich um einen Auszug handelt – in den Werkkontext einzuordnen. Ihre Untersuchung der Textvorlage sollte formale und sprachliche Gestaltungsmittel einbeziehen und deren Wirkung aufzeigen. Analysieren Sie auffällige Motive und Bilder. Häufig gibt die Aufgabenstellung auch einen Aspekt vor, auf den sich Ihre Analyse konzentrieren sollte.

Stützen Sie Ihre Interpretation durch geeignete Belege aus dem Text. Achten Sie darauf, korrekt zu zitieren, das Zitat in den Zusammenhang einzubauen und es zu erläutern.

Für die Prüfungssituation kann es hilfreich sein, wenn Sie über ein **Repertoire an Fragen** je nach Gattung verfügen, mithilfe derer Sie an den Text herangehen können:

Interpretation eines Gedichts
- Wer spricht in dem Gedicht? Tritt ein lyrisches Ich in Erscheinung? Wie spricht es?
- Welche Entwicklung findet in dem Gedicht statt? Gibt es eine Handlung?
- Welche Versgruppen beziehungsweise Strophen gehören zusammen?
- Wie ist ein Motiv umgesetzt und inwieweit wandelt es sich?
- Welcher Zusammenhang besteht zwischen Inhalt, Form und Sprache? Wie stützen formale und sprachliche Gestaltungsmittel den Inhalt?

Interpretation eines Dramenauszugs
- Welche Figuren treten auf? Sind diese gleichberechtigt oder liegt eine Hierarchie vor? Welche Redeanteile haben die Figuren?
- Welcher Konflikt liegt in der Szene? Wie spitzt sich die Auseinandersetzung zu?
- Wo ist ein Einschnitt, ein Wende- oder Höhepunkt in der Szene?
- Welche Rolle spielen der Schauplatz und die Requisiten?
- Was tragen die Regieanweisungen zum Verständnis bei?
- Wie charakterisieren Figurenrede, Gestik und Mimik die auftretenden Figuren? Was wird zwischen den Zeilen offenkundig?
- Welche Funktion hat die Szene im Drama?

Interpretation eines epischen Textes
- Welches Thema, welche zentralen Motive prägen den Text?
- Welche Figuren treten auf und was erfährt der Leser über sie?
- Wie macht sich der Erzähler bemerkbar? Welche Perspektive nimmt er ein?
- Wird linear-chronologisch erzählt oder mit Rückblenden und Vorwegnahmen?
- Entsteht ein realistisches Abbild unserer Wirklichkeit oder gebraucht der Autor fantastische/absurde/groteske Elemente?
- Wo findet das Geschehen statt? Gibt es einen Bezug zwischen Ort und Inhalt? Welche Stimmung/Atmosphäre wird durch den Ort erzeugt?

3.2 Untersuchung eines pragmatischen Textes

Bei dieser Aufgabenstellung geht es um die Analyse eines Sachtextes. Lesen Sie den Text gründlich durch und verdeutlichen Sie sich die vom Autor aufgestellten Thesen und Forderungen. Oft wird von Ihnen verlangt, den Text zusammenzufassen und unter einem bestimmten Aspekt zu erschließen. In diesem Zusammenhang ist es auch wichtig, sich mit den sprachlichen Besonderheiten und den Argumentationsstrukturen des Textes zu beschäftigen.

Auch hier helfen Ihnen grundsätzliche Fragen an den Text bei der Erschließung:
- Welche Hauptthese stellt der Autor auf? Was sind die untergeordneten Thesen?
- Welche Beispiele führt der Autor an? Bezieht er sich dabei auf Autoritäten?
- Welche Gliederung ist erkennbar: Wo werden Thesen, Begründungen, Beispiele angeführt?
- Welche Sprechakte werden verwendet (*Der Autor behauptet/kritisiert/empfiehlt etc.*)? So lässt sich am besten die Argumentationsstruktur des Textes bestimmen.
- Wo sind die Schlüsselstellen des Textes? Es bietet sich an, diese direkt zu zitieren, um sie zu kommentieren und zu erläutern.

3.3 Erörterung eines literarischen oder pragmatischen Textes

Bei dieser Aufgabenstellung kommt es darauf an, einen literarischen oder pragmatischen Text unter einer vorgegebenen oder selbst gewählten Fragestellung zu betrachten. Dabei beleuchten Sie einen komplexen Sachverhalt von verschiedenen Seiten, wägen mögliche Sichtweisen ab und entwickeln einen eigenen kritischen Standpunkt.
Bei der Erörterung eines **literarischen Textes** liegt Ihnen häufig ein Zitat oder ein Textausschnitt eines Werkes vor, aus dem eine These zu entnehmen ist, die es zu erörtern gilt. Als Belege dienen Ihnen Zitate aus dem entsprechenden Werk beziehungsweise Beispiele anderer literarischer Texte.
Bei der Erörterung eines **pragmatischen Textes** bezieht sich die Aufgabenstellung oft auf einen kommentierenden, meinungsbildenden Text, zum Beispiel einen Zeitungsartikel.
Beide Aufgaben verlangen von Ihnen eine überzeugende Argumentation zu einer Leitfrage, die sich auf repräsentative Beispiele und nachvollziehbare Begründungen stützt.

3.4 Gestaltendes Interpretieren und adressatenbezogenes Schreiben

Der produktive Umgang mit literarischen oder pragmatischen Texten bildet zumeist die zweite Teilaufgabe einer Arbeitsanweisung. Im ersten Schritt ist die Vorlage zu erschließen, wobei Sie sich neben der Analyse von gestalterischen Mitteln vor allem den inhaltlichen Aspekten und – bei pragmatischen Texten – der Argumentationsstruktur zuwenden. Im zweiten Schritt werden Sie selbst produktiv.
Bei der **gestaltenden Interpretation** auf der Grundlage eines **literarischen Textes** müssen Sie Stilebenen und Kommunikationsbezüge so ausarbeiten, dass sie zu den Figuren passen. Dabei wird von Ihnen verlangt, dass Sie beispielsweise einen Textauszug umschreiben, sodass er das Geschehen aus der Sicht einer bestimmten Figur

schildert. Auch könnte die Aufgabenstellung fordern, Figuren in ein fiktives Gespräch zu verwickeln, einen inneren Monolog oder Tagebucheintrag zu verfassen. Eine Form des gestaltenden Umgangs mit **pragmatischen Texten** ist das **adressatenbezogene Schreiben**. Nach der Analyse der Textvorlage verfassen Sie eine Antwort auf diese. Das soll in Form eines argumentierenden journalistischen Textes, also zum Beispiel eines Kommentars, eines Essays oder einer Glosse, geschehen. Diese subjektive Art der Textgestaltung lässt Ihnen mehr Freiheiten als die klassische Texterörterung. Achten Sie aber dennoch darauf, Ihre Argumentation logisch aufzubauen sowie sprachlich überzeugend darzustellen. Der Adressatenbezug soll klar erkennbar sein: Passen Sie Inhalt und Gestaltung dem vorgegebenen Kontext (zum Beispiel Kommentar in einer Schülerzeitung, Leserbrief in der Zeitung etc.) an.

3.5 Materialgestütztes Verfassen argumentierender Texte

Bei diesem Aufgabentyp wird Ihnen ein **Materialdossier** zu einem bestimmten Thema vorgelegt, das Ihnen als Grundlage für die eigene Textproduktion dienen soll. In der Regel wird dieses Dossier nicht nur zusammenhängende Texte, sondern auch sogenannte **diskontinuierliche Texte**, also Bilder, Grafiken etc. enthalten. Die Materialien müssen zunächst kritisch ausgewertet und um eigene Kenntnisse erweitert werden. Es geht dabei nicht darum, die Materialien detailliert zu analysieren, sondern darum, diese mit Blick auf die Aufgabenstellung inhaltlich zu sichten und über die Verwendung einzelner Informationen oder Argumente zu entscheiden. Sie sollen einen **argumentierenden Text** schreiben, in dem Sie klar Stellung zur entsprechenden Problematik beziehen und den von der Aufgabe benannten **kommunikativen Kontext** berücksichtigen. Je nachdem, ob also z. B. ein Kommentar oder ein Leserbrief für eine Tageszeitung oder aber ein Artikel für eine Schülerzeitung geschrieben werden soll, müssen Sie dem spezifischen Adressatenkreis gerecht werden und ein passendes sprachliches Register verwenden. Erwartungen und Interessen der potenziellen Leser sollten beachtet werden.

4 Anforderungsbereiche (AFB)

Bei der Bearbeitung der Aufgaben müssen Sie folgende Anforderungen beachten:

Anforderungsbereich I
Reproduktion: Er umfasst das Wiedergeben von Sachverhalten und Kenntnissen im gelernten Zusammenhang sowie das Beschreiben und Anwenden geübter Arbeitstechniken und Verfahren in einem wiederholenden Zusammenhang.

Anforderungsbereich II
Transfer: Er umfasst das selbstständige Auswählen, Anordnen, Verarbeiten und Darstellen bekannter Sachverhalte unter vorgegebenen Gesichtspunkten in einem durch Übung bekannten Zusammenhang sowie das selbstständige Übertragen und Anwenden des Gelernten auf vergleichbare neue Zusammenhänge und Sachverhalte.

Anforderungsbereich III
Problemlösung: Er umfasst das zielgerichtete Verarbeiten komplexer Sachverhalte mit dem Ziel, zu selbstständigen Lösungen, Gestaltungen oder Deutungen, Folgerungen, Begründungen und Wertungen zu gelangen.
Sie wählen dabei selbstständig aus den gelernten Arbeitstechniken und Verfahren aus, die Ihnen zur Bewältigung der Aufgabe geeignet erscheinen, und wenden sie in einer neuen Problemstellung an. Dabei sollten Sie das eigene Vorgehen kritisch beurteilen.

Der Schwerpunkt der Abituraufgaben liegt meist auf den Bereichen II und III.

5 Operatoren

Die in den zentralen schriftlichen Abituraufgaben verwendeten Operatoren werden in der folgenden Tabelle definiert. Entsprechende Formulierungen in den Klausuren der Studienstufe sind ein wichtiger Teil Ihrer Vorbereitung auf das Abitur.
Neben Definitionen und Beispielen enthält die Tabelle auch Zuordnungen zu den Anforderungsbereichen I, II und III, wobei die konkrete Zuordnung auch vom Kontext der Aufgabenstellung abhängen kann und eine scharfe Trennung der Anforderungsbereiche nicht immer möglich ist.

Operator und AFB	Definition	Anwendungsbeispiel
analysieren (I, II, III)	einen Text aspektorientiert oder als Ganzes unter Wahrung des funktionalen Zusammenhangs von Inhalt, Form und Sprache erschließen und das Ergebnis der Erschließung darlegen	*Analysieren Sie den Text im Hinblick auf die Wirkung der sprachlichen Mittel.* *Analysieren Sie den vorliegenden Essay.*
beschreiben (I, II)	Sachverhalte, Situationen, Vorgänge, Merkmale von Personen bzw. Figuren sachlich darlegen	*Beschreiben Sie Inhalt und Gedankenführung des Textes.*
beurteilen (II, III)	einen Sachverhalt, eine Aussage, eine Figur auf Basis von Kriterien bzw. begründeten Wertmaßstäben einschätzen	*Beurteilen Sie auf der Grundlage der vorliegenden Texte die Entwicklungstendenzen der deutschen Gegenwartssprache.*
charakterisieren (II, III)	die jeweilige Eigenart von Figuren/Sachverhalten herausarbeiten	*Charakterisieren Sie den Protagonisten im vorliegenden Textauszug.*
darstellen (I, II)	Inhalte, Probleme, Sachverhalte und deren Zusammenhänge aufzeigen	*Stellen Sie die wesentlichen Elemente des vorliegenden Kommunikationsmodells dar.*
einordnen (I, II)	eine Aussage, einen Text, einen Sachverhalt unter Verwendung von Kontextwissen begründet in einen vorgegebenen Zusammenhang stellen	*Ordnen Sie den folgenden Szenenausschnitt in den Handlungsverlauf des Dramas ein.*

erläutern (II, III)	Materialien, Sachverhalte, Zusammenhänge, Thesen in einen Begründungszusammenhang stellen und mit zusätzlichen Informationen und Beispielen veranschaulichen	*Erläutern Sie anhand der Textvorlage die wesentlichen Elemente der aristotelischen Dramentheorie.*
erörtern (I, II, III)	auf der Grundlage einer Materialanalyse oder -auswertung eine These oder Problemstellung unter Abwägung von Argumenten hinterfragen und zu einem Urteil gelangen	*Erörtern Sie die Position der Autorin.*
gestalten (II, III)	ein Konzept nach ausgewiesenen Kriterien sprachlich oder visualisierend ausführen	*Gestalten Sie eine Parallelszene zu I.4 mit den Figuren X und Y.*
in Beziehung setzen (II, III)	Zusammenhänge unter vorgegebenen oder selbst gewählten Gesichtspunkten begründet herstellen	*Setzen Sie die Position des Autors in Beziehung zum Frauenbild des vorliegenden Textauszugs.*
interpretieren (II, III)	auf der Grundlage einer Analyse Sinnzusammenhänge erschließen und unter Einbeziehung der Wechselwirkung zwischen Inhalt, Form und Sprache zu einer schlüssigen Gesamtdeutung gelangen	*Interpretieren Sie das vorliegende Gedicht.*
sich auseinandersetzen mit (II, III)	eine Aussage, eine Problemstellung argumentativ und urteilend abwägen	*Setzen Sie sich mit der Auffassung des Autors auseinander, inwiefern [...]*
überprüfen (II, III)	Aussagen/Behauptungen kritisch hinterfragen und ihre Gültigkeit kriterienorientiert und begründet einschätzen	*Überprüfen Sie, inwieweit die These zutrifft, die Kunstauffassung der Autorin spiegle sich im vorliegenden Text wider.*
verfassen (I, II, III)	auf der Grundlage einer Auswertung von Materialien wesentliche Aspekte eines Sachverhaltes in informierender oder argumentierender Form adressatenbezogen und zielorientiert darlegen	*Verfassen Sie auf der Grundlage der Materialien einen Kommentar für eine Tageszeitung.*
vergleichen (II, III)	nach vorgegebenen oder selbst gewählten Gesichtspunkten Gemeinsamkeiten, Ähnlichkeiten und Unterschiede herausarbeiten und gegeneinander abwägen	*Vergleichen Sie die Naturschilderung in den vorliegenden Gedichten.*
zusammenfassen (I, II)	Inhalte oder Aussagen komprimiert wiedergeben	*Fassen Sie die Handlung der vorliegenden Szene zusammen.*

6 Allgemeine Tipps für die Abiturklausur

6.1 Praktische Tipps

Die Übungsaufgaben und die Auswahl der zentral gestellten Aufgaben bieten Ihnen vielfältiges Übungsmaterial für die Prüfungsvorbereitung. Nutzen Sie die jeder Aufgabe vorangestellten Hinweise und Tipps, um sich Anregungen für Ihre eigene Lösung zu holen, und schreiben Sie, denn Übung macht hier tatsächlich den Meister.

Bevor Sie jedoch mit dem eigentlichen Schreiben beginnen, sollten Sie sich ausreichend Zeit für die **Textarbeit** und für die **Planung Ihrer Klausur** nehmen. Markieren Sie die Texte farbig, machen Sie sich Randnotizen und sammeln Sie Ihre Ideen in Stichworten oder Mindmaps. Eine **Gliederung** kann dabei hilfreich sein, Ihre Arbeit sinnvoll und übersichtlich zu strukturieren. Teilen Sie sich Ihre Zeit so ein, dass Sie am Ende Ihre Klausur noch einmal überarbeiten und gründlich durchlesen können, denn Schreiben ist ein Prozess und sicherlich lassen sich noch Verbesserungen vornehmen.

6.2 Hinweise zu den Bewertungskriterien

In die Bewertung der Abituraufgabe fließen die inhaltliche und methodische Leistung sowie die sprachliche und formale Darstellung mit ein.

Besonders gewichtet werden dabei folgende Aspekte:
- präzises Formulieren der Aussagen,
- logisches Entwickeln von Gedanken und Gewichtung nach deren Bedeutung,
- klare Gliederung der Ausführungen,
- flüssige Überleitungen,
- Belegen der Ergebnisse durch ausgewählte und korrekt zitierte Textstellen,
- Verwendung einer aufgabengerechten Sprachform,
- Berücksichtigung von Fachsprache,
- differenzierte Erläuterung zentraler inhaltlicher und formaler Aspekte,
- argumentative Begründung von Wertungen,
- normgerechter Gebrauch der Sprache, das heißt Sicherheit in Rechtschreibung, Zeichensetzung und Grammatik,
- lesbare Schrift im Rahmen einer leserfreundlichen Gestaltung.

Bei der Erörterungsaufgabe wird besonders auf folgende Kriterien geachtet:
- präzises Erschließen des Themas und schlüssiger Aufbau,
- strukturiertes, zielgerichtetes, schlüssiges und sprachlich korrektes Argumentieren, das durch passende Beispiele gestützt wird,
- Darlegung und Begründung des eigenen Standpunktes,
- angemessener Grad der Reflexion,
- korrekte Verwendung der Begrifflichkeiten,
- anschauliche und repräsentative Beispiele.

Viel Erfolg!

> Deutsch (Hamburg) – Grundlegendes Anforderungsniveau
> Abiturähnliche Übungsaufgabe 1

Aufgabenart
Untersuchung und Vergleich literarischer Texte

Thema
Wertvorstellungen – Von Vätern und Töchtern

Verbindlicher Referenztext
Gotthold Ephraim Lessing: *Emilia Galotti*

Teilaufgaben

1. Analysieren Sie die vorliegende Dramenszene unter besonderer Berücksichtigung des Vater-Tochter-Verhältnisses.
2. Vergleichen Sie die Beziehung von Vater und Tochter bei Schnitzler mit dem Verhältnis zwischen Emilia und Odoardo Galotti.

Arthur Schnitzler (1862–1931)
Der Ruf des Lebens (1906)

Schauspiel in drei Akten

Einfaches, beinah ärmliches Zimmer im zweiten Stock eines alten Hauses der inneren Stadt[1]. Blau gemalte Wände, zum Teil schadhaft. Rechts vorn Eingangstüre, eine zweite Türe links hinten. Im Hintergrund zwei Fenster mit ausgebauchtem Glas. Am Fenster rechts ein Sessel. [...]

DER VATER *auf dem Krankensessel halb ausgestreckt, in braunem Schlafrock, die Füße mit einem Plaid[2] bedeckt. Er ist hager, hat einen kurzgeschnittenen Vollbart von grünlich-braungrauer Farbe, wie einstmals gefärbt; die dünnen Kopf-*
5 *haare über den Scheitel gekämmt, das Gesicht böse, faltig, verwüstet. Er scheint zu schlafen.*
MARIE *sitzt auf einem der Sessel rechts, den sie etwas näher zum Vater hingerückt hat. Sie ist schlank, hat eine hohe Stirn, dunkelblondes glattes Haar, einfaches, ziemlich helles blaues Kleid. Sie liest laut aus einer Zeitung vor.* „Und mit einem Mal lodert im Süden unseres Reichs die Kriegsfackel in dunkelrotem Glanze auf.
10 In der Nähe des Dorfes Feldberg, also auf österreichischem Boden, etwa drei Meilen von der Grenze hat das erste Gefecht stattgefunden, über dessen Verlauf verbürgte Nachrichten noch nicht in die Hauptstadt gelangt sind. Dies aber steht fest: daß gestern zum erstenmal wieder seit mehr als dreißig Jahren der Boden unseres Vaterlands das Blut unserer tapferen Soldaten getrunken hat ..." *Sie hält*
15 *inne.*

DER VATER *wie aus dem Schlaf.* Lies weiter.
MARIE *blättert.* „Gestern haben die Infanterieregimenter Nr. 7 und Nr. 24 die Stadt verlassen, um in Eilmärschen die Grenze zu erreichen. Abends ist das Ulanenregiment Fürst von Bologna abgegangen. Heute rückt das Infanterieregiment Nr. 17 Herzog von Anhalt und das Kürassierregiment Nr. 11, die sogenannten ‚blauen Kürassiere' …" Sie hält inne.
DER VATER *schläft.*
MARIE *legt die Zeitung auf den Tisch, steht auf, geht zum Fenster rechts, sieht durch die Scheiben hinaus. Man hört das Vorbeimarschieren von Truppen und lautes Rufen, das manchmal beträchtlich anschwillt.*
DER VATER *erwacht.* Marie! Wo bist du? *Wendet mühselig den Kopf.* Marie!
MARIE *auf dem Weg zurück.* Hier bin ich.
DER VATER Wo bist du?
MARIE Am Fenster stand ich.
DER VATER *lauscht.* Was ist das?
MARIE Soldaten ziehen vorbei.
DER VATER Wie lang bist du am Fenster gestanden?
MARIE Kaum zwanzig Sekunden. Ich las dir eben erst aus dem Zeitungsblatt vor.
DER VATER Zwanzig Sekunden? … Mir war doch, ich hätte geschlafen.
MARIE Nicht länger als eine halbe Minute.
DER VATER Mir war, als hätte ich eine Stunde geschlafen. Es wird wohl auch eine Stunde gewesen sein …
MARIE Nein.
DER VATER Eine halbe …
MARIE Wie ich sagte: Keine halbe Minute lang.
DER VATER Keine halbe Minute … und so tief in die Nacht gesunken. – Wie spät ist's?
MARIE Es ist bald sieben Uhr.
DER VATER Daß der Doktor noch nicht hier war …
MARIE Er muß bald da sein.
DER VATER Was spracht ihr miteinander gestern abend? … Nun? … Was sagte er über meinen Zustand? … Was sagte er überhaupt? Rede!
MARIE Der Frühling wird dir wohltun, meint der Doktor.
DER VATER Und sonst sagte er nichts?
MARIE Sonst nichts.
DER VATER Es ist nicht wahr! Du standest ja gestern ich weiß nicht wie lange mit ihm im Stiegenhaus – hast ihn wohl mancherlei gefragt! … Nun, wie lange wird es noch währen? Wie lange noch wirst du dein junges Dasein vertrauern müssen an deines alten Vaters Krankenbett?
MARIE Du sollst bald aufs Land, meint der Doktor.
DER VATER Aufs Land … wahrhaftig! … So?
MARIE Hat er dir's gestern nicht selbst geraten? … Aber nicht wieder so spät wie voriges Jahr, meint der Doktor, nicht im August erst, sondern gleich, – die schönen Tage nützen jetzt im Mai.
DER VATER Aufs Land – in die Grünau – zur Tante Toni wieder?

MARIE Ich denke wohl.

DER VATER Weht der Wind daher? ... Hoho! Zur Tante Toni! Und wieder herumgelaufen im Wald und auf der Wiese mit der Base Katharina und dem Herrn Adjunkten[3], der uns ja auch zu Weihnachten die Ehre hat erwiesen – oder gar mit dem Adjunkten allein ...

MARIE *sehr ruhig.* Ich dachte nicht an ihn. *Lärm draußen wie früher.*

DER VATER Dachtest nicht an ihn? ... Schreibt er dir nicht alle Tage?

MARIE Kaum jede Woche einmal. Und ich antworte ihm selten.

DER VATER Verlobt seid ihr!

MARIE Nein. Du weißt es doch. – Nein.

DER VATER Nun, was braucht's Verlöbnis! Eines Tages ist man auf und davon, verlobt oder nicht, vermählt oder nicht, und läßt den Vater hier verderben, verkommen, verdursten – ersticken, wie mir's in der Nacht beinahe passiert wäre, in der Febernacht, als sie dich auf den Ball holten, Tante Toni und Base Katharina, und du dort herumflogst mit jungen Offizieren ...

MARIE Was willst du, Vater? Ein einziges Mal in dem ganzen langen Winter. Und du hattest mir's erlaubt.

DER VATER Einmal – o einmal nur! In dem ganzen langen Winter nur einmal! Wie alt bist du denn ... wie alt?

MARIE Sechsundzwanzig.

DER VATER Sechsundzwanzig. Zeit genug ... Zeit genug. Sechsundzwanzig und jung und schön und ein Frauenzimmer mit weißer Haut und mit runden Armen! ... Nichts für dich verloren, nur Geduld! Und wenn ich neunzig werde, dann bist du siebenunddreißig – immer noch Zeit genug ... Zeit genug zu allerlei Kurzweil, nach der dich's gelüstet. Nein, ich bedaure dich nicht!

MARIE Hab' ich verlangt, daß du mich bedauerst?

DER VATER Verlangt! Müssen es Worte sein? Du bist wie deine Mutter, ganz wie deine Mutter!

MARIE Vier Jahre lang ist sie tot. Laß sie in Frieden ruhn. Nie klagte sie – laß sie ruhn.

DER VATER Nie klagte sie ... mit Worten nicht ... mir ins Gesicht nicht ... ganz wie du. O ihr, ihr ... Doch wenn ich nach Hause kam und fand euch dort zusammen auf dem Divan sitzen, aneinander gedrängt wie böse Katzen – oder ich wartete eurer am Fenster, abends, bis ihr von eurem Spaziergang auf den Basteien zurückkamt ... da habt ihr auch nicht geklagt? ... Nicht über euer verpfuschtes Leben gesprochen? ... Nicht über mich, dem ihr die Schuld daran gabt? Verschworen wart ihr gegen mich, stumm verschworen – ich weiß es wohl! Nichts war euch recht: Zu armselig die Wohnung, das Essen schmeckte nicht und ich war euch nicht lustig genug. Was, ich hätte wohl Späße treiben sollen, wenn ich müde von meiner Schreiberei nach Hause kam aus dem Amt, wo ich mich geplagt hatte um die lumpigen paar Gulden für euch ... für euch, weil die Pension nicht reichte? Mir hätte sie gereicht – mir allein wohl! Und ihr habt mich verflucht! Meinst du, ich weiß es nicht? Meinst du, ich habe deine Mutter nicht gekannt und ich kenne dich nicht? ... Stundenlang sitzest du stumm neben mir, sprichst nur, wenn ich dich frage, aber dein Blick ... dein Blick, wenn du dich fortschleichst von mir, zum Fenster hin ... Denkst du, ich weiß nicht, was sich da in dir rührt, – was für Wünsche, was für Klagen? Meinst du, ich weiß es nicht? ... Aber wünsche du und klage, wie du willst, – keine Minute mehr lass' ich dich von meiner Seite. Ich will nicht allein sein! Habe Geduld, habe Geduld! Du bist jung. Vielleicht werde ich nicht neunzig, vielleicht nur fünfundachtzig – oder am Ende dauert's gar nur mehr drei, zwei Jahre, dann bist du frei, kannst deinen Adjunkten haben – oder den Doktor – oder beide und noch andere dazu ... wenn's dir lieber ist, dich ans Fenster stellen und hübschen jungen Leuten winken.

MARIE *auf.* Vater! Vater!

DER VATER Marie! ... Marie! *In plötzlicher Angst.* Nimm's mir nicht übel. Ich bin krank ... ich bin alt ... und ich hab' Angst – verstehst du? Angst! ... Nein, du verstehst es nicht! ... Wer versteht denn das, so lang er jung ist und sich rühren kann, was das heißt, nutzlose Angst und ohnmächtiger Zorn? ... Wasser! Mir sind die Lippen trocken!

MARIE *entfernt sich.*

DER VATER Wohin gehst du?

MARIE Der Krug mit dem frischen Wasser steht in der Küche.

DER VATER Laß die Türe offen.

MARIE *rechts hinaus. Von unten das Geräusch trabender Pferde.*

MARIE *bringt das Wasser, bleibt stehen, lauscht.*

DER VATER Gib ... gib!

MARIE *rasch zu ihm, reicht ihm das Wasser, schnell zum Fenster und öffnet es. Entsprechende Verstärkung des Geräusches.*

DER VATER Was tust du? Bist du toll? Ich kann den Tod davon haben!

MARIE Die Luft ist warm; auch sagt der Doktor immer, daß es zu dumpf hier innen ist.

DER VATER Zu dumpf! Darum reißest du das Fenster auf mit einem Male? Zu dumpf! Meinst du, ich weiß nicht, wonach dir der Sinn steht? *Vor sich hin.* Ja, da reiten sie, stramm, jung, gesund ... heut noch gesund und jung! ... Nun, beklagst du dich, daß die Aussicht von unseren Fenstern nicht schön ist? Ho! Mitten in der Stadt haben wir unsere Wohnung – nur ein Blick um die Ecke – und das Leben treibt vorbei ... Marie!

MARIE Vater?

DER VATER Ich will zum Fenster!

MARIE Du willst –?

DER VATER Her zu mir! Führ' mich hin ... es wird schon gehn ... Ich will sie auch sehen, die da unten vorüberreiten und vielleicht nicht einmal neunundsiebzig alt werden. Den Mantel her!

MARIE *nimmt den Mantel vom Kleiderständer, breitet ihn um den Vater und führt diesen zum Fenster rechts.*

DER VATER *höhnisch.* O es ist eine Plage! Armes Kind! Aber nein, sie klagt nicht! *Am Fenster, wo er gleich auf den Sessel sinkt; er hält sich mit beiden Händen ans Fensterbrett und beugt sich vor.* Manche von denen ... alle vielleicht ... wer weiß – – – und sind nicht einmal neunundsiebzig.

MARIE *etwas mühsam.* Vater, man kennt die Farben nicht recht ... sind es die Schwarzen oder die Blauen?
DER VATER O, mein Töchterchen läßt sich herab zu fragen! Sollt' ich bessere Augen haben als du? ... Ja, es sind die blauen Kürassiere.
MARIE Ist es nicht dein Regiment gewesen, Vater?
DER VATER Was geht's dich an? – Wo ist die Zeit?! ... Gefallen sie dir? ... Was siehst du von ihnen? Doch nichts als ihr Wiegen auf den trabenden Pferden, und der Geruch ihrer Jugend steigt dir von der Straße empor in die Nase. Sollte man denken, daß ich einmal geradeso aussah, geradeso wie die? ... Mein Regiment – ja. Schöne Jungen, wie? Stramm, stramm! ... Ho, wird der künftige Gatte sich freuen – ob Adjunkt oder Doktor – daß du dafür so regen Sinn hast! ... *Es klopft leise.* Klopft es nicht?
MARIE Ich hörte nichts. *Es klopft nochmals.*
DER VATER Herein.

Aus: Schnitzler, Arthur: Gesammelte Werke. Die Theaterstücke. Dritter Band. Berlin 1912, S. 271–277 *(für Prüfungszwecke überarbeitet).*

1 Das Stück spielt etwa in der Mitte des 19. Jahrhunderts in Österreich.
2 Plaid: dünne, häufig gemusterte Wolldecke
3 Adjunkt: veraltete Bezeichnung für den Gehilfen eines Beamten

---

Hinweis

Diese Übungsaufgabe des grundlegenden Anforderungsniveaus entspricht den ersten beiden Teilaufgaben der Übungsaufgabe 2 auf erhöhtem Anforderungsniveau. Die **Hinweise und Tipps** *zur Bearbeitung sowie den* **Lösungsvorschlag** *finden Sie daher auf den Seiten 11 bis 20. Die dritte Teilaufgabe spielt auf dem grundlegenden Anforderungsniveau keine Rolle.*

Deutsch (Hamburg) – Erhöhtes Anforderungsniveau
Abiturähnliche Übungsaufgabe 2

Aufgabenart
Untersuchung und Vergleich literarischer Texte

Thema
Wertvorstellungen – Von Vätern und Töchtern

Verbindlicher Referenztext
Gotthold Ephraim Lessing: *Emilia Galotti*

Teilaufgaben

1. Analysieren Sie die vorliegende Dramenszene unter besonderer Berücksichtigung des Vater-Tochter-Verhältnisses.
2. Vergleichen Sie die Beziehung von Vater und Tochter bei Schnitzler mit dem Verhältnis zwischen Emilia und Odoardo Galotti.
3. „Zwei Dinge sollen Kinder von ihren Eltern bekommen: Wurzeln und Flügel."
   (Johann Wolfgang von Goethe zugeschrieben)
   Erörtern Sie, inwiefern Odoardo Galotti und der Vater bei Schnitzler diese Forderung erfüllen.

Arthur Schnitzler (1862–1931)
Der Ruf des Lebens (1906)
Schauspiel in drei Akten

Einfaches, beinah ärmliches Zimmer im zweiten Stock eines alten Hauses der inneren Stadt[1]. Blau gemalte Wände, zum Teil schadhaft. Rechts vorn Eingangstüre, eine zweite Türe links hinten. Im Hintergrund zwei Fenster mit ausgebauchtem Glas. Am Fenster rechts ein Sessel. [...]

DER VATER *auf dem Krankensessel halb ausgestreckt, in braunem Schlafrock, die Füße mit einem Plaid[2] bedeckt. Er ist hager, hat einen kurzgeschnittenen Vollbart von grünlich-braungrauer Farbe, wie einstmals gefärbt; die dünnen Kopf-*
5 *haare über den Scheitel gekämmt, das Gesicht böse, faltig, verwüstet. Er scheint zu schlafen.*
MARIE *sitzt auf einem der Sessel rechts, den sie etwas näher zum Vater hingerückt hat. Sie ist schlank, hat eine hohe Stirn, dunkelblondes glattes Haar, einfaches, ziemlich helles blaues Kleid. Sie liest laut aus einer Zeitung vor.* „Und mit einem Mal lodert im Süden unseres Reichs die Kriegsfackel in dunkelrotem Glanze auf.

In der Nähe des Dorfes Feldberg, also auf österreichischem Boden, etwa drei Meilen von der Grenze hat das erste Gefecht stattgefunden, über dessen Verlauf verbürgte Nachrichten noch nicht in die Hauptstadt gelangt sind. Dies aber steht fest: daß gestern zum erstenmal wieder seit mehr als dreißig Jahren der Boden unseres Vaterlands das Blut unserer tapferen Soldaten getrunken hat ..." *Sie hält inne.*

DER VATER *wie aus dem Schlaf.* Lies weiter.

MARIE *blättert.* „Gestern haben die Infanterieregimenter Nr. 7 und Nr. 24 die Stadt verlassen, um in Eilmärschen die Grenze zu erreichen. Abends ist das Ulanenregiment Fürst von Bologna abgegangen. Heute rückt das Infanterieregiment Nr. 17 Herzog von Anhalt und das Kürassierregiment Nr. 11, die sogenannten ‚blauen Kürassiere' ..." *Sie hält inne.*

DER VATER *schläft.*

MARIE *legt die Zeitung auf den Tisch, steht auf, geht zum Fenster rechts, sieht durch die Scheiben hinaus. Man hört das Vorbeimarschieren von Truppen und lautes Rufen, das manchmal beträchtlich anschwillt.*

DER VATER *erwacht.* Marie! Wo bist du? *Wendet mühselig den Kopf.* Marie!

MARIE *auf dem Weg zurück.* Hier bin ich.

DER VATER Wo bist du?

MARIE Am Fenster stand ich.

DER VATER *lauscht.* Was ist das?

MARIE Soldaten ziehen vorbei.

DER VATER Wie lang bist du am Fenster gestanden?

MARIE Kaum zwanzig Sekunden. Ich las dir eben erst aus dem Zeitungsblatt vor.

DER VATER Zwanzig Sekunden? ... Mir war doch, ich hätte geschlafen.

MARIE Nicht länger als eine halbe Minute.

DER VATER Mir war, als hätte ich eine Stunde geschlafen. Es wird wohl auch eine Stunde gewesen sein ...

MARIE Nein.

DER VATER Eine halbe ...

MARIE Wie ich sagte: Keine halbe Minute lang.

DER VATER Keine halbe Minute ... und so tief in die Nacht gesunken. – Wie spät ist's?

MARIE Es ist bald sieben Uhr.

DER VATER Daß der Doktor noch nicht hier war ...

MARIE Er muß bald da sein.

DER VATER Was spracht ihr miteinander gestern abend? ... Nun? ... Was sagte er über meinen Zustand? ... Was sagte er überhaupt? Rede!

MARIE Der Frühling wird dir wohltun, meint der Doktor.

DER VATER Und sonst sagte er nichts?

MARIE Sonst nichts.

DER VATER Es ist nicht wahr! Du standest ja gestern ich weiß nicht wie lange mit ihm im Stiegenhaus – hast ihn wohl mancherlei gefragt! ... Nun, wie lange wird es noch währen? Wie lange noch wirst du dein junges Dasein vertrauern müssen an deines alten Vaters Krankenbett?

MARIE Du sollst bald aufs Land, meint der Doktor.
DER VATER Aufs Land ... wahrhaftig! ... So?
MARIE Hat er dir's gestern nicht selbst geraten? ... Aber nicht wieder so spät wie voriges Jahr, meint der Doktor, nicht im August erst, sondern gleich, – die schönen Tage nützen jetzt im Mai.
DER VATER Aufs Land – in die Grünau – zur Tante Toni wieder?
MARIE Ich denke wohl.
DER VATER Weht der Wind daher? ... Hoho! Zur Tante Toni! Und wieder herumgelaufen im Wald und auf der Wiese mit der Base Katharina und dem Herrn Adjunkten[3], der uns ja auch zu Weihnachten die Ehre hat erwiesen – oder gar mit dem Adjunkten allein ...
MARIE *sehr ruhig.* Ich dachte nicht an ihn. *Lärm draußen wie früher.*
DER VATER Dachtest nicht an ihn? ... Schreibt er dir nicht alle Tage?
MARIE Kaum jede Woche einmal. Und ich antworte ihm selten.
DER VATER Verlobt seid ihr!
MARIE Nein. Du weißt es doch. – Nein.
DER VATER Nun, was braucht's Verlöbnis! Eines Tages ist man auf und davon, verlobt oder nicht, vermählt oder nicht, und läßt den Vater hier verderben, verkommen, verdursten – ersticken, wie mir's in der Nacht beinahe passiert wäre, in der Febernacht, als sie dich auf den Ball holten, Tante Toni und Base Katharina, und du dort herumflogst mit jungen Offizieren ...
MARIE Was willst du, Vater? Ein einziges Mal in dem ganzen langen Winter. Und du hattest mir's erlaubt.
DER VATER Einmal – o einmal nur! In dem ganzen langen Winter nur einmal! Wie alt bist du denn ... wie alt?
MARIE Sechsundzwanzig.
DER VATER Sechsundzwanzig. Zeit genug ... Zeit genug. Sechsundzwanzig und jung und schön und ein Frauenzimmer mit weißer Haut und mit runden Armen! ... Nichts für dich verloren, nur Geduld! Und wenn ich neunzig werde, dann bist du siebenunddreißig – immer noch Zeit genug ... Zeit genug zu allerlei Kurzweil, nach der dich's gelüstet. Nein, ich bedaure dich nicht!
MARIE Hab' ich verlangt, daß du mich bedauerst?
DER VATER Verlangt! Müssen es Worte sein? Du bist wie deine Mutter, ganz wie deine Mutter!
MARIE Vier Jahre lang ist sie tot. Laß sie in Frieden ruhn. Nie klagte sie – laß sie ruhn.
DER VATER Nie klagte sie ... mit Worten nicht ... mir ins Gesicht nicht ... ganz wie du. O ihr, ihr ... Doch wenn ich nach Hause kam und fand euch dort zusammen auf dem Divan sitzen, aneinander gedrängt wie böse Katzen – oder ich wartete eurer am Fenster, abends, bis ihr von eurem Spaziergang auf den Basteien zurückkamt ... da habt ihr auch nicht geklagt? ... Nicht über euer verpfuschtes Leben gesprochen? ... Nicht über mich, dem ihr die Schuld daran gabt? Verschworen wart ihr gegen mich, stumm verschworen – ich weiß es wohl! Nichts war euch recht: Zu armselig die Wohnung, das Essen schmeckte nicht und ich war euch nicht lustig genug. Was, ich hätte wohl Späße treiben sollen, wenn ich müde

von meiner Schreiberei nach Hause kam aus dem Amt, wo ich mich geplagt hatte um die lumpigen paar Gulden für euch ... für euch, weil die Pension nicht reichte? Mir hätte sie gereicht – mir allein wohl! Und ihr habt mich verflucht! Meinst du, ich weiß es nicht? Meinst du, ich habe deine Mutter nicht gekannt und ich kenne dich nicht? ... Stundenlang sitzest du stumm neben mir, sprichst nur, wenn ich dich frage, aber dein Blick ... dein Blick, wenn du dich fortschleichst von mir, zum Fenster hin ... Denkst du, ich weiß nicht, was sich da in dir rührt, – was für Wünsche, was für Klagen? Meinst du, ich weiß es nicht? ... Aber wünsche du und klage, wie du willst, – keine Minute mehr lass' ich dich von meiner Seite. Ich will nicht allein sein! Habe Geduld, habe Geduld! Du bist jung. Vielleicht werde ich nicht neunzig, vielleicht nur fünfundachtzig – oder am Ende dauert's gar nur mehr drei, zwei Jahre, dann bist du frei, kannst deinen Adjunkten haben – oder den Doktor – oder beide und noch andere dazu ... wenn's dir lieber ist, dich ans Fenster stellen und hübschen jungen Leuten winken.

MARIE *auf.* Vater! Vater!

DER VATER Marie! ... Marie! *In plötzlicher Angst.* Nimm's mir nicht übel. Ich bin krank ... ich bin alt ... und ich hab' Angst – verstehst du? Angst! ... Nein, du verstehst es nicht! ... Wer versteht denn das, so lang er jung ist und sich rühren kann, was das heißt, nutzlose Angst und ohnmächtiger Zorn? ... Wasser! Mir sind die Lippen trocken!

MARIE *entfernt sich.*

DER VATER Wohin gehst du?

MARIE Der Krug mit dem frischen Wasser steht in der Küche.

DER VATER Laß die Türe offen.

MARIE *rechts hinaus. Von unten das Geräusch trabender Pferde.*

MARIE *bringt das Wasser, bleibt stehen, lauscht.*

DER VATER Gib ... gib!

MARIE *rasch zu ihm, reicht ihm das Wasser, schnell zum Fenster und öffnet es. Entsprechende Verstärkung des Geräusches.*

DER VATER Was tust du? Bist du toll? Ich kann den Tod davon haben!

MARIE Die Luft ist warm; auch sagt der Doktor immer, daß es zu dumpf hier innen ist.

DER VATER Zu dumpf! Darum reißest du das Fenster auf mit einem Male? Zu dumpf! Meinst du, ich weiß nicht, wonach dir der Sinn steht? *Vor sich hin.* Ja, da reiten sie, stramm, jung, gesund ... heut noch gesund und jung! ... Nun, beklagst du dich, daß die Aussicht von unseren Fenstern nicht schön ist? Ho! Mitten in der Stadt haben wir unsere Wohnung – nur ein Blick um die Ecke – und das Leben treibt vorbei ... Marie!

MARIE Vater?

DER VATER Ich will zum Fenster!

MARIE Du willst –?

DER VATER Her zu mir! Führ' mich hin ... es wird schon gehn ... Ich will sie auch sehen, die da unten vorüberreiten und vielleicht nicht einmal neunundsiebzig alt werden. Den Mantel her!

MARIE *nimmt den Mantel vom Kleiderständer, breitet ihn um den Vater und führt diesen zum Fenster rechts.*
DER VATER *höhnisch.* O es ist eine Plage! Armes Kind! Aber nein, sie klagt nicht! *Am Fenster, wo er gleich auf den Sessel sinkt; er hält sich mit beiden Händen ans Fensterbrett und beugt sich vor.* Manche von denen ... alle vielleicht ... wer weiß – – – und sind nicht einmal neunundsiebzig.
MARIE *etwas mühsam.* Vater, man kennt die Farben nicht recht ... sind es die Schwarzen oder die Blauen?
DER VATER O, mein Töchterchen läßt sich herab zu fragen! Sollt' ich bessere Augen haben als du? ... Ja, es sind die blauen Kürassiere.
MARIE Ist es nicht dein Regiment gewesen, Vater?
DER VATER Was geht's dich an? – Wo ist die Zeit?! ... Gefallen sie dir? ... Was siehst du von ihnen? Doch nichts als ihr Wiegen auf den trabenden Pferden, und der Geruch ihrer Jugend steigt dir von der Straße empor in die Nase. Sollte man denken, daß ich einmal geradeso aussah, geradeso wie die? ... Mein Regiment – ja. Schöne Jungen, wie? Stramm, stramm! ... Ho, wird der künftige Gatte sich freuen – ob Adjunkt oder Doktor – daß du dafür so regen Sinn hast! ... *Es klopft leise.* Klopft es nicht?
MARIE Ich hörte nichts. *Es klopft nochmals.*
DER VATER Herein.

Aus: Schnitzler, Arthur: Gesammelte Werke. Die Theaterstücke. Dritter Band. Berlin 1912, S. 271–277 (für Prüfungszwecke überarbeitet).

1 Das Stück spielt etwa in der Mitte des 19. Jahrhunderts in Österreich.
2 Plaid: dünne, häufig gemusterte Wolldecke
3 Adjunkt: veraltete Bezeichnung für den Gehilfen eines Beamten

Hinweise und Tipps

*In der **ersten Teilaufgabe** werden Sie aufgefordert, einen Ihnen sehr wahrscheinlich unbekannten Dramenauszug zu **analysieren**. Das bedeutet, dass Sie dessen **Inhalt** und seine sprachliche **Form** in einen sinnvollen Zusammenhang bringen müssen, um darüber zu einer möglichen Deutung zu gelangen. Deren Richtung ist dabei von der Aufgabenstellung bereits vorgegeben, da Sie besonders das dargestellte **Vater-Tochter-Verhältnis** berücksichtigen sollen. Gehen Sie den Dialog am besten schrittweise durch und thematisieren Sie sprachliche und inhaltliche Auffälligkeiten. Konzentrieren Sie sich dabei vor allem auf die **Kommunikationssituation**, die Ihnen viel über die Beziehung der beiden Protagonisten zueinander verrät. Vergessen Sie außerdem nicht, auch den **Titel** von Schnitzlers Drama in Ihre Untersuchung mit einzubeziehen und immer wieder mithilfe direkter und indirekter **Zitate** auf den Text zu verweisen.*

*Die **zweite Teilaufgabe** schließt an Ihre Ergebnisse aus der ersten Teilaufgabe an, indem sie von Ihnen verlangt, die Beziehung von Vater und Tochter bei Schnitzler mit dem Verhältnis von Odoardo und Emilia Galotti aus Lessings bürgerlichem Trauerspiel „Emilia Galotti" zu **vergleichen**. Am besten fassen Sie noch einmal kurz zusammen, was Sie zuvor für das Vater-Tochter-Verhältnis bei Schnitzler erarbeitet haben. Im Anschluss daran sollten Sie dann einzelne **Gemeinsamkeiten und Unterschiede** der jeweiligen Vater-Tochter-Beziehung darstellen. Nach Möglichkeit können Sie auch auf den gesellschaftlichen bzw. geistesgeschichtlichen Rahmen der beiden Werke eingehen. Wichtig ist, dass Sie nicht einfach die Ihnen aus dem Unterricht bekannte Handlung von Lessings Drama wiedergeben. Stattdessen sollten Sie passende Aspekte auswählen, die für den geforderten Vergleich ergiebig sind.*

*Der **dritten Teilaufgabe** liegt ein Goethe zugeschriebenes **Zitat** zugrunde, das Sie bezogen auf Odoardo Galotti und den Vater bei Schnitzler **erörtern** sollen. Dazu müssen Sie das Zitat zunächst in Ihren eigenen Worten erläutern und deutlich machen, wofür die Metaphern „Wurzeln" und „Flügel" stehen. Erst dann können Sie entscheiden, inwiefern die jeweilige Vaterfigur ihrer Tochter beides mitgegeben hat. Hierbei kann es hilfreich sein, zu überlegen, ob bzw. welche der beiden Gaben in der jeweiligen Beziehung überwiegt. Versuchen Sie dann, auch für das weniger augenscheinliche Merkmal Belege zu finden. Am Ende sollten Sie für alle beiden Paarungen ein abschließendes **Fazit** ziehen.*

*In der folgenden Lösung **verwendete Textausgabe:***
G. E. Lessing: Emilia Galotti, Stuttgart, Reclam 2001

Lösungsvorschlag

In dem vorliegenden Auszug aus **Arthur Schnitzlers** 1906 erschienenem **Drama** *Der Ruf des Lebens* geht es um einen alten, kranken Vater, der seiner Tochter, die sich um ihn kümmert, verweigert, ein eigenes, von ihm unabhängiges Leben zu führen. Bereits die Regieanweisungen am Beginn der Szene machen sehr deutlich, in welchem Milieu die Handlung spielt: Das Zimmer ist „beinah ärm-

Aufgabe 1
Einleitung
Vorstellung des Dramenauszugs

lich", die Wände und die Fenster wirken trist, die wenigen Möbel (Sessel, Tisch) werden nicht näher beschrieben. Von den Personen, die in der Szene auftreten, spiegelt insbesondere die **Figur des Vaters** die trübe Stimmung des Raumes wider: Er ist **krank**, liegt in einem Sessel, sein Äußeres deutet auf einen **verbitterten Greis** hin, der Spuren von selbst vorgenommenen Schönheitskorrekturen aufweist (Haare, Bart). Das **Mädchen Marie** dagegen ist hübsch und wirkt einfach und natürlich. Insgesamt könnte diese Szeneneinleitung auch den Anfang eines naturalistischen Dramas markieren, der **Realitätsbezug** ist greifbar. Der **Titel** von Schnitzlers Drama *Der Ruf des Lebens* scheint – jedenfalls was den größten Teil des Textes betrifft – **eher auf Marie bezogen** zu sein. Es wird sich aber herausstellen, dass genauso der Vater gemeint ist, wenn auch auf völlig andere Weise als die Tochter.

Die einleitende **Beschreibung des Vaters** (vgl. Z. 1–5) zeichnet sich durch eine **Häufung negativer Begriffe** aus: Der Bart hat eine unnatürliche Farbe, das Kopfhaar ist kümmerlich, das Gesicht hässlich, böse und verwittert. Die Wirkung auf den Rezipienten kann nur eine negative sein und wird durch das Verhalten des Mannes bestätigt. Marie liest ihm aus einer Zeitung einen ziemlich martialischen und nationalistischen Bericht vor. Der Vater reagiert kaum, schläft fast ein, fährt sie aber mürrisch an, als sie zu lesen aufhört: „Lies weiter." (Z. 16) Nach einer weiteren Vorlesephase wird der Vater vollends vom Schlaf übermannt. Als er kurz darauf wieder erwacht, entwickelt sich eine banale Diskussion, fast schon ein **Streit**, darüber, wie lange er denn geschlafen habe (vgl. Z. 26–42). Diese Stelle zeigt zweierlei: Der Vater ist aufgrund seiner **Krankheit** und seines **Alters** nicht mehr in der Lage, selbst einfache Alltagssituationen richtig einzuschätzen. Seine Feststellung „Keine halbe Minute ... und so tief in die Nacht gesunken" (Z. 41) wirkt verzweifelt, das Bild vom Versinken in die Nacht wie eine Anspielung auf den nahen Tod. Außerdem scheint er seiner **Tochter zu misstrauen**, da er ihr unterstellt, sie bezüglich der Dauer seines Schlafs anzulügen (vgl. Z. 36 ff.). Es ist also nicht verwunderlich, dass **Maries Antworten eher einsilbig** ausfallen. Sie kennt ihren Vater und weiß, dass es wenig Sinn hat, sich mit ihm auf eine Diskussion einzulassen. Deshalb beschränkt sie sich auf die Fakten, um ihm keine Zielscheibe für weitere Anschuldigungen zu bieten. Ihre Erwiderungen („Nein.", Z. 38; „Wie ich sagte: Keine halbe Minute lang.", Z. 40) zeigen sie als **gehorsame und fürsorgliche Tochter**, die viel Geduld für ihren reizbaren Vater aufbringt. Dennoch machen ihre äußerst knapp gehaltenen Antworten deutlich, dass sie bald am Ende ihrer Kräfte angelangt ist und sich danach sehnt, den **Vorwürfen ihres Vaters zu entkommen**.

Analyse
Charakterisierung von Vater und Tochter

Das bisher bereits **wenig herzliche Gespräch** wird noch spürbar härter, als der Vater die Rede auf den behandelnden Arzt bringt. Grob fährt er seine Tochter an: „Was spracht ihr miteinander gestern abend? ... Nun? ... Was sagte er über meinen Zustand? ... Was sagte er überhaupt? Rede!" (Z. 46 f.) Seine Fragen klingen in ihrer Häufung eher wie **Vorwürfe** und das auffordernde „Nun?" (Z. 46) erweckt den Anschein, als wolle er seiner Tochter und dem Arzt gegen seine Person gerichtete Heimlichkeiten unterstellen. Nach einigen allgemeinen Antworten der Tochter bricht es dann aus dem Alten heraus: Grimmig wirft er Marie vor, den Arzt befragt zu haben, wie lange sie ihr junges Leben noch an des „alten Vaters Krankenbett" (Z. 54) vertrauern müsse. Marie geht nicht auf die **bösartige Unterstellung** des Vaters ein, sondern gibt die Empfehlung des Arztes weiter, der Patient solle sich im Frühling aufs Land zu Verwandten begeben. Dieses Verhalten der Tochter kann durchaus fürsorglich gemeint sein, wird vom Vater aber als Wunsch interpretiert, ihn nicht ständig in ihrer Nähe haben zu müssen. Entsprechend **aggressiv** reagiert er auf das Ansinnen und **bezichtigt seine Tochter egoistischer Beweggründe** (vgl. Z. 62 ff.). Sie wolle nur frühzeitig zu ihrer Tante aufs Land reisen, um dort die Gesellschaft von Altersgenossen, vor allem aber von einem jungen Adjunkten, zu genießen.

<small>Vorwürfe und Unterstellungen des Vaters</small>

Diese Art von Vergnügungen der jungen Leuten sieht der Vater als Aversion gegen das hoffnungslos dahindämmernde Alter. Vor allem seine **Verdächtigungen bezüglich des Adjunkten**, den er fälschlicherweise, aber sicher mit Absicht als den Verlobten seiner Tochter bezeichnet, zeigen die **Angst des Vaters**, von Marie im Stich gelassen zu werden. Dies wird durch die Aufzählung alliterierender Verben („verderben, verkommen, verdursten", Z. 72 f.) auf sehr eindrückliche Weise deutlich. Mit der Vorstellung des einsam dahinsiechenden alten Mannes will der Vater **Marie ein schlechtes Gewissen machen** und sie dadurch an sich fesseln. Als er sich immer weiter in sein vermeintliches Elend hineinsteigert, unterbricht ihn die Tochter mit der verzweifelten Frage: „Was willst du, Vater?" (Z. 76) Sie weist ihn darauf hin, dass sie nur ein Mal während des Winters mit seiner Erlaubnis einen Ball besucht habe (vgl. Z. 76 f.). Anstatt sich von dieser, die Treue seiner Tochter untermauernden Antwort besänftigen zu lassen, reagiert der Vater mit einem **ironischen Vorwurf**. Er bezichtigt Marie, bei ihm darüber zu jammern, dass sie nur ein einziges Mal tanzen gehen durfte. Außerdem stellt er ihr die **provokative Frage** nach ihrem Alter (das ihm als Vater eigentlich bekannt sein dürfte), um ihr dann vorzurechnen, wie viel Zeit ihr im Gegensatz zu ihm noch bleibe (vgl. Z. 81 ff.). Dies nimmt er als **Rechtfertigung, sie ohne Bedauern an**

<small>emotionale Erpressung Maries durch ihren Vater</small>

sich zu binden, da ihr nach seinem Tod immer noch genügend Jahre für „allerlei Kurzweil" (Z. 84 f.) zur Verfügung stünden.

Als die Tochter darauf erwidert, nie von ihm verlangt zu haben, sie zu bedauern, erinnert der Vater sich an seine bereits verstorbene Frau, der er genauso wie Marie unterstellt, unter dem Leben an seiner Seite insgeheim gelitten zu haben. Die von einem tieferen Gefühl zeugende Bitte der Tochter, die **tote Mutter** ruhen zu lassen, quittiert der Vater, nun völlig enthemmt, mit einer längeren **Tirade voller Verbitterung**, Bösartigkeit und Wirklichkeitsverzerrung (vgl. Z. 91 ff.). In teilweise stockenden Sätzen lamentiert er aufgebracht über die **vermeintliche Verschwörung von Mutter und Tochter** gegen seine Person. Er vergleicht sie mit „böse[n] Katzen" (Z. 93), die „stumm verschworen" (Z. 97) zusammengesessen und geklagt hätten. Er unterstellt ihnen, ihm heimlich die Schuld an ihrem „verpfuschte[n] Leben" (Z. 95 f.) gegeben und seine beruflichen Anstrengungen nicht zu würdigen gewusst zu haben. In seinem Monolog steigert sich der alte Mann in ein schlimmes Konglomerat aus **haltlosen Vorwürfen und Unterstellungen** hinein. Mit wiederholt ausgestoßenen, suggestiven Fragen („Meinst du, ich weiß es nicht?", Z. 102 f.; „Denkst du, ich weiß nicht …", Z. 106) versucht er, seiner Tochter einzureden, sie und die Mutter hätten ihn ständig nur ausgenutzt und fortwährend gewünscht, die Last seiner Anwesenheit nicht mehr ertragen zu müssen. Seine Tirade mündet schließlich in eine **Drohung**: „[K]eine Minute mehr lass' ich dich von meiner Seite. Ich will nicht allein sein!" (Z. 108 f.) Dieser Satz bringt explizit zum Ausdruck, worum es dem Vater mit seinem Verhalten der Tochter gegenüber eigentlich geht: Er hat Angst, von ihr **verlassen zu werden**, und versucht, seine Befürchtungen durch ständige Angriffe und Unterstellungen zu kompensieren.

Schimpftirade des Vaters gegen Mutter und Tochter

Die in Zeile 115 beginnende Erläuterung ist die erste Situation in dem vorliegenden Auszug, in welcher der alte Mann seine **Gefühle aufrichtig und ohne jähzornige Aufwallungen** preisgibt: „Nimm's mir nicht übel. Ich bin krank … ich bin alt … und ich hab' […] Angst!" Auch dieses **ehrliche Geständnis** geht aber sofort wieder in einen **Angriff** über, wenn der Vater sich seine Frage nach Maries Verstehen selbst beantwortet mit dem Ausruf: „Nein, du verstehst es nicht!" (Z. 116 f.) Die **Chance auf eine Annäherung** von Vater und Tochter, die in diesem Moment der Ehrlichkeit bestanden hätte, ist damit gleich wieder **vertan**.

Geständnis des Vaters: Angst vor dem Alleinsein

Im Folgenden setzt sich der **Dialog** weitgehend so fort **wie zuvor**, was auch daran liegt, dass **Marie in keiner Weise versucht**, die ehrlich geäußerten **Ängste ihres Vaters zu zerstreuen**. Stattdessen

Scheitern einer Annäherung zwischen Vater und Tochter

14

macht sie sich ohne ein weiteres Wort auf den Weg in die Küche, um Wasser zu holen. Der Vater fragt sofort „Wohin gehst du?" (Z. 121) und fordert „Laß die Türe offen." (Z. 123) Er scheint also seine vorherige Drohung wahrmachen und Marie nie mehr von seiner Seite weichen lassen zu wollen. Marie hat sich inzwischen beruhigt und versieht wortlos ihren Dienst an dem schwierigen Vater.

Als von draußen Hufgeräusche erklingen, eilt sie zum Fenster, um es zu öffnen (vgl. Z. 127 f.). Ihre Eile zeigt, dass es ihr dieses Mal wirklich nicht nur darum geht, den Vater mit frischer Luft zu versorgen. Der Alte scheint also recht zu haben, wenn er ihr **Interesse an den vorbeireitenden Kürassieren** unterstellt. Auch ihn faszinieren die jungen Soldaten, er vernimmt den „Ruf des Lebens", der jedoch nicht mehr ihm gilt. Ganz will er sich aber mit seinem Schicksal noch nicht abfinden und herrscht Marie an, ihn zum Fenster zu führen. Schon an dieser Stelle merkt man, dass ihn die jungen Kürassiere an seine eigene Jugend erinnern, da er zweimal betont, dass die Soldaten „vielleicht nicht einmal neunundsiebzig" (Z. 142, vgl. auch Z. 148 f.) werden. Er vergleicht also sein Alter mit ihrer Jugend und hebt diese dadurch besonders hervor. Marie scheint zu merken, dass bei ihrem Vater **Erinnerungen wach werden** und fragt ihn nach der Uniformfarbe des Regiments. Anstatt sich über das Interesse seiner Tochter zu freuen, blafft der Vater sie ironisch-spöttisch an („O, mein Töchterchen läßt sich herab zu fragen!", Z. 152), antwortet dann aber doch auf ihre Frage. Als sie fortfährt, Fragen zum vorbeiziehenden Regiment zu stellen, die bei ihm Erinnerungen an seine Vergangenheit hervorrufen, reagiert er zwar wieder ungehalten, lässt sich aber dennoch auf die Erinnerungen ein. In seiner Betonung, „daß [er] einmal geradeso aussah […] wie die" (Z. 158), scheint durchaus ein bisschen Stolz mitzuschwingen. Insgesamt überwiegt aber seine **Verzweiflung** darüber, **dass seine Tochter noch an einem Leben teilhaben kann**, das ihm verschlossen ist. Deshalb kommt es auch am Ende der Szene zu **keinerlei Herzlichkeit zwischen Vater und Tochter**, sondern ihr Verhältnis bleibt von ausgesprochenen und unausgesprochenen Vorwürfen belastet.

Die **Beziehung** von Vater und Tochter erscheint in Schnitzlers Drama **tief gestört**: Während der Vater seine Tochter zwanghaft an sich binden will, **opfert Marie sich** stumm leidend für ihren Vater auf. Dafür erfährt sie jedoch keinerlei Wertschätzung, sondern muss im Gegenteil die **Demütigungen und Vorwürfe ihres Vaters** hinnehmen. Von einer gleichberechtigten oder gar liebevollen Beziehung kann keine Rede sein, sodass der „Ruf des Lebens" für beide Protagonisten unbeantwortet verklingt.

Randnotizen:
- gemeinsames Interesse an jungen Kürassieren
- Erinnerungen des Vaters an seine Jugendzeit
- Neid des Vaters auf Maries Jugend
- Fazit: gestörte Vater-Tochter-Beziehung

Auch in Lessings bürgerlichem Trauerspiel *Emilia Galotti* spielt die **Vater-Tochter-Beziehung zwischen Odoardo und Emilia Galotti** eine nicht unerhebliche Rolle. Ein **Vergleich** ist zwar aufgrund der unterschiedlichen Umstände und gesellschaftlichen Rahmenbedingungen nicht ganz einfach, aber dennoch lohnenswert.

Aufgabe 2
Vergleich
Überleitung

Die Beziehung von Vater und Tochter in Schnitzlers Drama ist durch **Misstrauen und Selbstmitleid** vonseiten des Vaters sowie durch **Pflichtbewusstsein und Gehorsamkeit** vonseiten Maries gekennzeichnet. Einige dieser Aspekte spielen auch im Verhältnis von Emilia und **Odoardo** Galotti eine Rolle. So hat der Vater in Lessings Drama **Angst** davor, seine **Tochter am gesellschaftlichen Leben teilhaben zu lassen**. Ihm wäre es am liebsten, die Tochter würde mit ihm auf dem Land wohnen, um sie von den in seinen Augen zweifelhaften Vergnügungen der Stadt und des Hofes fernzuhalten. Seiner Frau Claudia gelingt es nur mit dem Argument der „Notwendigkeit, [ihrer] Tochter eine anständige Erziehung zu geben" (S. 25, Z. 14 f.), seine Zustimmung zu einem Leben in der Stadt zu erreichen. Odoardo ist froh darüber, seine Tochter mit Graf Appiani verlobt zu wissen, der ähnlich wie sein zukünftiger Schwiegervater ein zurückgezogenes Dasein auf dem Land dem hektischen Stadtleben vorzieht. Der Vater bei Schnitzler hat zwar andere Beweggründe, warum er Marie ein Leben außerhalb der eigenen vier Wände verweigern will und setzt seinen Willen auch verbissener durch (ein Verlöbnis seiner Tochter käme für ihn nie infrage), beide neigen aber dazu, ihre **Töchter kontrollieren zu wollen**.

Gemeinsamkeiten

Ängste bezüglich einer Teilnahme der Töchter am gesellschaftlichen Leben

Dies liegt daran, dass sowohl Odoardo als auch der Vater bei Schnitzler **hohe Erwartungen an ihren Nachwuchs** haben. Für Odoardo repräsentiert **Emilia** seine und damit die Ehre der Familie, weshalb es ihm wichtig ist, dass sie sich stets den bürgerlichen Werten **ihres Standes entsprechend verhält**. Er ärgert sich darüber, dass Emilia ohne Begleitung in die Kirche gegangen ist und dass der Prinz ihr Avancen macht (vgl. S. 26, Z. 27 ff.). Der Vater bei Schnitzler erwartet von **Marie**, dass sie sich um ihn kümmert, solange er am Leben ist, und dafür **auf ein eigenes Leben verzichtet**. Er rechnet ihr vor, wie viel Zeit sie nach seinem Tod immer noch für sich selbst haben wird, und begründet damit, warum er ihr jetzt verbietet, ihn zu verlassen.

hohe Erwartungen der Väter an ihre Töchter

Nicht nur haben beide Väter hohe Erwartungen an ihre Töchter, sondern beide junge Frauen sind durch eine **auffällige Gehorsamkeit** gegenüber dem jeweiligen Familienoberhaupt gekennzeichnet. An kaum einer Stelle wehrt sich **Marie** gegen die weitgehend haltlosen Vorwürfe und Beschuldigungen ihres Vaters. Stattdessen

Opferbereitschaft der Töchter

erfüllt sie ihm ohne Widerworte sofort alle seine Wünsche und ist **bereit, ihm ihre Jugend zu opfern. Emilia opfert** nicht nur ihre Jugend den Moralvorstellungen Odoardos, sondern sogar **ihr ganzes Leben.** Sie unterwirft sich am Ende ihrem Vater vollständig, indem sie sich von ihm töten lässt, um einer Beschmutzung ihrer Ehre zu entgehen. Sie hat Odoardos **Moralvorstellungen in so hohem Maße verinnerlicht**, dass sie ihren zögernden Vater zwingt, sie zu erdolchen, indem sie an seine Ehre und seinen Stolz appelliert (vgl. S. 86, Z. 19 ff.).

An der Art und Weise, wie die Töchter ihr jeweiliges Opfer bringen, wird aber auch schon ein großer Unterschied im **Charakter der beiden jungen Frauen** deutlich. Während **Marie** durch eine **resignierende Gehorsamkeit** auffällt, ist **Emilia** trotz ihrer Unterwürfigkeit fähig, die Initiative zu ergreifen und **psychische Stärke** zu demonstrieren. So ist es letztendlich ihre Entscheidung, sich von ihrem Vater töten zu lassen. Sie kennt sich selbst sehr genau und weiß, dass sie verführbar ist und den Avancen des Prinzen möglicherweise nicht lange standhalten kann. Deshalb erscheint ihr die Selbsttötung zunächst als einziger möglicher Ausweg, ihre Unschuld zu retten. Dies verhindert Odoardo, da er nicht will, dass sie die Sünde der Selbsttötung begeht. Mit ihrem Verweis auf die römische Virginia, die von ihrem Vater ermordet wurde, um der Schande einer Vergewaltigung zu entgehen, **bringt** Emilia schließlich aktiv ihren **Vater dazu, sie** ebenfalls **zu töten.** Lessings Protagonistin ergibt sich also keineswegs wie Marie passiv ihrem Schicksal, sondern nimmt dieses am Ende selbst in die Hand.

> **Unterschiede**
> Charaktere der Töchter: resignierend (Marie) vs. aktiv (Emilia)

Dies hat vor allem mit den **strengen Moralvorstellungen** zu tun, die für **Emilia und Odoardo** eine zentrale Rolle spielen. Für die Galottis sind **Werte** wie Freiheit, Selbstbestimmung, Ehrlichkeit sowie die Verteidigung der Moral gegen höfische Willkür und Lüsternheit von immenser Bedeutung. Odoardo sieht sich als Verteidiger der Unschuld Emilias. Seine Tochter akzeptiert diese Rolle, weil sie spürt, wie gefährdet sie gegenüber den Versuchungen des Hofes ist. Sie **lässt sich töten, um** einen **ethisch-moralischen Wert zu bewahren.** Somit ist das **Verhältnis** zwischen Vater und Tochter bei Lessing **von gegenseitigem Respekt**, von Liebe und von der Achtung gemeinsamer Werte **geprägt.** Davon kann **bei Schnitzler keine** Rede sein. Weder ist zwischen Marie und ihrem Vater von **persönlicher Zuneigung** etwas zu spüren, noch spielen Moralvorstellungen bei ihren Entscheidungen eine Rolle. Ethische Kriterien kommen in ihrer Beziehung nur insofern zum Tragen, als der **Vater seiner Tochter fehlende Fürsorglichkeit vorwirft** und sie damit unter Druck setzt.

> Bedeutung ethischer Kriterien: Moral als Druckmittel (Schnitzler) vs. Moral als Leitprinzip (Lessing)

Die genannten Unterschiede sind auch darauf zurückzuführen, dass Lessing und Schnitzler Familien zu ganz **unterschiedlichen Zeiten** und aus **verschiedenen Gesellschaftsschichten** darstellen. Bei Marie und ihrem Vater handelt es sich um einfache Menschen, die **um 1900** in einer österreichischen Stadt relativ ärmlich leben. Politische Umstände beeinflussen ihre Existenz kaum, sondern ihr Dasein konzentriert sich allein auf **persönliche Wünsche und Sehnsüchte**. Ganz anders bei **Odoardo und Emilia Galotti:** Die beiden gehören einer **nicht unbedeutenden bürgerlichen Familie** an, die gegenüber einem adeligen Hofstaat des Absolutismus und seinem willkürlichen Umgang mit der Macht ihre Moralvorstellungen behaupten muss. **Gesellschaftliche und politische Hintergründe** spielen bei ihren Entscheidungen also eine nicht unerhebliche Rolle.

familiärer und gesellschaftlicher Hintergrund: einfache Verhältnisse ohne politische Bedeutung (Schnitzler) vs. Familie des Bürgertums mit gesellschaftlicher Bedeutung (Lessing)

Dies hat unter anderem damit zu tun, dass **Lessing** mit seinem bürgerlichen Trauerspiel die **Botschaft der Aufklärung** übermitteln und an der Verderbtheit und Willkür der höfischen Welt Kritik üben wollte. Der Auszug aus **Schnitzlers** Drama konzentriert sich dagegen auf das **Innenleben der dargestellten Figuren** und blendet gesamtgesellschaftliche Entwicklungen aus.

Schluss: unterschiedliche Autorintentionen

Ein Johann Wolfgang von Goethe zugeschriebenes **Zitat** fordert Eltern auf, ihren **Kindern** sowohl **Wurzeln** als auch **Flügel zu geben**. Um beurteilen zu können, inwiefern Odoardo Galotti und der Vater bei Schnitzler dies gegenüber ihren Töchtern berücksichtigen, muss zuerst geklärt werden, was unter Wurzeln und Flügeln in diesem Zusammenhang zu verstehen ist. Goethe ist der Ansicht, dass Eltern ihrem Nachwuchs ein **festes Fundament**, klare Leitlinien und eine unerschütterliche **Basis**, also Wurzeln, bieten müssen, die ihren Kindern Halt geben und ihnen durchs Leben helfen. Gleichzeitig hält er es für wichtig, Kindern auch **Freiräume** zu gewähren, ihnen zu ermöglichen, unabhängig von den Eltern die Welt zu erkunden und über sich hinauszuwachsen, ihnen also **Flügel zu schenken**. Im Folgenden soll erörtert werden, inwiefern Odoardo Galotti und Maries Vater diese Forderungen erfüllen.

Aufgabe 3 Erörterung Erläuterung des Zitats

Themenstellung

Da sich Vater und Tochter bei Schnitzler in einer **ständigen Konfrontationssituation** befinden, ist es nicht leicht, positive Wurzeln zu erkennen, welche Marie von ihrem Vater bekommen hat. Nur indirekt lässt sich erschließen, dass Marie durch ihre Erziehung **Pflichtgefühl** und **Verantwortungsbewusstsein** gelernt hat. Schließlich scheint es für sie selbstverständlich zu sein, ihren kranken Vater zu betreuen. Obwohl er ihr ihre **Fürsorge** nicht dankt, zieht es Marie zu keinem Zeitpunkt in Zweifel, dass sie sich um ihren alten Vater zu kümmern hat. Für sie bedeutet ihr Vater trotz

Eignung des Zitats in Bezug auf Ruf des Lebens – Wurzeln bei Marie

seiner Vorwürfe und Demütigungen Familie, die ihr nicht gleichgültig zu sein scheint. Eine **mangelnde Verwurzelung** ist bei ihr also **nicht zu spüren**.

Was die von Goethe erwähnten Flügel angeht, sieht es dagegen vollkommen anders aus: Ihr Vater denkt gar nicht daran, ihr zu gestatten, dem „Ruf des Lebens" zu folgen und flügge zu werden. Ganz im Gegenteil **neidet** er **ihr ihre Jugend** und verlangt, dass sie an seiner Seite ihr Dasein fristet. Er **missgönnt ihr jede Abwechslung** und verdüstert ihre Existenz durch **Vorwürfe und Unterstellungen**.

– Flügel bei Marie

Die von Goethe geforderte **Ausgewogenheit** von Wurzeln und Flügeln ist im Verhältnis von Vater und Tochter **nicht gegeben**. Deshalb wirken auch die genannten Wurzeln von Marie eher wie **Fesseln**, die ihr nicht Sicherheit und Geborgenheit vermitteln, sondern ihr vielmehr „die **Flügel stutzen**".

Fazit I: Wurzeln als Fesseln, Flügel gestutzt

Bei Emilia Galotti ist es unbestritten, dass sie von ihrem Vater Wurzeln bekommen hat. Grundsätzlich entsprechen seine **strengen Moralvorstellungen** auch denen seiner Tochter. Das gilt insbesondere für die **Bewahrung ihrer Unschuld**, von der Odoardo glaubt, dass sie „über alle Gewalt erhaben" sei (S. 85, Z. 23). Odoardo hat es vermocht, seiner Tochter Werte wie Pflichtgefühl, Ehrlichkeit und persönliche Integrität zu vermitteln, seine Engstirnigkeit hat es aber verhindert, auch ihrem emanzipatorischen Denken und Fühlen eine wirklich feste Basis zu geben. Deshalb meint sie am Ende, ihre Not nicht anders beheben zu können, als ihren Vater geradezu zu zwingen, sie zu töten. In dieser Hinsicht ist sie ein **vollkommenes Produkt der Erziehung** durch ihren sittenstrengen Vater, hat also sehr **starke Wurzeln** von ihm bekommen.

Eignung des Zitats in Bezug auf *Emilia Galotti*
– Wurzeln bei Emilia

Schwieriger zu beantworten ist die Frage, ob Odoardo seiner Tochter auch Flügel mitgegeben hat. Am ehesten scheint diese Metapher auf ihren **starken Willen** zuzutreffen. Als Odoardo sie vor der Gefahr warnt, von dem Prinzen unter einem Vorwand in das Haus der Grimaldi entführt zu werden, hält sie ihm entgegen: „Als ob wir, wir keinen Willen hätten, mein Vater." (S. 85, Z. 9 f.) Nachdem ihr klar geworden ist, dass eine Flucht nicht infrage kommt (vgl. S. 84, Z. 21 ff.), wird sie von einer geradezu **kalten Entschlossenheit** ergriffen. Sie **nimmt ihr Schicksal** mit den Worten „Die Hände in den Schoß legen? Leiden, was man nicht sollte?" (S. 84, Z. 32 f.) **in die eigenen Hände**. Ihr Vater ist nun vollends von ihrer Unschuld überzeugt und lässt sich am Ende von seiner Tochter dazu bringen, sie zu töten und damit ihre Tugendhaftigkeit für immer zu retten. Emilia besitzt also die **seelische Stärke**, ihren

– Flügel bei Emilia

eigenen Tod in Kauf zu nehmen, um nicht ihre Ideale verraten zu müssen. In dieser Hinsicht ist sie durchaus mit Flügeln ausgestattet.

Allerdings **erfüllt** sie dadurch letztendlich doch wieder die **Erwartungen Odoardos**, indem sie **nach seinem Ehrbegriff** handelt und sich seinen Tugendvorstellungen unterwirft. Sie schafft es nicht, sich zu emanzipieren, sodass die **Wurzeln**, die sie von ihrem Vater bekommen hat, **stärker** sind als **die Flügel**.

<small>Fazit II: Wurzeln stärker als Flügel</small>

Deutsch (Hamburg) – Grundlegendes Anforderungsniveau
Abiturähnliche Übungsaufgabe 3

Aufgabenart
Vergleichende Untersuchung eines Films und eines Dramas

Thema
Wertvorstellungen – Von Vätern und Töchtern

Zulässige Arbeitsmittel
Maren Ade: *Toni Erdmann. Drehbuch zu einem Kinofilm* (Version: 20. 05. 2014)
Friedrich Hebbel: *Maria Magdalena*

Teilaufgaben

1. Analysieren Sie das vorliegende Standbild aus dem Film „Toni Erdmann".

2. Die Soziologie spricht von einem Wandel der Familie vom „Patriarchat zur Partnerschaft" (Michael Mitterauer). Erörtern Sie diese These anhand von *Maria Magdalena* und *Toni Erdmann*.

Material
Standbild aus *Toni Erdmann*

© *Komplizen Film*

Hinweis

- Diese Übungsaufgabe des grundlegenden Anforderungsniveaus entspricht den Teilaufgaben 1 und 3 der Übungsaufgabe 4 auf erhöhtem Anforderungsniveau. Die **Hinweise und Tipps** zur Bearbeitung sowie den **Lösungsvorschlag** finden Sie daher auf den Seiten 24 bis 33. Die zweite Teilaufgabe der Übungsaufgabe 4 spielt auf dem grundlegenden Anforderungsniveau keine Rolle.

Deutsch (Hamburg) – Erhöhtes Anforderungsniveau
Abiturähnliche Übungsaufgabe 4

Aufgabenart
Vergleichende Untersuchung eines Films und eines Dramas

Thema
Wertvorstellungen – Von Vätern und Töchtern

Zulässige Arbeitsmittel
Maren Ade: *Toni Erdmann. Drehbuch zu einem Kinofilm* (Version: 20. 05. 2014)
Friedrich Hebbel: *Maria Magdalena*

Teilaufgaben

1. Analysieren Sie das vorliegende Standbild aus dem Film „Toni Erdmann".

2. Beurteilen Sie die folgende These der Literaturwissenschaftlerin Inge Stephan anhand des Dramas *Maria Magdalena* von Friedrich Hebbel: „Die Tugendvorstellung, mit der die Väter ihre Töchter wie mit einer Schutzmauer umgeben, trägt in ihrer Übersteigerung irrationale Züge […]. Alle drei Dramen[1] zeigen das ‚Gespenstisch-Werden der Tugend' durch einen Tugendbegriff, der die Lebendigkeit und Sinnlichkeit des Menschen negiert und bekämpft."

   Inge Stephan: „So ist die Tugend ein Gespenst" – Frauenbild und Tugendbegriff bei Lessing und Schiller. In: dies.: Inszenierte Weiblichkeit. Codierung der Geschlechter in der Literatur des 18. Jahrhunderts, Köln: Böhlau 2004, S. 37

   1 Gemeint sind hier eigentlich *Emilia Galotti*, *Miss Sara Sampson* und *Kabale und Liebe*.

3. Die Soziologie spricht von einem Wandel der Familie vom „Patriarchat zur Partnerschaft" (Michael Mitterauer). Erörtern Sie diese These anhand von *Maria Magdalena* und *Toni Erdmann*.

Standbild aus *Toni Erdmann*

© *Komplizen Film*

Hinweise und Tipps

Die **erste Teilaufgabe** verlangt von Ihnen die **Analyse eines Szenenbilds** aus dem im Unterricht behandelten Kinofilm „Toni Erdmann". In der Einleitung sollten Sie das Thema des Standbilds sowie die Szene, aus welcher es entnommen wurde, nennen. Im Anschluss ordnen Sie den Screenshot in den allgemeinen Handlungszusammenhang des Films sowie in die entsprechende Szene ein. Anschließend beschreiben und deuten Sie das Standbild, wobei es sich empfiehlt, **Beschreibung und Deutung** zu verknüpfen, um Wiederholungen zu vermeiden. Gehen Sie auf die Kameraperspektive und -einstellung, auf Gestik, Mimik, Haltung, Kleidung sowie auf die Gestaltung des Hintergrunds ein. Im Anschluss **interpretieren** Sie das Standbild im Gesamtzusammenhang des Films.

Die **zweite Teilaufgabe** legt Ihnen eine **Äußerung** der Literaturwissenschaftlerin Inge Stephan vor, die Ihnen aus dem Unterricht bekannt sein dürfte. Darin bezieht sie sich auf verschiedene Dramen des 18. Jahrhunderts. Sie sind nun aufgefordert, Inge Stephans Behauptung auf Hebbels bürgerliches Trauerspiel „**Maria Magdalena**" zu übertragen und anhand dieses Dramas zu **untersuchen**. Es empfiehlt sich, einleitend die Bedeutung des Tugendideals für das Bürgertum zu erläutern. Im Anschluss legen Sie den Fokus auf die übersteigerten **Tugendvorstellungen** in Hebbels Drama. Dabei bietet es sich an, auch deren Auswirkungen auf die Tochter zu thematisieren, um eine aspektreiche Analyse zu erzielen. Bemühen Sie sich, die einzelnen Punkte der These von Inge Stephan möglichst genau am Text zu belegen.

Die **dritte Teilaufgabe** fordert Sie dazu auf, anhand von „Maria Magdalena" und „Toni Erdmann" den **Wandel des Familienbilds** vom Patriarchat zur Partnerschaft zu erörtern. Die **patriarchalische Familienstruktur** lässt sich vor allem anhand von

„Maria Magdalena" darlegen, wobei Sie sämtliche Familienmitglieder in die Argumentation mit einbeziehen sollten, auch wenn der Vater im Mittelpunkt steht. Für das partnerschaftliche Familienbild sollten Sie Maren Ades Film heranziehen. Um differenziert zu argumentieren, müssen Sie erörtern, ob sich nicht im **scheinbar partnerschaftlichen Umgang** von Winfried mit seiner Tochter (*„Toni Erdmann"*) auch patriarchalische Züge finden lassen. Schließen Sie Ihre Darstellung am Ende mit einem zusammenfassenden **Fazit** ab.

*In der folgenden Lösung **verwendete Textausgaben:***
Maren Ade: Toni Erdmann. Drehbuch zu einem Kinofilm. Hamburg: lizensierter Druck durch Behörde für Schule und Berufsbildung 2017
Friedrich Hebbel: Maria Magdalena. Ein bürgerliches Trauerspiel in drei Akten. Stuttgart: Reclam 2002

Lösungsvorschlag

Das vorliegende **Standbild** stammt aus dem 2016 erschienenen Spielfilm *Toni Erdmann* der Regisseurin Maren Ade. Der Film zeigt eine durch Entfremdung geprägte Vater-Tochter-Beziehung, indem er zwei unterschiedliche Weltsichten aufeinanderprallen lässt: das **ökonomische Effizienzdenken** der Unternehmensberaterin Ines und die eher **linksalternative Haltung** ihres Vaters, eines pensionierten Musiklehrers. Die Szene, aus welcher das Standbild entnommen ist, übt einerseits **Kritik an** den **Schattenseiten des Kapitalismus**, andererseits verdeutlicht sie, dass die bloße „Menschenfreundlichkeit" (Drehbuch, S. 95) von Winfried wenig bewirkt.	**Aufgabe 1** **Einleitung**
Die dazugehörige Filmsequenz spielt in der rumänischen Provinz auf einem Ölfeld, das einem Unternehmen gehört, in dessen Auftrag Ines ein **Outsourcing-Projekt** durchführen soll, um Kosten einzusparen. Bei dem dort stattfindenden Geschäftstermin mit dem Manager Illiescu, dessen Abteilung abgewickelt werden soll, ist auch ihr Vater anwesend. Ines war gezwungen, ihn mitzunehmen, da er aus Spaß seine Tochter mit einer Handschelle an sich gekettet und den Schlüssel verloren hatte. Ines rächt sich nun, indem sie ihren **Vater als Unternehmensberater** vorstellt und ihn gegenüber Illiescu als Verfechter von harten Rationalisierungsmaßnahmen erscheinen lässt, um selbst moderat dazustehen.	**Analyse** Einordnung der Szene in den Handlungszusammenhang des Films
Zu Beginn der Szene bringt Illiescu Ines und ihren Vater zu einer Bohrstelle auf einem Ölfeld, um ihnen zu zeigen, dass dort gute Arbeit geleistet wird. Dadurch will er eine **Auslagerung der Wartungsarbeiten verhindern**. Winfried entdeckt während des Rundgangs einen Arbeiter, der etwas ohne Schutzhandschuhe zu reparieren versucht und stark mit Öl beschmiert ist. Als Winfried darauf	Einordnung des Standbilds in die entsprechende Filmszene

verweist, dass dies nicht gut sei, **schimpft Illiescu mit dem Arbeiter** und **droht, ihn zu entlassen**, da er die Sicherheitsvorschriften nicht beachtet habe. Winfried versucht, Illiescu von der angedrohten Entlassung abzubringen, da er dem Arbeiter nicht schaden wollte, sondern sich angesichts der gefährlichen Arbeitsbedingungen Sorgen gemacht hat. Da er keinen Erfolg hat, bittet er Ines um Hilfe, was sie verweigert. Sie verweist darauf, dass dies Illiescus Entscheidung sei, und merkt süffisant an, dass sie nun selbst weniger Entlassungen vornehmen müsse.

Das Standbild ist in **Normalsicht mit amerikanischer Kameraeinstellung** aufgenommen, wodurch das angespannte Verhältnis der Protagonisten verdeutlicht wird, die im Vordergrund stehen. Im Hintergrund sind u. a. ein Schotterweg, zwei Autos, ein WC-Häuschen sowie eine karge Landschaft zu sehen, in der zwei Arbeiter eine Pause machen. Dies stellt einen **Kontrast zum mondänen Leben der Unternehmensberater in Bukarest** dar. Der Blickfang ist **Ines'** erhobener Kopf, ihr ernster Gesichtsausdruck signalisiert **Überlegenheit und Entschlossenheit**. Dieser Eindruck wird durch ihre maskulin wirkende, **aufrechte Körperhaltung** zusätzlich unterstrichen. So steckt sie trotz der angespannten Situation betont leger die linke Hand in die Hosentasche und nimmt gleichsam eine **Feldherrenpose** ein, indem sie ihren Schutzhelm unter ihren Arm klemmt. Sie macht somit durch Haltung, Gestik und Mimik deutlich, dass sie ihre Meinung bezüglich der angedrohten Entlassung des Arbeiters nicht ändern wird, und zeigt ihrem Vater auch durch ihre schnippische Antwort, dass in der Ökonomie eigene Gesetze gelten, die er nicht zu verstehen scheint (vgl. Drehbuch, S. 92).

Winfried hingegen wirkt in diesem Still **passiv** und geradezu **hilflos**, was seine nach unten hängenden Arme und die leicht nach vorne gebeugten Schultern zeigen. Seine Haltung könnte auch sein **schlechtes Gewissen** verdeutlichen, da er den rumänischen Arbeiter durch sein eigenwilliges Verhalten in Schwierigkeiten gebracht hat. Dadurch, dass er Ines mit offenem Mund anblickt, kommt ferner zum Ausdruck, dass ihn **ihre Härte** angesichts des von der Entlassung bedrohten Arbeiters **schockiert**.

Auch in Kleidung und Aussehen wird das **veränderte Machtverhältnis zwischen Vater und Tochter** deutlich, zumal Winfried ohne Perücke und Gebiss auftritt. Dies zeigt, dass dieses Mal Ines die Regeln des Spiels vorgibt. Ines verkörpert in ihrer Bluse und ihrem Hosenanzug die **erfolgreiche Unternehmensberaterin**. Im Gegensatz dazu signalisieren der großzügig geschnittene Anzug, der dennoch den Bauchansatz von Winfried erkennen lässt, und seine längeren, unfrisiert wirkenden Haare, dass er in seiner neuen

Randnotizen:
- Beschreibung und Interpretation des Standbilds unter Berücksichtigung filmsprachlicher Mittel
- Haltung von Ines
- Haltung von Winfried
- Deutung der beiden Positionen

Rolle als Unternehmensberater **wenig souverän** ist. Verstärkt wird dieser Eindruck dadurch, dass er nach wie vor seinen Helm trägt, während Ines ihren längst abgenommen hat.

Das Standbild veranschaulicht einen **Wandel in der Vater-Tochter-Beziehung**. Bislang hat der Vater dominiert und Ines durch seinen grotesken Humor immer wieder in Schwierigkeiten gebracht. Nun demonstriert hingegen Ines ihre Macht, indem sie ihren Vater mit seinen eigenen Waffen schlägt: Sie macht einen sarkastischen Witz über die vor der Entlassung stehenden Arbeiter, wobei dieses Mal der Vater nicht weiß, wie er darauf reagieren soll. Während bisher Winfried als Toni Erdmann das Gebaren und den Lebensstil der Wirtschaftselite lächerlich gemacht hat, zeigt sich auf dem Ölfeld, dass **sein Humor fatale Folgen haben kann**, da er die Welt der Wirtschaft nicht versteht. Als er bei der Besichtigung des Ölfelds seine eigenen Wege geht, indem er „scherzhaft" nach einem „alten Rohr" (Drehbuch, S. 91) sieht und sich in die Tätigkeit der Arbeiter einmischt, schadet er diesen. Er erkennt den Ernst der Situation nicht, da Illiescu bemüht ist, einen guten Eindruck zu hinterlassen, um Rationalisierungsmaßnahmen zu verhindern. Ines ist enttäuscht von der **Ignoranz ihres Vaters gegenüber der Komplexität der Welt der Wirtschaft**: „Vor allem – wie wollen wir das jetzt alles modernisieren? Wenn du dir schon bei dem Gedanken in die Hose machst, dass nur einer entlassen wird. […] Ich kann dir in jedem Schritt, den du machst, erklären, wie direkt deine ökonomische Verbindung zu diesen Leuten ist. Da hilft dir deine pseudo-grüne Gesinnung gar nichts." (Drehbuch, S. 96) Auch die Begegnung mit einem Einheimischen in der folgenden Szene verdeutlicht die **Grenzen des Ideals der „Menschenfreundlichkeit"** (Drehbuch, S. 95) von Winfried. Dieser verweigert die Annahme des Zwanzig-Euro-Scheins, den Winfried ihm angeboten hat, da er zu stolz ist, um sich zum Almosenempfänger degradieren zu lassen. Als unangemessen erlebt Ines zudem die Verabschiedung des Einheimischen durch ihren Vater mit den Worten „Don't lose the Humor" (Drehbuch, S. 95), da diese aus ihrer Sicht zynisch wirken. Auch im Drehbuch ist vermerkt, dass sich dieser Satz „in der Wiederholung […] auf einmal nur leer an[hört]" (Drehbuch, S. 95).

> Interpretation des Standbilds im Zusammenhang des gesamten Films

Zwar kann es als ein **Zeichen der Annäherung** betrachtet werden, dass Ines ihren Vater in seiner Rolle als Toni Erdmann für ihre Zwecke nutzt. Sie zeigt damit nämlich, dass sie von ihrem Vater gelernt hat, spielerisch-improvisatorisch mit Situationen umzugehen. Zugleich erkennt sie, dass ihr Vater, der bislang primär eine Last darstellte, durchaus hilfreich für sie sein kann. Das Standbild verdeutlicht dennoch, wie **unvereinbar die Denkweisen von Vater und Tochter** nach wie vor sind und dass es Winfried nicht

> Fazit

gelungen ist, durch die Figur Toni Erdmann die Lebenseinstellung von Ines zu verändern. Dies liegt auch daran, dass er nicht in der Lage ist, die Komplexität der Wirtschaftswelt zu verstehen.

Noch ganz andere Wertvorstellungen als in *Toni Erdmann* herrschten im 19. Jahrhundert vor. Die Wertschätzung von **Tugendhaftigkeit** spielte für das Selbstverständnis des damaligen Bürgertums eine wichtige Rolle. Zwar artikulierte sich durch die strengen Moralvorstellungen das neue Selbstbewusstsein des aufgeklärten Bürgertums, allerdings intensivierte sich zugleich der **Druck, sich tugendhaft zu verhalten**. Dieses Problem thematisiert das 1834 erschienene bürgerliche Trauerspiel *Maria Magdalena* von Friedrich Hebbel, das am Beispiel von Meister Anton den **Tugendrigorismus des Kleinbürgertums** kritisiert. Es eignet sich deshalb sehr gut dafür, Inge Stephans These von der Tugend als „Schutzmauer" und von einem „Tugendbegriff, der die Lebendigkeit und Sinnlichkeit des Menschen negiert und bekämpft", zu untersuchen.

<small>Aufgabe 2
Hinführung zum Thema</small>

<small>Untersuchung von Inge Stephans These anhand von *Maria Magdalena*</small>

Aus zeitgenössischer Sicht stellten die Tugendvorstellungen, die für unverheiratete Töchter galten, tatsächlich eine Art „Schutzmauer" dar, da **Jungfräulichkeit die Voraussetzung für eine Eheschließung** war. Dies macht auch Meister Anton gegenüber seiner Tochter deutlich (vgl. S. 62). Die elterliche **Sorge um den guten Ruf** der Töchter **schränkte** deren **Bewegungsfreiheit** aber **massiv ein**. Selbst beim Gang zum Brunnen achtet Klara darauf, pünktlich zu Hause zu sein, um nicht „Verdacht" (S. 38) zu erregen. Schon daran merkt man, dass es bei den Tugendvorschriften in Hebbels Drama **nicht** wirklich um einen **Schutz der Tochter** geht, **sondern** eher um die **Ehre des Elternhauses**. Hier von „Übersteigerung" zu sprechen, erscheint also mehr als angemessen.

<small>Jungfräulichkeit als Voraussetzung für die Eheschließung</small>

Die von Inge Stephan konstatierte „**Übersteigerung**" des Tugendideals zeigt sich auch, als Meister Anton nach dem vermeintlichen Juwelendiebstahl seines Sohns Karl mit allen Mittel versucht, die **Familienehre zu schützen**. Klara muss ihm nicht nur schwören, dass sie ihre Jungfräulichkeit bewahrt hat. Er **droht** ihr sogar, **sich umzubringen**, sollte sie schwanger sein, was das von Inge Stephan angeführte „Gespenstisch-Werden der Tugend" veranschaulicht. Dies trifft noch einmal mehr zu, als er seine Drohung laut Regieanweisung „[m]it schrecklicher Kälte" (S. 64) ausspricht.

<small>Meister Antons Selbstmorddrohung</small>

Die „irrationalen Züge" der Tugendvorstellungen von Meister Anton manifestieren sich auch insofern, als er geradezu **panisch** darauf bedacht ist, **in der kleinstädtischen Öffentlichkeit gut dazustehen**. Statt über den Verlust seiner Tochter zu trauern, konstatiert er nach ihrem Selbstmord lapidar: „Sie hat mir nichts er-

<small>Meister Antons Fixierung auf seinen guten Ruf</small>

spart – man hat's gesehen!" (S. 95) Als sein Sohn Karl als vermeintlicher Juwelendieb verhaftet wird, fühlt Anton sich wie „ein nichtswürdiger Bankerottierer [...] vor dem Angesicht der Welt" (S. 63) und sieht jeden Gang in die Stadt als „Spießruten[lauf]" (S. 60) an.

Sozialgeschichtlich lässt sich dies damit erklären, dass es **unter Handwerksmeistern strenge Ehrbarkeitsregeln** gab, zu denen auch eine tadellose Lebensführung gehörte. Sein Arbeitsethos als Handwerksmeister ist ein Grund dafür, dass Meister Antons Tugendvorstellungen „Lebendigkeit und Sinnlichkeit" entbehren. Von seinen Kindern verlangt der Vater **Fleiß und Strebsamkeit**. Klara kümmert sich derart aufopferungsvoll um den Haushalt, dass sie selbst kurz vor ihrem Selbstmord dafür sorgt, dass „des Vaters Abendtrank am Feuer" (S. 90) steht. Zuvor spricht sie davon, dass sie in die Küche müsse, was sie lakonisch mit den Worten „was wohl sonst" (S. 90) kommentiert. Müßiggang gönnt Meister Anton seinen Kindern nicht, worüber sich Karl beklagt: „Hobeln, Sägen, Hämmern, dazwischen Essen, Trinken und Schlafen, damit wir immerfort hobeln, sägen und hämmern können, sonntags ein Kniefall obendrein: Ich danke dir, Herr, dass ich hobeln, sägen und hämmern darf!" (S. 88)

<aside>strenge Ehrbarkeitsvorstellungen der Handwerksmeister</aside>

Dass der Tugendrigorismus von Meister Anton tatsächlich die „Lebendigkeit und Sinnlichkeit des Menschen negiert", ist nicht zuletzt eine Folge seiner starken Religiosität. Der Vater sagt von sich, erst dann glücklich zu sein, wenn „die schweren eisernen Kirchtüren hinter [ihm] zuschlagen" und er sich „einbilden [kann], es seien die Tore der Welt gewesen" (S. 49). Seine **Religiosität** führt somit zu einer **Verachtung jeglicher Lebensfreude**, weshalb er selbst das Kegelspiel ablehnt (vgl. S. 57).

<aside>starke Religiosität von Meister Anton</aside>

Auch bei seiner Tochter hinterlässt die **streng religiöse Erziehung** Spuren, wenn sie zum Beispiel Gott bittet, sie „nicht zu schrecklich an[zuschauen]" (S. 80), was auf die **Vorstellung vom strafenden Gott** des Alten Testaments hinweist. Selbst die Krankheit der Mutter wird von ihr als göttliche Strafe für ihren vorehelichen Geschlechtsverkehr mit Leonhard betrachtet (vgl. S. 43). Derartige Projektionen zeigen, dass die bürgerlichen Tugendvorstellungen Sinnlichkeit und Lebensfreude abtöten, da sie immer wieder ein **schlechtes Gewissen und intensive Schuldgefühle** verursachen. Meister Anton kleidet dies in drastische Worte, als er sich infolge des vermeintlichen Diebstahls seines Sohns wünscht, von der Erde zu verschwinden: „[V]erschlucke mich, wenn dich nicht ekelt, denn ich bin kotiger, als du!" (S. 62)

<aside>Schuldgefühle infolge des Tugendrigorismus</aside>

All die dargestellten Aspekte zeigen, dass sich Inge Stephans These auch auf *Maria Magdalena* anwenden lässt. Die **Unmenschlichkeit der übersteigerten Tugendvorstellungen** von Meister Anton, die auf die Ehrbarkeitsregeln der Handwerksmeister und auf seine ausgeprägte Religiosität zurückzuführen sind, hat zur Folge, dass Klara sich und ihr ungeborenes Kind tötet. Meister Anton kann sich mit seinem **Tugendrigorismus** bei seinen Kindern trotzdem **nicht vollständig durchsetzen**. Der rebellische Karl bricht aus der häuslichen Enge aus, um zur See zu fahren, und Klara erhofft sich, nach ihrem Selbstmord an einem Ort zu sein, „wo niemand mehr rot wird, […] weil Gottes furchtbar heilige Nähe in jedem den Gedanken an die anderen bis auf die Wurzel weggezehrt hat!" (S. 74).

Fazit

Nicht zuletzt die Filmindustrie hat dazu beigetragen, die lange vorherrschende Vorstellung von der patriarchalischen Familie infrage zu stellen. So zeigen zeitgenössische Liebeskomödien oftmals Männer, denen es auch durch den liebevollen Umgang mit Kindern gelingt, das Herz einer attraktiven, alleinerziehenden Mutter zu gewinnen. Das **Familienbild** hat sich also **vom Patriarchat zur Partnerschaft** gewandelt, wie es der Soziologe Michael Mitterauer konstatiert. Im Folgenden soll deshalb untersucht werden, ob sich seine These auch auf Hebbels *Maria Magdalena* und den Film *Toni Erdmann* anwenden lässt. Es wird erörtert, inwiefern das Drama aus dem 19. Jahrhundert ein **patriarchalisches** und autoritäres **Familienbild** wiedergibt und inwiefern der Film aus dem 21. Jahrhundert eine **partnerschaftliche Vater-Tochter-Beziehung** zeigt.

Aufgabe 3
Einleitung
Hinführung zur Erörterung

Meister Anton geht nicht liebevoll mit seinen Kindern um, da dazu die Fähigkeit zu Empathie nötig wäre, die er ablehnt. Sein „**steinernes Herz**" bezeichnet er als „Glück" (S. 62), da er dadurch vor Enttäuschungen geschützt sei. Ursache für dieses Denken ist sein **pessimistisches Menschenbild**, das auch sein Verhalten gegenüber seinen Kindern prägt. Insbesondere von Karl nimmt er „immer das Schlimmste" (S. 65) an. Nur selten zeigen sich bei ihm selbstkritische Züge hinsichtlich seiner **Gefühllosigkeit**, zum Beispiel als er einräumt, „zu hart" (S. 64) gegen Klara gewesen zu sein. Auch gegenüber seiner Frau sind Zärtlichkeiten und Komplimente eine Ausnahme (vgl. S. 55).

Erörterung
patriarchalisches Familienbild bei *Maria Magdalena*
– Gefühllosigkeit von Meister Anton

Typisch für die patriarchalische Familienstruktur ist, dass der **Vater als Familienoberhaupt Regeln** aufstellt und **Gehorsam** verlangt. Meister Anton legt diesbezüglich eine **kleinbürgerliche Pedanterie** an den Tag, die sein Sohn mit den Worten kritisiert: „[W]ir haben hier im Hause zweimal zehn Gebote. Der Hut gehört auf den dritten Nagel, nicht auf den vierten!" (S. 87) Der **Vater**

– Regeln und Gehorsam

bestimmt den weiteren Lebensweg seiner Kinder, wobei er für Klara die Rolle der Mutter und Hausfrau vorsieht: „Werde du ein Weib, wie deine Mutter war" (S. 63 f.). In der **Hausfrauenrolle** werden die weiblichen Familienmitglieder von den Männern **zu Bediensteten degradiert**. Dies gilt selbst für den eigentlich rebellischen und freiheitsliebenden Karl, der wie selbstverständlich die Rolle des Hausvaters einnimmt („Wo die Klara bleibt? Ich bin ebenso hungrig, als durstig!", S. 87). Gerade er zeigt in seinem Verhalten, wie stark damals die Prägung der Männer durch patriarchalische Wertvorstellungen war, und „entreißt ihr Leonhards Brief" recht grob mit den Worten: „Her damit! Wenn der Vater nicht da ist, so ist der Bruder Vormund!" (S. 88)

Die Mutter und Klara unterwerfen sich dem Willen von Meister Anton. Zwar ist die **Mutter** insbesondere in ihrer **Nachsicht** gegenüber Karl das Gegenbild zu ihrem Mann und traut sich auch, ihm zuweilen zu widersprechen, dennoch ändert dies nichts daran, dass sie sich letztlich den Vorstellungen des Vaters beugt. So sieht sie im Nachhinein ihre Nachgiebigkeit gegenüber Karl kritisch (vgl. S. 38). Ihre **innere Abhängigkeit von der Meinung ihres Mannes** wird auch dadurch deutlich, dass sie – obwohl sie Zweifel hat – tot umfällt, als Karl beschuldigt wird, ein Juwelendieb zu sein (vgl. S. 56 ff.). Ganz im Sinne Meister Antons sieht die Mutter ihre Lebensleistung darin, dass sie im „Hause geschafft [hat], was [sie] konnte" und die Kinder „in der Furcht des Herrn" (S. 36) aufgezogen hat. Zwar kann sich **Klara teilweise von den Wertvorstellungen des Vaters lösen** und zum Beispiel ihre Liebe zu dem ungeborenen Kind bekennen, obwohl es unehelich ist (vgl. S. 74, 80). Dennoch bleibt auch sie **in ihrem Denken den väterlichen Vorgaben verhaftet:** So ermahnt sie Karl, nicht so viel zu trinken, indem sie sich darauf beruft, dass der „Vater sagt, im Wein sitzt der Teufel" (S. 88).

– Unterwerfung unter den Willen des Mannes

Patriarchalische Familienverhältnisse wurden vor allem durch die **Studentenrevolte von 1968** sowie durch das in den 1970er-Jahren aufkommende **alternative Milieu**, das zum Beispiel das Ideal der antiautoritären Erziehung propagierte, infrage gestellt. Insbesondere letzterem scheint Winfried, dem seine Tochter eine „pseudogrüne Gesinnung" (Drehbuch, S. 96) vorwirft, verbunden. So tritt er stets betont unbürgerlich auf und setzt **Gefühle, Spontaneität und Kreativität an die Stelle von Konventionen und Vernunftorientierung**. Dies kommt zum Beispiel in seiner anarchisch inszenierten Musikaufführung anlässlich einer schulischen Abschiedsfeier zum Ausdruck, bei der er bezeichnenderweise ein Lied von Hannes Wader singen lässt, der großen Einfluss auf die Studentenbewegung hatte (vgl. Drehbuch, S. 11).

Überleitung zu „Toni Erdmann": Studentenrevolte und alternatives Milieu

Das zur damaligen Zeit aufkommende **Ideal der Partnerschaftlichkeit** prägt Winfrieds Verhältnis zu seiner Tochter. Seine **Sorge um sie** und das **Bedürfnis, ihr nahe zu sein**, veranlassen ihn sogar dazu, sie spontan in Bukarest zu besuchen. Dort kümmert er sich sehr um sie: So hat er „den Frühstückstisch … liebevoll gedeckt" (Drehbuch, S. 44), ferner sorgt er sich um ihren Schlaf (vgl. Drehbuch, S. 44) und ihre Fußverletzung. Charakteristisch ist weiterhin sein ausgeprägtes **Interesse für** den **Seelenzustand und** die **Probleme** seiner Tochter: „Und bist du eigentlich auch ein bisschen glücklich hier?" (Drehbuch, S. 39) Das partnerschaftliche Verhältnis der beiden zeigt sich auch darin, dass er für sie kocht (vgl. Drehbuch, S. 42), sie bei einem Clubbesuch begleitet und ihr beim Kokainkonsum zuschaut (vgl. Drehbuch, S. 81).

<small>eher partnerschaftliches Familienbild bei *Toni Erdmann*
– Bedürfnis nach Nähe</small>

Allerdings hat sein ausgeprägtes Bedürfnis nach Nähe zugleich **autoritäre Züge**, indem er Ines in Bukarest wie ein Stalker nachstellt, obwohl sie „auf jeden Fall [will], dass Winfried fährt" (Drehbuch, S. 46). Symbolisch kommt dies darin zum Ausdruck, dass er seine Tochter mit Handschellen an sich kettet (vgl. Drehbuch, S. 85). Dies zeigt auch seine **Rücksichtslosigkeit** gegenüber Ines. Immer wieder tritt er als Toni Erdmann störend in ihrem Berufsleben auf, obwohl sie sich in einer wichtigen Karrierephase befindet. Er schreckt auch nicht davor zurück, sich heimlich Zugang zu ihrer Wohnung zu verschaffen, was sogar zu einer handgreiflichen Auseinandersetzung führt (vgl. Drehbuch, S. 85). Ihm **fehlt** es somit an **Einfühlungsvermögen**, das ein wesentliches Merkmal eines partnerschaftlichen Verhältnisses ist. Deutlich wird die fehlende Empathie für seine Tochter auch an seinem **nur oberflächlichen Interesse** an ihrem Beruf, zumal er bereits Schwierigkeiten hat, einfache wirtschaftliche Grundbegriffe wie „Outsourcing" (Drehbuch, S. 35) zu verstehen. Er scheint sich eher an dem „vodooartigen Lärm" (Drehbuch, S. 10) der Unterstufenschüler seiner Musik-AG zu erfreuen als an ökonomischen Fragestellungen. Auch in **kommunikativer Hinsicht** kann man somit nicht von einem partnerschaftlichen Verhältnis sprechen, da der Vater die von ihm aufgeworfene Frage nach dem Sinn des Lebens nur sehr vage beantworten kann, was Ines enttäuscht (vgl. Drehbuch, S. 39 f., 45). An seiner Frage „Bist du eigentlich ein Mensch?" (Drehbuch, S. 42) wird außerdem ersichtlich, dass in seiner Sorge um sie auch der **Wunsch** steckt, **sie in seinem Sinne umzuerziehen**, obwohl sie bereits erwachsen ist. Auch wenn er nur ironisch davon spricht, jemanden als „Ersatztochter" (Drehbuch, S. 18) zu engagieren, zeigt diese Aussage, **wie schwer es ihm fällt, loszulassen** und den eigenständigen Lebensweg der Tochter zu akzeptieren, was Voraussetzung für ein wirklich partnerschaftliches Verhältnis wäre.

<small>Einschränkung des partnerschaftlichen Familienbilds
– Rücksichtslosigkeit und Kommunikationsprobleme</small>

Fazit

Während in *Maria Magdalena* die **menschenverachtenden Zwänge einer patriarchalischen Familie kritisiert** werden, wird in *Toni Erdmann* ein neuer Vatertypus dargestellt. Winfried hat **einerseits** ein **partnerschaftliches Verhältnis** zu seiner Tochter, da er sich für sie interessiert und an ihrem Leben teilnehmen will. **Andererseits** erweist er sich in gewisser Hinsicht aber auch als **moderner Patriarch**, indem er sein Bedürfnis nach Nähe rücksichtslos durchsetzt. Hinter seinem Verhalten steht letztlich auch der Wunsch, Ines in seinem Sinn zu formen, was nicht für eine partnerschaftliche Beziehung spricht.

> Deutsch (Hamburg) – Grundlegendes Anforderungsniveau
> Abiturähnliche Übungsaufgabe 5

Aufgabenart
Untersuchung und Vergleich literarischer Texte

Thema
„Fürstenfelde erzählen" – Literarisierung eines fiktiven Dorfes

Verbindlicher Referenztext
Saša Stanišić: *Vor dem Fest*

Teilaufgaben

1. Analysieren Sie den Beginn des Romans *Der Stechlin* von Theodor Fontane.

2. Vergleichen Sie Fontanes Romananfang mit dem Beginn des Romans *Vor dem Fest* von Saša Stanišić im Hinblick auf die Charakterisierung des jeweiligen Ortes.

Theodor Fontane, Der Stechlin (1898)

Im Norden der Grafschaft Ruppin, hart an der mecklenburgischen Grenze, zieht sich von dem Städtchen Gransee bis nach Rheinsberg hin (und noch darüber hinaus) eine mehrere Meilen lange Seenkette durch eine menschenarme, nur hie und da mit ein paar Dörfern, sonst aber ausschließlich mit Förstereien, Glas- und Teeröfen besetzte
5 Waldung. Einer der Seen, die diese Seenkette bilden, heißt „der *Stechlin*". Zwischen flachen, nur an einer einzigen Stelle steil und kaiartig ansteigenden Ufern liegt er da, rundum von alten Buchen eingefaßt, deren Zweige, von ihrer eignen Schwere nach unten gezogen, den See mit ihrer Spitze berühren. Hie und da wächst ein weniges von Schilf und Binsen auf, aber kein Kahn zieht seine Furchen, kein Vogel singt, und
10 nur selten, daß ein Habicht drüber hinfliegt und seinen Schatten auf die Spiegelfläche wirft. Alles still hier. Und doch, von Zeit zu Zeit wird es an ebendieser Stelle lebendig. Das ist, wenn es weit draußen in der Welt, sei's auf Island, sei's auf Java zu rollen und zu grollen beginnt oder gar der Aschenregen der hawaiischen Vulkane bis weit auf die Südsee hinausgetrieben wird. Dann regt sich's auch *hier,* und ein Was-
15 serstrahl springt auf und sinkt wieder in die Tiefe. Das wissen alle, die den Stechlin umwohnen, und wenn sie davon sprechen, so setzen sie wohl auch hinzu: „Das mit dem Wasserstrahl, das ist nur das Kleine, das beinah Alltägliche; wenn's aber draußen was Großes gibt, wie vor hundert Jahren in Lissabon[1], dann brodelt's hier nicht bloß und sprudelt und strudelt, dann steigt statt des Wasserstrahls ein roter Hahn auf
20 und kräht laut in die Lande hinein."

Das ist der Stechlin, der *See* Stechlin.

Aber nicht nur der See führt diesen Namen, auch der Wald, der ihn umschließt. Und Stechlin heißt ebenso das langgestreckte Dorf, das sich, den Windungen des

Sees folgend, um seine Südspitze herumzieht. Etwa hundert Häuser und Hütten bilden hier eine lange, schmale Gasse, die sich nur da, wo eine von Kloster Wutz her heranführende Kastanienallee die Gasse durchschneidet, platzartig erweitert. An ebendieser Stelle findet sich denn auch die ganze Herrlichkeit von Dorf Stechlin zusammen; das Pfarrhaus, die Schule, das Schulzenamt, der Krug, dieser letztere zugleich ein Eck- und Kramladen mit einem kleinen Mohren und einer Girlande von Schwefelfäden in seinem Schaufenster. Dieser Ecke schräg gegenüber, unmittelbar hinter dem Pfarrhause, steigt der Kirchhof lehnan[2], auf ihm, so ziemlich in seiner Mitte, die frühmittelalterliche Feldsteinkirche mit einem aus dem vorigen Jahrhundert stammenden Dachreiter und einem zur Seite des alten Rundbogenportals angebrachten Holzarm, dran eine Glocke hängt. Neben diesem Kirchhof samt Kirche setzt sich dann die von Kloster Wutz her heranführende Kastanienallee noch eine kleine Strecke weiter fort, bis sie vor einer über einen sumpfigen Graben sich hinziehenden und von zwei riesigen Findlingsblöcken flankierten Bohlenbrücke haltmacht. Diese Brücke ist sehr primitiv. Jenseits derselben aber steigt das Herrenhaus auf, ein gelbgetünchter Bau mit hohem Dach und zwei Blitzableitern.

Auch dieses Herrenhaus heißt Stechlin, *Schloß* Stechlin.

Etliche hundert Jahre zurück stand hier ein wirkliches Schloß, ein Backsteinbau mit dicken Rundtürmen, aus welcher Zeit her auch noch der Graben stammt, der die von ihm durchschnittene, sich in den See hinein erstreckende Landzunge zu einer kleinen Insel machte. Das ging so bis in die Tage der Reformation. Während der Schwedenzeit aber wurde das alte Schloß niedergelegt, und man schien es seinem gänzlichen Verfall überlassen, auch nichts an seine Stelle setzen zu wollen, bis kurz nach dem Regierungsantritt Friedrich Wilhelms I. die ganze Trümmermasse beiseite geschafft und ein Neubau beliebt wurde. Dieser Neubau war das Haus, das jetzt noch stand. Es hatte denselben nüchternen Charakter wie fast alles, was unter dem Soldatenkönig entstand, und war nichts weiter als ein einfaches Corps de logis[3], dessen zwei vorspringende, bis dicht an den Graben reichende Seitenflügel ein Hufeisen und innerhalb desselben einen kahlen Vorhof bildeten, auf dem, als einziges Schmuckstück, eine große blanke Glaskugel sich präsentierte. Sonst sah man nichts als eine vor dem Hause sich hinziehende Rampe, von deren dem Hofe zugekehrten Vorderwand der Kalk schon wieder abfiel. Gleichzeitig war aber doch ein Bestreben unverkennbar, gerade diese Rampe zu was Besonderem zu machen, und zwar mit Hilfe mehrerer Kübel mit exotischen Blattpflanzen, darunter zwei Aloes, von denen die eine noch gut im Stande, die andre dagegen krank war. Aber gerade diese kranke war der Liebling des Schloßherrn, weil sie jeden Sommer in einer ihr freilich nicht zukommenden Blüte stand. Und das hing so zusammen. Aus dem sumpfigen Schloßgraben hatte der Wind vor langer Zeit ein fremdes Samenkorn in den Kübel der kranken Aloe geweht, und alljährlich schossen infolge davon aus der Mitte der schon angegelbten Aloeblätter die weiß und roten Dolden des Wasserliesch oder des *Butomus umbellatus*[4] auf. Jeder Fremde, der kam, wenn er nicht zufällig ein Kenner war, nahm diese Dolden für richtige Aloeblüten, und der Schloßherr hütete sich wohl, diesen Glauben, der eine Quelle der Erheiterung für ihn war, zu zerstören.

Aus: Theodor Fontane: Der Stechlin, 1899. München: Goldmann Verlag, 1992. S. 3 ff.

1 vor hundert Jahren in Lissabon: Anspielung auf ein gewaltiges Erdbeben, das Lissabon im Jahr 1755 heimsuchte und die Stadt zu zwei Dritteln zerstörte
2 lehnan: sanft ansteigend
3 Corps de logis: Wohntrakt eines Schlosses
4 *Butomus umbellatus:* Fachbegriff für Wasserliesch, auch bekannt als Schwanenblume

Hinweis

*Diese Übungsaufgabe des grundlegenden Anforderungsniveaus entspricht den Teilaufgaben 1 und 2 der Übungsaufgabe 6 auf erhöhtem Anforderungsniveau. Die **Hinweise und Tipps** zur Bearbeitung sowie den **Lösungsvorschlag** finden Sie daher auf den Seiten 39 bis 48. Die dritte Teilaufgabe spielt auf dem grundlegenden Anforderungsniveau keine Rolle.*

Deutsch (Hamburg) – Erhöhtes Anforderungsniveau
Abiturähnliche Übungsaufgabe 6

Aufgabenart
Untersuchung und Vergleich literarischer Texte

Thema
„Fürstenfelde erzählen" – Literarisierung eines fiktiven Dorfes

Verbindlicher Referenztext
Saša Stanišić: *Vor dem Fest*

Teilaufgaben

1. Analysieren Sie den Beginn des Romans *Der Stechlin* von Theodor Fontane.
2. Vergleichen Sie Fontanes Romananfang mit dem Beginn des Romans *Vor dem Fest* von Saša Stanišić im Hinblick auf die Charakterisierung des jeweiligen Ortes.
3. Von Fontane stammt die Behauptung, bei einem richtig aufgebauten Roman müsse im Anfang bereits „der Keim des Ganzen stecken". Erörtern Sie, inwiefern diese These auf den Beginn von Stanišićs Roman zutrifft.

Theodor Fontane, Der Stechlin (1898)

Im Norden der Grafschaft Ruppin, hart an der mecklenburgischen Grenze, zieht sich von dem Städtchen Gransee bis nach Rheinsberg hin (und noch darüber hinaus) eine mehrere Meilen lange Seenkette durch eine menschenarme, nur hie und da mit ein paar Dörfern, sonst aber ausschließlich mit Förstereien, Glas- und Teeröfen besetzte
5 Waldung. Einer der Seen, die diese Seenkette bilden, heißt „der *Stechlin*". Zwischen flachen, nur an einer einzigen Stelle steil und kaiartig ansteigenden Ufern liegt er da, rundum von alten Buchen eingefaßt, deren Zweige, von ihrer eignen Schwere nach unten gezogen, den See mit ihrer Spitze berühren. Hie und da wächst ein weniges von Schilf und Binsen auf, aber kein Kahn zieht seine Furchen, kein Vogel singt, und
10 nur selten, daß ein Habicht drüber hinfliegt und seinen Schatten auf die Spiegelfläche wirft. Alles still hier. Und doch, von Zeit zu Zeit wird es an ebendieser Stelle lebendig. Das ist, wenn es weit draußen in der Welt, sei's auf Island, sei's auf Java zu rollen und zu grollen beginnt oder gar der Aschenregen der hawaiischen Vulkane bis weit auf die Südsee hinausgetrieben wird. Dann regt sich's auch *hier,* und ein Was-
15 serstrahl springt auf und sinkt wieder in die Tiefe. Das wissen alle, die den Stechlin umwohnen, und wenn sie davon sprechen, so setzen sie wohl auch hinzu: „Das mit dem Wasserstrahl, das ist nur das Kleine, das beinah Alltägliche; wenn's aber draußen was Großes gibt, wie vor hundert Jahren in Lissabon[1], dann brodelt's hier nicht

bloß und sprudelt und strudelt, dann steigt statt des Wasserstrahls ein roter Hahn auf und kräht laut in die Lande hinein."

Das ist der Stechlin, der *See* Stechlin.

Aber nicht nur der See führt diesen Namen, auch der Wald, der ihn umschließt. Und Stechlin heißt ebenso das langgestreckte Dorf, das sich, den Windungen des Sees folgend, um seine Südspitze herumzieht. Etwa hundert Häuser und Hütten bilden hier eine lange, schmale Gasse, die sich nur da, wo eine von Kloster Wutz her heranführende Kastanienallee die Gasse durchschneidet, platzartig erweitert. An ebendieser Stelle findet sich denn auch die ganze Herrlichkeit von Dorf Stechlin zusammen; das Pfarrhaus, die Schule, das Schulzenamt, der Krug, dieser letztere zugleich ein Eck- und Kramladen mit einem kleinen Mohren und einer Girlande von Schwefelfäden in seinem Schaufenster. Dieser Ecke schräg gegenüber, unmittelbar hinter dem Pfarrhause, steigt der Kirchhof lehnan[2] auf, auf ihm, so ziemlich in seiner Mitte, die frühmittelalterliche Feldsteinkirche mit einem aus dem vorigen Jahrhundert stammenden Dachreiter und einem zur Seite des alten Rundbogenportals angebrachten Holzarm, dran eine Glocke hängt. Neben diesem Kirchhof samt Kirche setzt sich dann die von Kloster Wutz her heranführende Kastanienallee noch eine kleine Strecke weiter fort, bis sie vor einer über einen sumpfigen Graben sich hinziehenden und von zwei riesigen Findlingsblöcken flankierten Bohlenbrücke haltmacht. Diese Brücke ist sehr primitiv. Jenseits derselben aber steigt das Herrenhaus auf, ein gelbgetünchter Bau mit hohem Dach und zwei Blitzableitern.

Auch dieses Herrenhaus heißt Stechlin, *Schloß* Stechlin.

Etliche hundert Jahre zurück stand hier ein wirkliches Schloß, ein Backsteinbau mit dicken Rundtürmen, aus welcher Zeit her auch noch der Graben stammt, der die von ihm durchschnittene, sich in den See hinein erstreckende Landzunge zu einer kleinen Insel machte. Das ging so bis in die Tage der Reformation. Während der Schwedenzeit aber wurde das alte Schloß niedergelegt, und man schien es seinem gänzlichen Verfall überlassen, auch nichts an seine Stelle setzen zu wollen, bis kurz nach dem Regierungsantritt Friedrich Wilhelms I. die ganze Trümmermasse beiseite geschafft und ein Neubau beliebt wurde. Dieser Neubau war das Haus, das jetzt noch stand. Es hatte denselben nüchternen Charakter wie fast alles, was unter dem Soldatenkönig entstand, und war nichts weiter als ein einfaches Corps de logis[3], dessen zwei vorspringende, bis dicht an den Graben reichende Seitenflügel ein Hufeisen und innerhalb desselben einen kahlen Vorhof bildeten, auf dem, als einziges Schmuckstück, eine große blanke Glaskugel sich präsentierte. Sonst sah man nichts als eine vor dem Hause sich hinziehende Rampe, von deren dem Hofe zugekehrten Vorderwand der Kalk schon wieder abfiel. Gleichzeitig war aber doch ein Bestreben unverkennbar, gerade diese Rampe zu was Besonderem zu machen, und zwar mit Hilfe mehrerer Kübel mit exotischen Blattpflanzen, darunter zwei Aloes, von denen die eine noch gut im Stande, die andre dagegen krank war. Aber gerade diese kranke war der Liebling des Schloßherrn, weil sie jeden Sommer in einer ihr freilich nicht zukommenden Blüte stand. Und das hing so zusammen. Aus dem sumpfigen Schloßgraben hatte der Wind vor langer Zeit ein fremdes Samenkorn in den Kübel der kranken Aloe geweht, und alljährlich schossen infolge davon aus der Mitte der schon angegelbten Aloeblätter die weiß und roten Dolden des Wasserliesch oder des

Butomus umbellatus[4] auf. Jeder Fremde, der kam, wenn er nicht zufällig ein Kenner
war, nahm diese Dolden für richtige Aloeblüten, und der Schloßherr hütete sich
wohl, diesen Glauben, der eine Quelle der Erheiterung für ihn war, zu zerstören.

Aus: Theodor Fontane: Der Stechlin, 1899. München: Goldmann Verlag, 1992. S. 3ff.

1 vor hundert Jahren in Lissabon: Anspielung auf ein gewaltiges Erdbeben, das Lissabon im Jahr 1755 heimsuchte und die Stadt zu zwei Dritteln zerstörte
2 lehnan: sanft ansteigend
3 Corps de logis: Wohntrakt eines Schlosses
4 *Butomus umbellatus:* Fachbegriff für Wasserliesch, auch bekannt als Schwanenblume

---

Hinweise und Tipps

Die **erste Teilaufgabe** fordert von Ihnen die **Analyse des abgedruckten Textauszugs** aus Theodor Fontanes Roman „Der Stechlin". Lesen Sie sich den Romanbeginn zunächst aufmerksam durch, markieren Sie Auffälligkeiten und machen Sie sich am Rand Notizen, z. B. zu möglichen Sinnabschnitten. Der Auszug ist sehr **handlungsarm**, er enthält hauptsächlich **Beobachtungen des Erzählers**. Analysieren Sie also genau, was der Erzähler beschreibt und wie er seine Beschreibungen ausführt. Berücksichtigen Sie dabei v. a. den **Aufbau**, das **Erzählverhalten** sowie die **sprachliche Gestaltung** des Textauszugs und setzen Sie diese Gesichtspunkte in einen funktionalen Zusammenhang mit der **Aussageabsicht des Autors**. Versuchen Sie auch herauszuarbeiten, an welchen Stellen der Erzähler von seiner eigenen Darstellungsweise abweicht und welche Funktion diese deutlichen **Abweichungen** erfüllen könnten.

Im Rahmen der **zweiten Teilaufgabe** sollen Sie einen **aspektorientierten Vergleich** zwischen dem vorliegenden Fontane-Text und dem **Romanbeginn** von Stanišićs „**Vor dem Fest**" anstellen. Dabei sollen Sie sich insbesondere auf die Charakterisierung des jeweiligen Ortes konzentrieren. Greifen Sie auf Ihre Ergebnisse aus Teilaufgabe 1 zurück und stellen Sie **Gemeinsamkeiten und Unterschiede in der Beschreibung der beiden Orte** heraus. Besonders fruchtbar wird der Vergleich, wenn Sie sich nicht auf die inhaltliche Ebene beschränken, sondern auch **erzähltechnische und sprachlich-stilistische Aspekte** mit in Ihre Darstellung einfließen lassen. Machen Sie aber auch hier immer deutlich, was Ihre Beobachtungen für die Charakterisierung des jeweiligen Ortes – also Stechlin bzw. Fürstenfelde – bedeuten.

In der **dritten Teilaufgabe** sollen Sie die vorliegende **Aussage von Theodor Fontane** – im Rahmen einer **Erörterung** – auf den Beginn von Stanišićs Roman anwenden. Finden Sie also Gründe, die dafürsprechen, dass **im Anfang** von „Vor dem Fest" „**der Keim des Ganzen**" steckt, und Gründe, die dagegensprechen. Auch hier wird Ihre Darstellung besonders ergiebig, wenn Sie **Aspekte unterschiedlicher Ebenen** (z. B. Figuren, Handlungsort, verwendete Sprache, Erzählverhalten) in Ihre Überlegungen einbeziehen. In Ihrem **Fazit** können Sie mögliche (**literaturhistorische**) **Gründe** dafür nennen, dass sich Fontanes Aussage nicht ohne Weiteres auf den Romanbeginn von „Vor dem Fest" übertragen lässt.

In der folgenden Lösung **verwendete Textausgabe:**
Saša Stanišić: Vor dem Fest. Roman. München: btb 2015

Lösungsvorschlag

Wer nicht auf dem Land wohnt, kennt das **Dorfleben** wohl nur von Ausflügen, aus dem Fernsehen oder aus Romanen: Dort wird es mal als **Idylle** beschrieben, wo man fern von der hektischen, an Profit orientierten Welt noch ein ursprüngliches und integres Leben führen kann, mal als eine von düsteren Vorgeschichten geprägte **Ödnis**, in der die durchtriebenen Dorfbewohner alles verschweigen und keiner dem anderen über den Weg traut. Beide **Darstellungen folgen extremen Stereotypen**, die mit der Wirklichkeit wenig zu tun haben. Auch die Romane *Der Stechlin* von Theodor Fontane und *Vor dem Fest* von Saša Stanišić spielen auf dem Land. Es ist umso interessanter, herauszufinden, ob ihre Schilderungen des Dorflebens ähnlichen Erzählmustern oder gar Klischees folgen, weil zwischen der Entstehungszeit beider Romane über 100 Jahre liegen.

Einleitung
Landleben in der heutigen Wahrnehmung

In dem vorliegenden Beginn von Theodor Fontanes 1898 erschienenem Roman *Der Stechlin* beschreibt der Erzähler detailliert und liebevoll die geografischen **Merkmale der Landschaft**, die architektonischen **Besonderheiten des Dorfes** und die charakterlichen **Eigenheiten der Menschen**, wobei die Bezeichnung „Stechlin" all diese Erscheinungen miteinander verbindet und den Textauszug insgesamt strukturiert.

Teilaufgabe 1
Analyse des Textauszugs aus Fontanes Der Stechlin

Der erste Textabschnitt (Z. 1–11) setzt mit der genauen Beschreibung der Lage einer „Seenkette" (Z. 3) ein. Die **geografische Lokalisierung** ist im Präsens gehalten und erstreckt sich über fünf Zeilen, wodurch die **sachlich-nüchterne Sprechhaltung des Erzählers** sowie seine Absicht, dem Leser möglichst genaue Schilderungen zu bieten, gleich zu Beginn deutlich werden. Mehrere regional klingende Orts- und Landschaftsbezeichnungen („Ruppin", „mecklenburgisc[h]", „Gransee", „Rheinsberg"; Z. 1 f.) erwecken sofort den Eindruck, dass hier eine **realistische**, keinesfalls fiktiv-utopische **Landschaft** beschrieben wird. Diese sei „menschenar[m]" (Z. 3) und industriell geprägt (vgl. Z. 4).

1. Textabschnitt: Landschaft an der Seenkette

Der Blick des Erzählers richtet sich dann auf einen bestimmten See dieser Seenkette, der Stechlin heißt (vgl. Z. 5). Auch dieser See wirkt wenig belebt, er strahlt eher Ödnis und **Verlassenheit** aus: Die Buchen am Ufer seien „al[t]" und besäßen eine niederdrückende „Schwere" (Z. 7), in der Nähe des Gewässers seien weder Menschen noch Vögel wahrnehmbar (vgl. Z. 9 ff.). Dass sowohl die Landschaft als auch der See **auf seltsame Weise unbelebt** sind, wird durch die zweimalige Verwendung von „hie und da" (Z. 3, 8) unterstrichen. Das **lapidare Resümee des Erzählers** ist in die

der See Stechlin

Ellipse „Alles still hier" (Z. 11) gefasst, was den Mangel an Lebendigkeit auch sprachlich zum Ausdruck bringt.

Im zweiten Textabschnitt (Z. 11–21) korrigiert der Erzähler diesen Eindruck kontrastreich („Und doch", Z. 11). Plötzlich wird diese Landschaft doch „lebendig" (Z. 11 f.) und das auf eine exotische und eigentlich unerklärliche Weise. Denn bestimmte **Erscheinungen am See Stechlin** – ein aufspringender und wieder absinkender Wasserstrahl – stünden angeblich in Verbindung mit Ereignissen in fernen Ländern wie Island, Java oder Hawaii (Z. 12 ff.). Durch diese **fantastischen Elemente** wird die bisherige **realistische Darstellung** zur Überraschung des Lesers effektvoll **unterlaufen**. Für die Menschen rund um den See Stechlin gehört dieses Wissen zu ihrem **Volksglauben**. Der Erzähler lässt die Anwohner kollektiv in direkter Rede zu Wort kommen und es scheint so, als würden sie ihm direkt antworten („Das mit dem Wasserstrahl", Z. 16 f.). Die Stechliner steigern den Mythos sogar noch, indem sie von einem roten Hahn berichten, der sich bei besonderen Vorkommnissen statt des besagten Wasserstrahls aus dem See erheben würde (vgl. Z. 17 ff.). Diese für den Leser neue Vitalität rund um den See Stechlin wird durch Lautmalerei eindrucksvoll unterstützt („brodelt's", „sprudelt", „strudelt"; Z. 18 f.).

2. Textabschnitt: das Wunder vom See Stechlin

Das **Blickfeld des Erzählers weitet sich** im dritten Textabschnitt wieder (Z. 22–39): Der Wald Stechlin und das Dorf Stechlin stehen nun im Fokus. Nach den fantastisch-mythischen Einsprengseln wird der Erzählton nun wieder wesentlich nüchterner und beschreibender. Dem Leser wird detailliert – u. a. in einer Aufzählung (vgl. Z. 28 ff.) – die **Architektur des kleinen Dorfes** nähergebracht. Dieses erscheint jedoch wenig individuell, vielmehr **prototypisch** und aufgrund der fehlenden Menschen sogar beinahe **kulissenhaft** („Pfarrhaus", „Schule", „Eck- und Kramladen", „Kirchhof"; Z. 28 ff.). Man kann es also als **leise Ironie** deuten, wenn der Erzähler von der „Herrlichkeit von Dorf Stechlin" (Z. 27) spricht. Wie bereits bei der Schilderung des Sees („alt[e] Buchen", Z. 7) wird auch hier das **Alter einzelner Gebäude** hervorgehoben („frühmittelalterliche Feldsteinkirche", „aus dem vorigen Jahrhundert", „des alten Rundbogenportals"; Z. 32 f.). Am Ende dieses Abschnitts führt der Erzähler den Blick über das Dorf hinaus über eine Brücke weiter zu einem „Herrenhaus" (Z. 38).

3. Textabschnitt: das Dorf Stechlin

Im vierten Textabschnitt (Z. 40–55) wird zunächst die **traditionsreiche Historie dieses Hauses** erläutert, das einleitend als „*Schloß* Stechlin" (Z. 40) vorgestellt wird. Da die Schilderungen im Folgenden mehr erzählerischen Charakter annehmen, wechselt das Tempus hier ins Imperfekt. Die Geschichte des Schlosses bzw. Hauses

4. Textabschnitt: das Schloss Stechlin

Stechlin, das wohl irgendwann im Mittelalter („Etliche hundert Jahre zurück", Z. 41) erbaut wurde, ist **von Verfall und Wiederaufbau geprägt**. Der Erzähler nennt konkrete historische Epochen („Reformation", Z. 44) und Persönlichkeiten („Friedrich Wilhel[m] I.", Z. 47), was die Darstellung glaubwürdig erscheinen lässt. Im Anschluss daran wird das Haus selbst beschrieben, bei dem Nüchternheit (vgl. Z. 49) und Zweckmäßigkeit („ein einfaches Corps de logis", Z. 50) im Vordergrund stehen. Und das **Prinzip der Schmucklosigkeit** – einzige Ausnahme ist eine nicht näher erläuterte Glaskugel (vgl. Z. 53) – prägt auch den „kahlen Vorhof" (Z. 52) des Gebäudes. Dass an einer Stelle „der Kalk schon wieder abfiel" (Z. 55), zeigt, dass auch hier der Zerfall bereits einsetzt.

Mit dem letzten Textabschnitt (Z. 55–66) erfolgt eine ähnliche **Wendung** wie vom ersten zum zweiten Abschnitt. Mit der Formulierung „[g]leichzeitig war aber doch" (Z. 55) setzt der Erzähler an, seiner eigenen Darstellung zu widersprechen bzw. sie zu differenzieren. Mithilfe zweier Pflanzen wolle man die Rampe zum Haus „zu was Besonderem […] machen" (Z. 56). Das **Herkömmliche, beinahe Leblose** wird also wieder **um** etwas **Aufregendes, Exotisches ergänzt** – wie es bereits beim See Stechlin und dem Wasserstrahl bzw. dem roten Hahn der Fall war. Dieses Mal sind es „zwei Aloes" (Z. 57), welche die Rampe im Vorhof schmücken und dem Schlossherrn besonders gut gefallen (vgl. Z. 59). Dass eine dieser beiden Aloen auffallend schön blüht, soll erneut einen **mythischen Anklang** haben, was durch die märchenhaft anmutende Wendung „vor langer Zeit" (Z. 61) hervorgehoben wird. Ein „fremdes Samenkorn" (Z. 61) sei für das Blühen dieser eigentlich kranken Aloe verantwortlich. Es handelt sich hier also um eine **Täuschung**, deren Geheimhaltung für den Schlossherrn „eine Quelle der Erheiterung" (Z. 66) ist. Als Leser kann man hier **Sympathie für den Schlossherrn** entwickeln, der für seinen kleinen Trick mit der falschen Aloe Begeisterung empfindet.

5. Textabschnitt: der Schlossherr

In **sachlichem Ton** und mit **großer sprachlicher Genauigkeit** beschreibt der Erzähler am Beginn des Romans *Der Stechlin* eine Landschaft, einen See, ein Dorf, ein Haus und den Besitzer dieses Hauses, die alle den Namen Stechlin tragen. Der **auktoriale Erzähler** lenkt dabei den Blick des Lesers. Da alles auf merkwürdige Weise menschenleer, statisch und gewöhnlich wirkt, erscheinen die beiden exotischen Geschichten von den Aktivitäten des Sees und von der falschen Aloe umso bemerkenswerter. Das Triviale wird so mit dem Besonderen verbunden, **Realität und Alltag werden mit** etwas **Fantasie und Heiterkeit aufgewertet**.

Fazit: Reise des Lesers über verschiedene Stationen

Saša Stanišićs 2014 erschienener Roman *Vor dem Fest* spielt in einem fiktiven Dorf namens **Fürstenfelde**, das in der brandenburgischen Uckermark angesiedelt ist. Die Bewohner des Dorfes bereiten sich auf ein großes Fest vor, werden jedoch **im Vorfeld der Feierlichkeiten** mit verschiedenen **Vorkommnissen** konfrontiert. Eines dieser Ereignisse ist der überraschende **Tod des beliebten namenlosen Fährmanns**, von dem zu Beginn des Romans berichtet wird.

> **Teilaufgabe 2**
> Vergleich von *Vor dem Fest* mit *Der Stechlin*

Stanišićs Roman beginnt mit einer lakonischen Feststellung: „WIR SIND TRAURIG. Wir haben keinen Fährmann mehr." (S. 11) Im Folgenden werden zunächst die **Auswirkungen dieses Todes** erläutert: Zu den Inseln des Sees müsse man nun mit einem eigenen Boot fahren, für alle anderen Ziele sei man auf den schlecht ausgebauten Pfad rund um den See angewiesen. Im Gegensatz zu den genauen, teils schon ausufernden geografischen Beschreibungen durch den auktorialen Erzähler bei Fontane ist der Erzählstil in *Vor dem Fest* durch **sprachliche Knappheit, Zurückhaltung** und **Zynismus** charakterisiert. Dass der **Erzähler** in der 1. Person Plural spricht, zeigt zudem, dass er – anders als Fontanes Erzähler – **Teil des Dorfes** ist und gewissermaßen als dessen **Sprachrohr** fungiert. Die kurzen, parataktischen und teilweise sogar elliptischen Sätze (z. B. „Zwei Seen, kein Fährmann", S. 11) verstärken den Eindruck einer **an der mündlichen Kommunikation orientierten Sprechweise**. Bei Fontanes auch sprachlich sehr differenzierten Beschreibungen findet sich diese Mündlichkeit höchstens in der Äußerung der Bewohner des Dorfes Stechlin (vgl. Z. 16 ff.).

> Unterschiede:
> – Erzähltechnik und Sprache

Auch in der Beziehung zur Natur bestehen Unterschiede zwischen den beiden Romananfängen. Der Wir-Erzähler bei Stanišić zeigt große **Skepsis gegenüber der Natur:** „Auf die Natur ist kein Verlass" (S. 11). Die Natur strahlt hier keine Idylle aus; das **Ufer des Sees** wird **nicht gepflegt** („die Stege [sind] morsch und unglücklich", S. 11), sondern sogar **durch Müll verschmutzt** („Ein Kühlschrank steckt im matschigen Grund", S. 11). Bei Fontane wirkt die Landschaft rund um den See Stechlin zwar menschenleer und sehr „still" (Z. 11), aus den Beschreibungen des Erzählers kann man aber keinesfalls Gleichgültigkeit oder Skepsis herauslesen. Vielmehr birgt der See bei Fontane durch das Wunder des Wasserstrahls etwas Mythisches und ist somit eine **Quelle der Identifikation für die Bewohner**. Der Erzähler bei Stanišić hingegen betont die **Unwirtlichkeit** des Sees („Eisbrocken in den Wellen", S. 11) und die **drohende Gefahr**, welche die beiden Seen ausstrahlen („Tiefe[r] See, der ohne den Fährmann noch tiefer geworden ist", S. 12). Der Fährmann scheint das Verbindungsglied zwischen den

> – Beziehung zur Natur

Dorfbewohnern und der umliegenden Landschaft mitsamt ihren Seen gewesen zu sein.

Der Beginn von *Vor dem Fest* ist **von schwarzem Humor und** von den Motiven der **Morbidität** und der Todesnähe **bestimmt**. So trinken die Taucher, die den toten Fährmann aus dem See bergen sollen, zuerst einmal Kaffee und sehen dabei aus „wie Ausrufezeichen, gesetzt vom Tod" (Z. 12). Und die Frau, die diesen Kaffee serviert, trägt den sprechenden Namen „Schwermuth". Die **Melancholie**, die darin zum Ausdruck kommt, prägt auch den Tonfall des Erzählers: „In der Morgendämmerung trieb ein Kahn auf dem Wasser, leer und vergeblich wie ein Abschiedsgruß ohne ein Gegenüber." (S. 12) Dieser Ton gleitet mitunter auch in einen makabren Zynismus ab: „Was willst du beim Ertrinken auch sehen? Schön ist das nicht." (S. 12) Mit einem düsteren, **bedrohlich klingenden Schlusssatz** beendet der Erzähler seine Gedanken: „Und die Seen sind wieder wild und dunkel und schauen sich um." (S. 13) Dieser Ton steht im krassen **Gegensatz zu** der zwar sachlichen, aber teils doch heiteren und sogar augenzwinkernd ironischen **Sprechhaltung des Erzählers bei Fontane** („die ganze Herrlichkeit von Dorf Stechlin", Z. 27).

– Sprechhaltung: Todesnähe

– Gefahr vs. Heiterkeit

Mit dem Bericht über den alten Glöckner, der bei der Beerdigung des Fährmanns die Glocken zu spät geläutet hat, leitet der Erzähler zu allgemeineren Überlegungen bezüglich der Dorfbewohner über: **Die Bevölkerung schwinde**, es herrsche **Vereinsamung**, die **Wirtschaftskraft gehe zurück** und junge Leute würden zunehmend das Dorf verlassen. Angesichts vieler in der Vergangenheit überstandener Katastrophen gibt sich der **Erzähler** hier **zuversichtlicher als andere Leute**: „Irgendwie wird es gehen." (Z. 13) Im Dorf Stechlin und in seiner Umgebung scheint es hingegen durchaus florierende Fabriken, Werkstätten und Gewerbe zu geben (vgl. Z. 4, 28 ff.). Das Dorf selbst wirkt zwar stereotyp, aber im Vergleich zu den Schilderungen des Erzählers bei Stanišić macht es einen beinahe malerischen und märchenhaften Eindruck (vgl. Z. 23 ff.). Und mit dem Schloss Stechlin existiert ein jahrhundertealtes Gebäude, das dem Dorf und der Umgebung sogar etwas **aristokratischen Glanz und Charme** verleiht (vgl. Z. 40 ff.).

– Schilderung des Dorfes

Gemeinsam ist beiden Romananfängen, dass sie eine Figur besonders hervorheben, gewissermaßen eine **lokale Berühmtheit**. In *Vor dem Fest* ist dies der verstorbene **Fährmann**, in *Der Stechlin* ist es der **Schlossherr**. Beide weisen eine Verbindung zur Natur auf: Der Fährmann habe es verstanden, die „Gewässer [zu] tröste[n]" (S. 13), und dadurch seine **Naturverbundenheit** gezeigt. Beim Schlossherrn aus *Der Stechlin* kommt die Liebe zur Natur durch

Gemeinsamkeit:
– Fokus auf einer Person

seine Aloen zum Ausdruck (vgl. Z. 57 ff.). Zudem haben beide Figuren **Freude an der Täuschung:** Der Fährmann veranstaltete „**Schatzschnitzeljagden**" für Touristen (S. 13), bei denen aber anscheinend keinerlei Aussicht auf Erfolg bestand. Der Schlossherr genießt es, wenn seine Besucher die **angebliche Wunderpflanze** bestaunen. Keine der beiden Figuren ist jedoch repräsentativ für die Gemeinschaft des jeweiligen Ortes; es handelt sich in beiden Fällen eher um skurrile, aber **sympathische Sonderlinge**.

Beide Romananfänge rücken zwar eine **Landschaft** bzw. einen ländlich geprägten Ort **in den Mittelpunkt**, diese werden aber höchst unterschiedlich charakterisiert. Der distanzierte, auktoriale Erzähler im Roman *Der Stechlin* beschreibt alles sehr sachlich, aber mit einem **liebevollen Blick für die sich bietenden Eigenheiten**, was z. B. an der Schilderung der wunderlichen Aktivitäten am See deutlich wird. Der Wir-Erzähler in *Vor dem Fest*, der als Teil des Geschehens zu begreifen ist, äußert sich melancholisch und sogar zynisch, aber dennoch nicht ohne eine Prise Humor und einen **Funken Hoffnung über Fürstenfelde**.

<small>Fazit</small>

Theodor Fontane war nicht nur ein erfolgreicher und produktiver Verfasser fiktiver Texte, sondern von ihm stammen auch einige **romantheoretische Äußerungen**. In einem seiner Briefe stellt er die Behauptung auf, dass bei einem richtig aufgebauten Roman **im Anfang** bereits „der **Keim des Ganzen** stecken" müsse. Im Folgenden soll untersucht werden, inwiefern diese These auf den Beginn von Stanišićs Roman *Vor dem Fest* zutrifft.

<small>**Teilaufgabe 3**
Erörterung</small>

Zunächst lassen sich durchaus Belege dafür finden, dass Stanišićs Romananfang den von Fontane geforderten „Keim des Ganzen" in sich trägt. So werden bereits **auf den ersten Seiten zentrale Personen** des Romans **erwähnt**. Der Tod des beliebten Fährmanns kurz vor dem jährlichen Annenfest wird vom gesamten Dorf Fürstenfelde betrauert und spielt in den einzelnen Kapiteln des Romans immer wieder eine Rolle (vgl. u.a. S. 35, 49): Man könnte vom **traumatischen Auftakterlebnis** des Romans sprechen, dessen erzählte Zeit sich dann über etwas weniger als zwei Tage erstreckt und mit der Ausrichtung des großen Festes endet. Weitere zentrale Dorfbewohner – wie die Chronistin und Leiterin des „Hauses der Heimat", Frau Schwermuth, ihr Sohn Johann, der sich zum Glöckner ausbilden lässt, der alte Glöckner und der Dorfwirt Ulli – werden ebenfalls bereits auf den ersten Seiten **eingeführt** (vgl. 12 f.).

<small>Zustimmung zu Fontanes These: Personen</small>

Auch einige inhaltliche Schwerpunkte des Romans werden gleich zu Beginn entfaltet. Dies wird vor allem deutlich, wenn der Erzähler das **Dorf und seine Bewohner näher charakterisiert:** Fürsten-

<small>Vorstellung des Dorfes</small>

felde ist ein von zwei großen Seen geprägter, struktur- und wirtschaftsschwacher Ort auf dem Gebiet der ehemaligen DDR, der mit einer schwindenden Einwohnerzahl kämpft („Es gehen mehr tot, als geboren werden.", S. 12). Die **Einsamkeit** macht den überwiegend alten Bewohnern zu schaffen und bei den Jüngeren herrscht **Perspektivlosigkeit**. Dennoch ist das Dorf bei Touristen aufgrund seiner schönen Landschaft und seiner Geschichte beliebt (vgl. S. 15, 133, 302). Diese anfängliche Charakterisierung des Schauplatzes wird im Lauf des Romans weiter ausgestaltet und differenziert. Und auch der vom Erzähler geäußerte **Durchhaltewillen** sowie sein gedämpfter **Optimismus die schlechten Zukunftsaussichten betreffend** („Es wird gehen. Es ist immer irgendwie gegangen.", S. 12) können als inhaltlicher „Keim" des Romans angesehen werden. So wird z. B. das titelgebende Dorffest – trotz zahlreicher Widrigkeiten und lebensgefährlicher Zwischenfälle im Laufe der Handlung – am Ende dennoch erfolgreich stattfinden (vgl. S. 311 ff.).

Der auf den ersten Seiten des Romans auftretende kollektive Erzähler, der sich nur in der **Wir-Form**, also in der 1. Person Plural äußert, kann – im Zusammenspiel der verschiedenen Erzählinstanzen des ganzen Romans – als die richtungsweisende und (in erzähltechnischer Hinsicht) markanteste gelten: Er ist nicht als einzelne, im Geschehen genau identifizierbare Person aufzufassen, sondern tatsächlich als **personifizierter Geist des Dorfes Fürstenfelde**, als die Summe der Stimmen aller Einzelbewohner. Er kennt sämtliche Geschichten der Bewohner und spricht gewissermaßen in deren Namen (z. B. „WIR SIND FROH.", S. 28; „WIR SIND UNBESORGT.", S. 54; „WIR SIND VON NATUR AUS HISTORISCH INTERESSIERT.", S. 123). Dass Stanišić diesem kollektiven Erzähler den Anfang seines Romans überlässt, zeigt, dass dieser die Dorfbewohner repräsentiert und **weist** auch **auf die Erzähltechnik im weiteren Roman voraus**.

der kollektive Erzähler

Dennoch muss man Fontanes These in Bezug auf *Vor dem Fest* auch widersprechen. So ist der kollektive Erzähler zwar dominant, doch er ist bei Weitem nicht die einzige Erzählinstanz im Roman. Neben ihm lässt sich ein **personaler Erzähler** ausmachen, der jeweils für die Dauer eines Kapitels die **Perspektive einer einzelnen Figur** einnimmt, etwa die des suizidwilligen Försters Herrn Schramm (vgl. S. 25 ff.), die des Glöckner-Lehrlings Johann (vgl. S. 48 ff.), die der angehenden Studentin Anna (vgl. S. 88) oder sogar die eines Tieres, einer Fähe (vgl. S. 22 ff.). Auf diese Weise werden in den verschiedenen Erzählsträngen, die in den meist recht kurzen Kapiteln abwechselnd aufgegriffen und fortgesponnen werden, die zahlreichen, oft tragischen, aber auch komischen **Lebens-**

Ablehnung von Fontanes These: verschiedene Erzählinstanzen

geschichten der Dorfbewohner und ihre Erlebnisse kurz vor dem großen Fest wiedergegeben. In einem Kapitel tritt Johann sogar als **Ich-Erzähler** auf (vgl. S. 130 ff.). Die so erzeugte **Multiperspektivität** ist ein wichtiges Mittel von Stanišić, um dem Leser die einzelnen Figuren nahezubringen. Dies lässt sich aber keinesfalls aus dem Romananfang ableiten.

Auch die sprachliche Gestaltung von *Vor dem Fest* weicht in vielen Aspekten von dem ab, was man zu Beginn des Romans erwarten würde. Waren die ersten Seiten von kurzen, parataktischen Sätzen sowie einer einfachen Wortwahl geprägt, was insgesamt den Eindruck von Mündlichkeit hervorrief, erweist sich das **sprachliche Register** im weiteren Verlauf des Romans als **wesentlich vielfältiger**. Dies hängt vor allem mit der Vielzahl der Stimmen und Erzählinstanzen zusammen, die zu Wort kommen. Die Passagen rund um die hühnertötende und eierklauende Fähe sind beinahe **poetisch formuliert** („Der letzte Eisenschlag hängt einer Wolke gleich über dem Land, klingt nach, klingt nach, klingt nach.", S. 62). Andere Kapitel geben in nur zwei Sätzen ein Gespräch wieder („WIE GEHT'S? Muss ja.", S. 230), lesen sich wie die **Parodie eines Dramendialogs** (vgl. S. 110 ff.) oder sind nichts anderes als eine Speisekarte (vgl. S. 115).

_{sprachliche Gestaltung}

_{Vielfalt der Sprache und Tonlagen in *Vor dem Fest*}

Darüber hinaus bestehen viele Kapitel aus Auszügen der Dorfchronik und erzählen skurrile und **groteske Anekdoten aus der Vorgeschichte Fürstenfeldes**, die teils auf magische Weise mit der in der Gegenwart angesiedelten Rahmenhandlung in Verbindung zu stehen scheinen: So könnte es sich bei den beiden bizarren, nur in Reimen sprechenden Männern, zu denen die Joggerin Anna schließlich – vom Regen gezwungen – ins Auto steigt, um **Teufelsgestalten** handeln, die der mythischen Geschichte des Dorfes entstiegen sind („[…] im Sneaker der Huf?", S. 107). Die Chronikauszüge sind sogar teils **in altertümlicher Sprache und Rechtschreibung** wiedergegeben wie beispielsweise die Geschichte vom **Ferkel mit Menschenkopf** („Das Volck kam zum See, das Curiosum zu beschauen und zu berathschlagen, was wol zu tun sey.", S. 70). Diese Verbindung zur Vergangenheit des Dorfes und die dabei angewandte sprachliche Variabilität tauchen im ersten Kapitel des Romans nicht auf.

_{Sonderfall: Auszüge aus der Dorfchronik}

Außerdem erweist sich das **Figurenpersonal** im Laufe des Romans doch als wesentlich **breiter und heterogener angelegt**, als es der Beginn suggeriert. Hier tauchen zwar bereits manche Figuren auf (Frau Schwermuth, der Glöckner, Johann, Ulli; vgl. S. 12 f.), doch geschieht dies eher am Rande und immer in Verbindung mit den Überlegungen zum Tod des Fährmanns: „Der Fährmann wurde be-

_{breites Arsenal an Figuren}

graben, und der Glöckner hat seinen Einsatz verpass[t]" (S. 12). Die **Vielfalt der unterschiedlichen Charaktere**, ihre Beziehungen untereinander und die damit verbundenen Lebensgeschichten werden dem Leser erst **im weiteren Verlauf des Romans** bewusst. Keine Erwähnung finden am Anfang beispielsweise Lada, der gerne sein Auto in einem der beiden Seen versenkt (vgl. S. 14), oder der Trinker und Geschichtenerzähler Imboden (vgl. S. 57 ff.). Gerade also das, was *Vor dem Fest* prägt, das **bunte Panorama an Figuren und Geschichten**, entfaltet sich erst später.

Dass sich bei der Betrachtung von *Vor dem Fest* trotz mancher Übereinstimmungen mit Fontanes These so viele Widersprüche finden lassen, mag an den **unterschiedlichen Auffassungen** des jeweiligen Autors liegen, **was ein Roman eigentlich ist** oder sein soll: Fontane spricht im ausgehenden 19. Jahrhundert von „einem richtig aufgebauten Roman" und meint damit den **klassisch-bürgerlichen Gesellschaftsroman**, der sich durch **Realismus** und eine gewisse **formale Stringenz im Aufbau** auszeichnen soll. Daher rührt die strenge Forderung, im Anfang solle der „Keim des Ganzen stecken". Saša Stanišićs Roman *Vor dem Fest* aus dem Jahr 2014 folgt aber keinen klassischen Mustern, sondern wendet **moderne literarische Techniken** an: Er fächert viele Erzählstränge auf, die in kurze Kapitel unterteilt sind, vermischt Zeitebenen miteinander, wählt unterschiedliche Sprachstile, lässt mehrere Erzählinstanzen zu Wort kommen, bietet verschiedene Perspektiven auf die Vielzahl an Figuren sowie das Geschehen und baut sogar magisch-fantastische Elemente in die Handlung mit ein. Entgegen der Meinung von Theodor Fontane ist ein **Roman** für Saša Stanišić ein großes **literarisches Experimentierfeld**. Dass dem Leser von *Vor dem Fest* die Dorfgemeinschaft von Fürstenfelde mit all ihren Bewohnern so lebhaft vor Augen steht, beweist, dass Stanišićs Vorgehen funktioniert und dass sich die Ansichten darüber, was ein „richtig aufgebauter Roman" ist, im Laufe der Zeit durchaus verändern können.

Fazit

Fontane als Vertreter des bürgerlichen Realismus

Stanišićs Auffassung eines modernen Romans

> **Deutsch (Hamburg) – Erhöhtes Anforderungsniveau**
> **Abiturähnliche Übungsaufgabe 7**

Aufgabenart
Analyse eines pragmatischen Textes und Erörterung eines literarischen Textes

Teilaufgaben

1. Analysieren Sie die Rede von F. C. Delius anlässlich der Verleihung des Fontane-Preises.
2. Vergleichen Sie das in der Dankrede zum Ausdruck gebrachte Literaturkonzept von Delius (vgl. Z. 19, 75) mit Fontanes Realismus-Konzept.
3. Erörtern Sie anschließend die folgende These von Delius mit Bezug auf ein selbstgewähltes Werk von Theodor Fontane:
   „Aktuell war und ist er aber vor allem deshalb, weil er in seinen Romanen und Novellen die Übergänge zwischen Altem und Neuem schildert, die Konflikte zwischen der Dynamik oder der Brutalität des Neuen und dem verantwortungsvollen oder dem reaktionären Konservativismus. Und weil er ein Gespür für die Widersprüche zwischen den Generationen hat – und damit für Anfänge." (Z. 85 ff.)

Friedrich Christian Delius: Fontane und die Anfänge
Dankrede zur Verleihung des Fontane-Preises, Neuruppin 30. 12. 2004

„Der Anfang ist immer das entscheidende", sagt unser aller Fontane, „hat man's darin gut getroffen, so muß der Rest mit einer Art von innerer Notwendigkeit gelingen, wie ein richtig behandeltes Tannenreis von selbst zu einer graden und untadeligen Tanne aufwächst."

Das schrieb der Meister in einem Brief an Mathilde von Rohr im Juni 1879, und nicht etwa zur Weihnachtszeit. Auch wenn sein Zitat auf die Entstehung der Erzählung *Schach von Wuthenow* gemünzt ist, es gilt natürlich für jeden Autor und für jeden Redner sowieso und für alle untadelige politische oder gesellschaftliche Aktivität erst recht. Der Satz „Der Anfang ist immer das entscheidende" stimmt heute ebenso wie vor 125 Jahren. Wir Heutigen haben es jedoch in einem Punkt besser als Fontane, wir können nach Herzenslust Fontane zitieren und plündern und bei jeder Gelegenheit, nicht nur bei den Anfängen, unser bisschen Lebensweisheit und Literaturklugheit mit wunderbaren Sätzen aus seinen Romanen, Kritiken und Briefen garnieren, erheben und krönen und uns dank seiner Autorität unangreifbar machen. Gerade weil Fontane nie ein Rechthaber war, hat er so oft Recht.

Auch ich würde am liebsten ein Zitat an das andere reihen, vielleicht könnte man sogar eine ganze Dankrede aus Fontane-Zitaten zusammencollagieren, das wäre ein schönes Experiment. Aber damit würde ich mich wieder in schlechten Ruf bringen, in den Ruf eines bloßen Dokumentaristen, der mir seit neustem wieder öfter angeheftet wird. Und wenigstens bei einer Preisverleihung möchte ich einen anständigen Eindruck machen als ordentlicher oder wie Fontane sagen würde: untadeliger Romanautor.

Deshalb spreche ich lieber über die Hürden des Anfangens und denke dabei zuerst an den im Herbst erschienenen Roman *Mein Jahr als Mörder*, in dem fast zweieinhalb Jahre Arbeit stecken und der so beginnt: „Es war an einem Nikolausabend, in der Dämmerstunde, als ich den Auftrag erhielt, ein Mörder zu werden." Wie viele Stunden, Tage, Entwürfe, Seiten, schätzen Sie, meine Damen und Herren, bis dieser erste Satz stich- und hiebfest gemeißelt war? Ich habe es zum Glück vergessen, und deshalb gilt mein erster Dank dem Namensgeber dieses Preises dafür, dass er die formalen Mühen unserer Arbeit so herzhaft anschaulich würdigt und Ihnen, dem Publikum, zumindest andeutet. Im August 1880 schrieb Fontane an Gustav Kerpeles: „Nun müssen Sie aber nicht fürchten, daß das so weiter geht; das erste Kapitel ist immer die Hauptsache und in dem ersten Kapitel die erste Seite, beinah die erste Zeile. Die kleinen Pensionsmädchen haben gar so unrecht nicht, wenn sie bei Briefen oder Aufsätzen alle Heiligen anrufen: ‚Wenn ich nur erst den Anfang hätte.' Bei richtigem Aufbau muß in der ersten Seite der Keim des Ganzen stecken. Daher diese Sorge, diese Pusselei. Das Folgende kann mir nicht die gleichen Schwierigkeiten machen." (zu *Ellernklipp*)

Glauben Sie mir bitte, meine Damen und Herren, wie dankbar ich Fontane auch für solche Sätze bin und wie belohnt ich mich von seinen Hinweisen auf die Anfänge fühle. Das ist eine kleine Entschädigung für die harte Arbeit an den Anfangssätzen, beispielsweise „Was mir am meisten fehlt, ist der Beifall" aus *Die Flatterzunge* oder „In der Mitte seines Lebens, im Sommer 1981, beschließt der Kellner Paul Gompitz aus Rostock, nach Syrakus auf der Insel Sizilien zu reisen" aus *Der Spaziergang von Rostock nach Syrakus*.

Wie kriegt man mit den ersten Sätzen, der ersten Seite die geneigten Leserinnen und Leser an die Angel einer aufregenden, einladenden und, verzeihen Sie, liebe Goethe-Freunde, unerhörten Geschichte? Die Frage ist heute, da sich die Konkurrenz der Medien und die Konkurrenz der Romanautoren vervielfacht hat, noch entscheidender als damals. Trotzdem habe ich es einmal gewagt, im Widerspruch zu Fontane, eine lange Erzählung, ein ganzes, überdies von Fontane inspiriertes Buch so zu beginnen:

„Als sie anrückten von Osten aus dem westlichen Berlin mit drei Omnibussen und rot und weiß und blau lackierten Autos, aus denen Musik hämmerte, lauter als die starken Motoren, und mit den breitachsigen, herrischen Fahrzeugen das Dorf besetzten, wie es seit den russischen Panzern, dem Luftwaffengebell und den Ribbeckschen Jagdfesten nicht mehr besetzt war, fünfzig oder sechzig frisch gewaschene Autos auf den drei Straßen, und ausstiegen wie Millionäre mit Hallo und Fotoapparaten und Sonnenschirmen und zuerst die Kinder, dann uns nach und nach aus Stuben und Gärten lockten und Bier und Faßbrause, Birnenschnaps, Würstchen und

Luftballons, Kugelschreiber und Erbsensuppe verschenkten und einen Tanz machten um einen jungen Birnbaum ..." Und so fort, dieser Anfangssatz hört so schnell nicht auf, er zieht sich noch ein wenig hin, der Punkt wird erst am Schluss, auf Seite 79 gemacht.

Wie kam es dazu, dass ich hier dem Meister so entschieden widersprechen musste und doch jeden Tag an ihn und seine beiden Herren von Ribbeck dachte? Entwickelt, begonnen und geschrieben wurden *Die Birnen von Ribbeck* in den ersten Monaten nach dem Zusammenkrachen der DDR, im Frühjahr und Sommer 1990. Jeden Tag geschah etwas Neues, etwas Entscheidendes, das Oberste wurde zuunterst und das Innere nach Außen, und das Östliche nach Westen und das Westliche nach Osten gewendet, die Gefühle in Achterbahnen geschleudert, und der mehr irreale als reale Sozialismus zerbröselte innerhalb weniger Wochen unter den leuchtenden Logos der Marktwirtschaft. Stürmische und undeutsch chaotische Zeiten, in denen nicht klar war, wo ein Anfang, wo ein Ende ist. Spannende Zeiten, in denen es unmöglich war, einen Punkt zu setzen. Mit einem langen, langen Satz im Rhythmus der aufregenden Veränderungen versuchte ich, ein Chronist dieser kurzen Epoche zu sein, des historisch ziemlich einmaligen Vorgangs der friedlichen Verschmelzung von zwei Gesellschaften, von Geschichten und Geschichte. Es galt, den Anfang als einen Anfang wahrzunehmen und bewusst machen. Und die Aufhebung der Grenzen als Anfang zu feiern, begeistert wie besorgt, aber mehr begeistert als besorgt. [...]

Theodor Fontane, habe ich Anfang der neunziger Jahre gesagt, ist der größte Einheitsgewinner, nicht nur, weil die Westberliner zu zehntausenden mit den *Wanderungen* in der Hand in die Mark Brandenburg ausschwärmten. Fontane gab uns allen, ob in Ost oder West, etwas von der verloren geglaubten Einheit und Geschichte zurück. Aktuell war und ist er aber vor allem deshalb, weil er in seinen Romanen und Novellen die Übergänge zwischen Altem und Neuem schildert, die Konflikte zwischen der Dynamik oder der Brutalität des Neuen und dem verantwortungsvollen oder dem reaktionären Konservativismus. Und weil er ein Gespür für die Widersprüche zwischen den Generationen hat – und damit für Anfänge. Und weil er ganz nebenbei zeigt, dass es keine Kunst gibt ohne die Anstrengung des Anfangens von etwas Neuen, bisher nicht Dagewesenen, Unerhörten.

Ich möchte nun nicht, was der Kalender nahelegt, eine Neujahrsansprache über Anfänge halten. Sondern mich nun endlich und mit aller Herzlichkeit bedanken bei der Jury dieses Preises, bei der Stadt Neuruppin, bei den Damen und Herren von der Theodor-Fontane-Gesellschaft und dem aus Schwaben angereisten Laudator Joachim Kalka. [...]

Aus: Friedrich Christian Delius, Rowohlt Verlag,
http://www.fcdelius.de/widerreden/wider_fontane_rede.html.

Erläuterung:
Friedrich Christian Delius (geboren am 13. Februar 1943 in Rom) ist ein deutscher Schriftsteller. Nach dem Studium der Literaturwissenschaft begann Delius in den 1960er-Jahren mit gesellschaftskritischer Lyrik und dokumentarischen, meist stark satirischen Texten. Von 1964 bis 1967 nahm er an den letzten vier Tagungen der Gruppe 47 teil. Seit den Siebzigerjahren schreibt er überwiegend Romane, die häufig von der Geschichte der Bundesrepublik Deutschland handeln.

Der **Fontane-Preis der Stadt Neuruppin** wurde 1994 zum Anlass des 175. Geburtstags von Theodor Fontane von seiner Geburtsstadt Neuruppin gestiftet. Der Preis richtet sich, in Bezug auf die besondere Leistung Theodor Fontanes als Meister in der Beschreibung von Land und Leuten, an Reiseschriftsteller, Reisejournalisten oder an Autoren, die sich in diesem Sinne betätigen oder betätigt haben.

Hinweise und Tipps

*Die umfangreiche und komplexe Aufgabenstellung erfordert es, dass Sie diese genau durchlesen, um zu erfassen, was von Ihnen verlangt wird. Konzentrieren Sie sich dabei auf die **drei** genannten **Operatoren**, die Ihnen das weitere Vorgehen anzeigen.*

*Bei dem umfassenden Operator „**analysieren**" (Teilaufgabe 1) müssen Sie den **Inhalt der Rede** wiedergeben, also in eigenen Worten beschreiben, wovon Delius spricht. Arbeiten Sie außerdem seine Aussageabsicht heraus und stellen Sie dar, mit welchen sprachlichen und rhetorischen Mitteln er diese zu erreichen sucht. Verwenden Sie bei der Redewiedergabe den Konjunktiv und achten Sie sowohl bei direkten als auch bei indirekten Textbelegen auf eine korrekte Zitierweise. Berücksichtigen Sie bei Ihrer Analyse besonders das in der Rede zum Ausdruck kommende **Literaturkonzept** von Delius, bei dem das Begriffspaar „Dokumentarist" und „Chronist" eine zentrale Rolle spielt. An dieser Stelle sollten Sie dann auch dem zweiten Operator „**vergleichen**" (Teilaufgabe 2) gerecht werden, indem Sie dem Literaturkonzept von Delius die entsprechende **Auffassung Fontanes gegenüberstellen**. Zeigen Sie dabei sowohl Gemeinsamkeiten als auch Unterschiede auf.*

*Der letzte Teil der Aufgabenstellung (Teilaufgabe 3) verlangt mit dem Operator „**erörtern**", dass Sie zu einer vorgegebenen **These von Delius** Stellung nehmen. Dafür sollten Sie seine Behauptung zunächst in eigenen Worten erläutern und festlegen, auf welche Teile der These Sie sich bei Ihrer Erörterung konzentrieren wollen. Die Aufgabenstellung gibt vor, dass Sie ein **selbstgewähltes Werk Fontanes** für Ihre Argumentation heranziehen. Für welchen Roman Sie sich dabei entscheiden, bleibt Ihnen überlassen. In jedem Fall sollten Sie die Handlung des ausgewählten Werks kurz vorstellen, bevor Sie exemplarisch auf Details eingehen, die für die These relevant sind. Bedenken Sie, dass der Operator „erörtern" immer die **Nennung von Pro- und Kontra-Argumenten** und keine einseitige Stellungnahme verlangt. Abschließend sollten Sie ein kurzes **Fazit** ziehen, um Ihren Aufsatz angemessen abzurunden.*

Lösungsvorschlag

Seine **Dankrede** mit dem Titel *Fontane und die Anfänge* hat Friedrich Christian Delius am 30. Dezember 2004 anlässlich der Verleihung des Fontane-Preises in Neuruppin gehalten. Erst am Ende des vorliegenden Redeauszugs bedankt er sich für den Preis. Zuvor und hauptsächlich setzt er sich unter Anknüpfung an ein Zitat Fontanes mit der **Wichtigkeit von Anfängen** für sein eigenes schriftstellerisches Schaffen auseinander. Auch weil der Anfang die Funktion habe, Leser für eine Geschichte zu interessieren und sie

Aufgabe 1
Analyse der Rede

Autor, Anlass, Thema und Intention der Rede

zu fesseln, sei der Beginn von literarischen Texten eine besondere Herausforderung für Autoren. Seinen Dank für die Auszeichnung drückt Delius durch die Demut und Anerkennung aus, die er dem Namensgeber des Preises entgegenbringt. Delius **würdigt Fontane** als einen Autor, der Konflikte im Zusammenhang mit gesellschaftlichen Umbrüchen besonders feinfühlig wahrgenommen und in seinen Romanen geschildert habe.

Delius beginnt mit einem **Fontane-Zitat**, auf das er im Verlauf seiner Rede immer wieder zurückkommt. Er beschreibt die Verlockung, seine ganze Rede als Zitat-Collage anzulegen, um seine eigenen Worte „mit wunderbaren Sätzen" Fontanes zu „krönen" (Z. 13 f.). Diese Idee hat Delius nach eigenem Bekunden nicht umgesetzt, weil ihm sonst der **Vorwurf** gemacht würde, kein Romanautor, sondern bloß ein **Dokumentarist** zu sein. Gleichwohl zitiert er eine zweite Stelle aus einem Brief Fontanes, die, ebenso wie das Eingangszitat, die **Bedeutung des Anfangs** für ein Romanganzes betont. Den ersten Satz einer Erzählung zu schreiben, sei insbesondere für heutige Schriftsteller im **Zeitalter der Medienkonkurrenz** „harte Arbeit" (Z. 41). Delius bezeichnet es deshalb als Verdienst Fontanes, auf die Bedeutung des Anfangs hingewiesen zu haben. Um Fontanes These zu illustrieren und ihre Gültigkeit für das eigene literarische Schaffen zu erläutern, verwendet Delius **Zitate der ersten Sätze** eigener Erzählungen. Selbst der durch seine Länge der Auffassung Fontanes scheinbar entgegenstehende erste Satz von Delius' Roman *Die Birnen von Ribbeck* wird von dem Preisträger als Beleg für die Gültigkeit der These verwendet: Die Darstellung des turbulenten Endes der DDR habe einen entsprechend „langen, langen Satz im Rhythmus der aufregenden Veränderungen" (Z. 75 f.) erfordert.

Verwendung von (Fontane-)Zitaten

Das Thema „Fontane und die Anfänge" bezieht Delius nicht nur auf den **Beginn von Erzählungen** und das Handwerk des Schreibens, sondern auch auf **historische und politische Umbrüche**: So wie Fontane „Übergänge zwischen Altem und Neuem" (Z. 86) geschildert und „Widersprüche zwischen den Generationen" (Z. 88 f.) gespürt habe, so habe er, Delius, den Anfang des wiedervereinigten Deutschlands in seiner Erzählung *Die Birnen von Ribbeck* „mehr begeistert als besorgt" (Z. 80) wahrgenommen und bewusst gemacht.

Die Bedeutung von Anfängen

Vor diesem Hintergrund sei der **ausufernde Anfang** der genannten Erzählung zu verstehen: Ein über 70 Seiten langer Satz widerspreche eigentlich Fontanes Forderung nach dem **ersten Satz als Keim des Ganzen**. Das Erzählen müsse aber auch der erzählten Wirklichkeit angemessen sein, sodass er als „Chronist" (Z. 76) der Wiedervereinigung so hätte erzählen müssen, wie sich die Realität dargestellt habe: Als „[s]türmische und undeutsch chaotische Zeiten, in denen nicht klar war, wo ein Anfang, wo ein Ende ist" (Z. 73 f.). Hieran schließt Delius wieder einen Blick auf das Werk Fontanes an, der ebenfalls ein **Chronist seiner Zeit** gewesen sei, indem er den gesellschaftlichen Wandel und die brutalen Konflikte eines Zeitenwechsels dargestellt habe.

Auffällig ist die Demut, mit der Delius von Fontane spricht. Beispiele für die **Aufwertung des Vorbilds** durch Überhöhung sind u. a. folgende Formulierungen: „wunderbare[…] Sätze[…]" (Z. 13), „dank seiner Autorität" (Z. 14), „wie dankbar ich Fontane auch für solche Sätze bin" (Z. 39 f.), „Meister" (Z. 65), „Fontane gab uns allen […] etwas von der verloren geglaubten Einheit und Geschichte zurück" (Z. 83 ff.). Vermutlich ist diese **Verneigung vor dem Autor** den Umständen der Rede geschuldet: Nicht nur explizit dankt Delius „den Damen und Herren von der Theodor-Fontane-Gesellschaft" (Z. 94 f.), die es sich zur Aufgabe gemacht haben, das Andenken Fontanes zu pflegen, sondern auch implizit, indem er Nettigkeiten über den Dichter sagt. Dazu gehört auch das Wortspiel, mit dem Delius Fontanes menschliche Aufrichtigkeit und Bescheidenheit hervorhebt (vgl. Z. 15).

<small>demütige Verneigung vor Fontane</small>

Delius gestaltet seine Rede unterhaltsam, anschaulich, sprachlich einfallsreich und vielfältig. Kleine **Wortspiele** („Gerade weil Fontane nie ein Rechthaber war, hat er so oft Recht.", Z. 14 f.) lockern die Rede humorvoll auf. Die wiederholte **Überhöhung** Fontanes bringt Delius unter anderem **durch Antithesen** zum Ausdruck: So stellt er zum Beispiel „unser bisschen Lebensweisheit" (Z. 12) „seiner Autorität" (Z. 14) gegenüber. Sprachliche Bilder sorgen für **Lebendigkeit und Anschaulichkeit** („Leser an die Angel" kriegen, Z. 47; „Gefühle [wurden] in Achterbahnen geschleudert", Z. 71; „der mehr irreale als reale Sozialismus zerbröselte", Z. 71 f.). Die Syntax ist variantenreich und reicht von einfachen Aussagesätzen (vgl. Z. 9 f.) über Parenthesen (vgl. Z. 48 ff.) bis zu hypotaktischen Satzgefügen (vgl. Z. 75 ff.). **Anspielungen**, z. B. auf Goethes Definition der Novelle (vgl. Z. 47 f.) verraten, dass er bei seinen Zuhörern (literarische) Bildung voraussetzt. Delius spricht sein Publikum, oft in Verbindung mit einer **rhetorischen Frage**, direkt an (vgl. Z. 27 ff., 30 f., 39). Auf diese Weise sichert er sich die Aufmerksamkeit seiner Zuhörer und unterhält sie durch einen heiteren, geistreichen Stil.

<small>rhetorisch-stilistische Gestaltung</small>

Delius ist es wichtig, **keinesfalls** als ein „bloße[r] **Dokumentarist**" (Z. 19) angesehen zu werden, sondern als ein „**Chronist**" (Z. 76). Diese beiden von Delius offenbar als gegensätzlich aufgefassten erzähltheoretischen Konzepte lassen sich folgendermaßen vonei-

<small>Aufgabe 2
Vergleich der Literaturkonzepte von Delius und Fontane</small>

nander abgrenzen: Ein Dokumentarist stellt nach Delius' Auffassung z. B. Zitate zu einem Text zusammen. Delius bezeichnet ein solches Vorgehen zwar als ein „schönes Experiment" (Z. 18), möchte aber nicht den Ruf des Dokumentaristen erwerben. Das schriftstellerische **Arbeiten mit Versatzstücken anderer Autoren**, mit Dokumenten, ist für Delius also zwar reizvoll, aber er fürchtet das öffentliche Urteil über ein solches Tun. Ein **Chronist** zu sein, das ist das positive Gegenbild, das Delius im Zusammenhang mit seiner Erzählung *Die Birnen von Ribbeck* als sein **schriftstellerisches Ideal** entwickelt. Er versteht darunter unter anderem die „Verschmelzung [...] von Geschichten und Geschichte" (Z. 77 f.). Die Doppeldeutigkeit im Begriff der Geschichte, der sowohl wirkliche Vergangenheit als auch fiktionale Erzählungen meint, umschließt, was Delius als Schriftsteller beansprucht: **Wirklichkeit** nicht dokumentarisch abzubilden, sondern sie zu **erzählen**.

Hier wie auch in dem Bild des Schriftstellers als eines Bildhauers, der Sätze meißelt (vgl. Z. 28), zeigt sich eine **Verwandtschaft zwischen der Literaturauffassung** von Delius und der seines verehrten Vorbilds Theodor Fontane. Dieser betonte nämlich nicht nur die Bedeutung des ersten Satzes für das Romanganze, sondern war der Meinung, dass der **literarische Realismus nicht** eine **bloße Abbildung der Wirklichkeit** anstrebe, sondern die **künstlerische Schöpfung** eines begabten Schriftstellers sein müsse. Dadurch grenzt sich Fontane von der literarischen Strömung des Naturalismus ab. Literatur solle nicht einfach den Alltag und vor allem nicht Leid und Armut abbilden, sondern die Wirklichkeit künstlerisch darstellen.

Abbildung der Wirklichkeit vs. Poetisierung

Beide Schriftsteller wollen Wirklichkeit wahrnehmen und diese durch Literatur vermitteln (vgl. Z. 78 f.), glauben aber nicht, dass sich Wirklichkeit einfach abschreiben ließe. Der Künstler, den Fontane zu einem „Geweihten" überhöht, müsse das **Material der Wirklichkeit künstlerisch bearbeiten**, es „läutern". Er müsse das Alltägliche als Material für sein Schaffen verwenden wie ein Bildhauer, der aus einem Marmorblock eine Statue herausarbeitet.

Delius bringt etwas Ähnliches unter Rückgriff auf die Homonymie im Wort Geschichte zum Ausdruck: „Geschichten und Geschichte" sind für Delius nicht der ausschließende Gegensatz von erfundenen Märchen einerseits und historischen Fakten andererseits. Sein Ideal bei der Beschreibung des Endes der DDR und „der friedlichen Verschmelzung von zwei Gesellschaften" (Z. 77 f.) war die **Verschmelzung von Geschichten und Geschichte**. Gemeint ist damit vermutlich, dass er als Schriftsteller die wirklichen Ereignisse gerade dann angemessen erzählt, wenn er auswählt und arrangiert, damit seinen Lesern die Spannung der Wendezeit, der rasante Wechsel bewusst wird. Fontane und Delius haben also eine sehr ähnliche Auffassung von Literatur, die darauf beruht, die Wirklichkeit mithilfe künstlerischer Bearbeitung darzustellen.

Gegen Ende seiner Rede behauptet Delius, dass Fontane als Beobachter eines Zeitenwechsels und mit der Beschreibung des Konflikts zwischen gesellschaftlichem Aufbruch und Bewahren des Bestehenden für seine Zeitgenossen, aber auch für heutige Leser bedeutsam sei. Delius betont also **Fontanes Aktualität**, die er sowohl mit dessen Schilderung von **Übergängen zwischen Altem und Neuem** als auch mit dessen **Gespür für Widersprüche zwischen den Generationen** begründet.

> Aufgabe 3
> Erörterung: Aktualität Fontanes als Beobachter von gesellschaftlichen Veränderungen
> Erläuterung der These

Zur Überprüfung der These von Delius soll Fontanes Roman *Irrungen, Wirrungen* herangezogen werden, der einige typische Merkmale der Romane Fontanes aufweist: Der Autor porträtiert Ausschnitte aus dem gesellschaftlichen Leben in und um Berlin Ende des 19. Jahrhunderts; mit Lene Nimptsch steht wie in *Effi Briest*, *Frau Jenny Treibel* oder *Mathilde Möhring* eine Frau im Mittelpunkt des Romans; die Erzählweise entspricht mit ihrer **Mischung aus Wirklichkeitstreue und Poetisierung** weitgehend dem Realismus-Konzept Fontanes.

> Beispiel „Irrungen, Wirrungen"

In seinem 1887/88 erschienenen Roman erzählt Fontane die **Liebesgeschichte** zwischen der kleinbürgerlichen Näherin **Lene** Nimptsch und dem adeligen Offizier **Botho** von Rienäcker. Lene hat nicht viel Schulbildung, aber ein gutes Herz. Sie wird als bescheiden, lebensklug, sympathisch und zupackend beschrieben, während Botho als zwar liebenswerter, aber verwöhnter und lebensuntüchtiger Geck dargestellt wird, der nicht viel mehr vermag als zu reiten und Konversation zu betreiben. Die **Verbindung scheitert an den Standesgrenzen** bzw. am mangelnden Mut der Beteiligten, die Beziehung gegen Widerstände fortzusetzen. Botho trennt sich von Lene, um seine Cousine Käthe von Sellenthin zu heiraten und dadurch den drohenden finanziellen und gesellschaftlichen Abstieg seiner Familie zu verhindern. Die Ehe bleibt kinderlos und unerfüllt, unter anderem weil Botho sehnsuchtsvoll an Lene hängt. Die pragmatische Lene heiratet den Fabrikmeister und Prediger Gideon Franke und findet ein bescheidenes Glück. Es wirkt für den Leser so, als sei ihr Los dem von Botho vorzuziehen, auch wenn Lene ebenfalls kein vollständiges Liebesglück erfährt.

> Inhaltszusammenfassung

Auf den ersten Blick scheint Fontane die althergebrachten **Vorstellungen von nicht standesgemäßen Verbindungen** zu zementieren. Schließlich lässt er die auf Liebe beruhende **Beziehung** zwischen einem Adeligen (Botho) und einer Bürgerlichen (Lene) **scheitern**

> Kontra-Argument: vordergründige Zementierung der Verhältnisse

und beide standesgemäße Ehen eingehen. Obwohl Botho Lene vermisst und er mit Käthe nicht glücklich ist, empfiehlt er am Ende des Romans seinem Standesgenossen Rexin, der ihn wegen seiner Liebe zu einer Bürgerlichen um Rat fragt, die Verbindung zu lösen. Botho würde sich also wieder so entscheiden und scheint zumindest vordergründig nichts zu bereuen.

Trotzdem übt Fontane bei genauerem Hinsehen **Kritik an den herrschenden gesellschaftlichen Verhältnissen**, beschäftigt sich also durchaus, wie Delius behauptet, mit Übergängen zwischen Altem und Neuem. Unverkennbar ist dies insofern, als die Angehörigen des **Adels überwiegend negativ** gezeichnet werden und die **Bürgerlichen positiv**. Damit deutet Fontane an, dass die Zeit des Adels (repräsentiert durch Botho) untergeht und das Bürgertum (repräsentiert durch Lene) die moralisch überlegene, gesellschaftlich dominierende Gruppe wird.

1. Pro-Argument: Beschäftigung mit Übergängen zwischen Altem und Neuem

Im Zusammenhang der **unglücklichen Liebesbeziehung von Lene und Botho** beschreibt Fontane die Berliner Gesellschaft des späten 19. Jahrhunderts: Mehr noch als Botho werden die anderen **Mitglieder des Adelsstandes als dünkelhaft**, unaufrichtig, genusssüchtig und wenig vorzüglich dargestellt. Im Gegensatz dazu zeigt Fontane das **Bürgertum als ehrlich**, aufrichtig, zupackend und lebenstüchtig. Für die jungen adeligen Männer des Romans sind bürgerliche Frauen lediglich ein amüsanter **erotischer Zeitvertreib**. Wie bei der Begegnung mit Bothos Freunden bei „Hankels Ablage" vorgeführt wird, geht es bei diesen Verbindungen im Normalfall nicht um Liebe, sondern eher um sexuelle Anziehung. In Fontanes Beschreibung dieser ungleichen Beziehungen wird **Kritik an der Vorherrschaft des Adels** deutlich, der sich seine Privilegien nicht durch eine besondere charakterliche Noblesse verdient. Die Zeit der Aristokratie scheint vorbei zu sein, weil nun das **Bürgertum die moralischen Wertvorstellungen** vorgibt.

Kritik am Adel

Wie in seinen anderen Berliner Frauenromanen widmet sich Fontane auch in *Irrungen, Wirrungen* ausführlich dem **Verhältnis der Geschlechter**: Die **Lebensmöglichkeiten der Männer sind vielfältiger und freier als** die der **Frauen**. Die Ehe ist eigentlich die einzige Möglichkeit für Frauen, sich einen festen Stand und Ansehen in der Gesellschaft zu verschaffen. Sie müssen deshalb zur Not sogar fragwürdige Männer heiraten. Das wird am Beispiel von Lenes Nachbarin Frau Dörr deutlich, die nach der Liaison mit einem Grafen froh sein musste, dass sie wenigstens der verwitwete Besitzer einer heruntergekommenen Gärtnerei mit einem geistig zurückgebliebenen Sohn geheiratet hat. Fontane zeigt außerdem die **gesellschaftliche Doppelmoral**: Männer dürfen sich in erotischer

Kritik an den beschränkten Lebensmöglichkeiten von Frauen

Hinsicht auch vor der Ehe ausprobieren, während Frauen durch voreheliche Verhältnisse ihr gesellschaftliches Ansehen und sogar ihre Existenz gefährden.

Auch ein Gespür für die Widersprüche zwischen den Generationen kann man Fontane bescheinigen. Der zwar lebensuntüchtige und verwöhnte Konservative Botho hält eine **standesübergreifende Beziehung** aus Liebe statt aus Kalkül und Vorteil **zumindest** für möglich und **wünschenswert**, am Ende entspricht er aber doch den **reaktionären Vorstellungen und Wünschen seiner Familie**. Fontane deutet an, dass die bestehenden gesellschaftlichen Konventionen und Moralvorstellungen die Menschen unglücklich machen. Die darin aufscheinende Kritik legt die **Notwendigkeit eines gesellschaftlichen Wandels** nahe. Ohne es auszusprechen, zeigt Fontane, dass sich das Verhältnis der Geschlechter und der Stände ändern muss, wenn Menschen persönliche Erfüllung finden sollen.

<small>2. Pro-Argument: Gespür für Widersprüche zwischen den Generationen</small>

Heute spielt der Adel in Deutschland keine Rolle mehr und auch wenn es noch keine wirkliche Gleichberechtigung von Männern und Frauen gibt, haben sich die Lebensmöglichkeiten der Frauen doch erheblich denen von Männern angenähert. Delius muss also etwas anderes meinen, wenn er Fontane auch heute eine Aktualität zuspricht, die der Schriftsteller zu seinen Lebzeiten als Chronist gesellschaftlicher Umbrüche ganz gewiss gehabt hat. Die **Probleme**, die eine **Liebesbeziehung zwischen Personen unterschiedlicher Herkunft** belasten können, sind heute nicht geringer als zu Fontanes Zeiten. Zwar haben Standesunterschiede im damaligen Sinn an Bedeutung verloren, aber es gibt einige andere **Hinderungsgründe**, die etwa in der Kultur, der Hautfarbe, der Religionszugehörigkeit, der sexuellen Orientierung oder den Vermögensverhältnissen liegen. Dabei ist die Bereitschaft, über derartige Unterschiede hinwegzusehen, nicht in allen Gesellschaftsschichten vorhanden. Zu jeder Zeit gibt es Übergänge und oft auch Konflikte zwischen Altem und Neuem, sodass Fontanes Roman nicht so schnell an Aktualität verlieren dürfte.

<small>3. Pro-Argument: Aktualität des Romans</small>

Die von Delius aufgestellte **These trifft** also **im Wesentlichen** auf *Irrungen, Wirrungen* **zu** und wirft im Hinblick auf diesen Roman zu Recht ein positives Licht auf Fontanes dichterisches Schaffen.

<small>Fazit</small>

Deutsch (Hamburg) – Grundlegendes Anforderungsniveau
Abiturähnliche Übungsaufgabe 8

Aufgabenart
Gedichtinterpretation

Thema
Lyrik

Aufgabe

Analysieren Sie das Gedicht *Das Göttliche* von Johann Wolfgang von Goethe unter besonderer Berücksichtigung des hier entworfenen Menschenbildes.

Material
Johann Wolfgang von Goethe (1749–1832): Das Göttliche (1783)

Edel sei der Mensch,
Hilfreich und gut!
Denn das allein
Unterscheidet ihn
5 Von allen Wesen,
Die wir kennen.

Heil den unbekannten
Höhern Wesen,
Die wir ahnen!
10 Ihnen gleiche der Mensch!
Sein Beispiel lehr uns
Jene glauben.

Denn unfühlend
Ist die Natur:
15 Es leuchtet die Sonne
Über Bös und Gute,
Und dem Verbrecher
Glänzen wie dem Besten
Der Mond und die Sterne.

20 Wind und Ströme,
Donner und Hagel
Rauschen ihren Weg
Und ergreifen
Vorüber eilend
25 Einen um den andern.

Auch so das Glück
Tappt unter die Menge,
Faßt bald des Knaben
Lockige Unschuld,
30 Bald auch den kahlen
Schuldigen Scheitel.

Nach ewigen, ehrnen,
Großen Gesetzen
Müssen wir alle
35 Unseres Daseins
Kreise vollenden.

Nur allein der Mensch
Vermag das Unmögliche:
Er unterscheidet,
40 Wählet und richtet;
Er kann dem Augenblick
Dauer verleihen.

Er allein darf
Den Guten lohnen,
45 Den Bösen strafen,
Heilen und retten,
Alles Irrende, Schweifende
Nützlich verbinden.

Und wir verehren
50 Die Unsterblichen,
Als wären sie Menschen,
Täten im Großen,
Was der Beste im kleinen
Tut oder möchte.

55 Der edle Mensch
Sei hilfreich und gut!
Unermüdet schaff er
Das Nützliche, Rechte,
Sei uns ein Vorbild
60 Jener geahneten Wesen!

Aus: Johann Wolfgang von Goethe, Gedichte und Epen,
Band I, Hamburger Ausgabe, München 1998, S. 147–149

Hinweise und Tipps

*Bei der **Analyse** des vorliegenden Gedichts ist es zunächst einmal wichtig, dass Sie aus der Überschrift keine voreiligen Schlüsse im Hinblick auf das Thema ziehen. Verschaffen Sie sich stattdessen erst Klarheit über **inhaltliche Schwerpunkte**, indem Sie sich mit den einzelnen Strophen auseinandersetzen. Einen wesentlichen Hinweis für Ihre Interpretation liefert Ihnen bereits die Aufgabenstellung, in der das in dem Gedicht entworfene **Menschenbild** als besonderer Schwerpunkt Ihrer Analyse vorgegeben wird. Eine der zentralen Leitfragen der Untersuchung lautet daher: Welches Menschenbild vermittelt Goethe in seinem Gedicht und woran wird dies erkennbar? Ausgehend von dieser Fragestellung können Sie eine sinnvolle **Einteilung** in **Sinnabschnitte** vornehmen: Welche der Strophen geben unmittelbar Auskunft über das, was den Menschen in besonderer Weise auszeichnet? Welche thematischen Schwerpunkte lassen sich den anderen Strophen zuordnen und welche Funktion haben diese Strophen für das Gesamtverständnis des Gedichts?*

*Ferner spielt es für die Erschließung dieses Textes eine zentrale Rolle, die **Konzeption des Verhältnisses Mensch/„Höhere Wesen"** (vgl. V. 8) bzw. „Unsterbliche" (vgl. V. 50) näher zu bestimmen. Zu diesem Zweck ist es hilfreich, sich zunächst zu vergegenwärtigen, wie etwa das biblische Verständnis dieses Verhältnisses aussieht: Der Mensch erscheint hier als ein Ab- bzw. Ebenbild Gottes, er ist nach dem Bild Gottes geschaffen – Gott dient gewissermaßen als „Vorbild" für den von ihm erschaffenen Menschen. Vergleichen Sie nun dieses Gottesbild mit der von Goethe präsentierten Vorstellung: Welche zentralen Unterschiede können Sie feststellen und welche Konsequenzen hat diese alternative Sichtweise hinsichtlich des in diesem Gedicht vorgestellten Menschenbildes?*

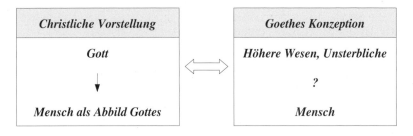

*Vor dem Hintergrund dieser Überlegungen können Sie nun mit der Ausarbeitung beginnen. Denken Sie dabei daran, sinnvolle Bezüge zwischen der Form und dem Inhalt des Gedichts herzustellen. In diesem Fall bietet es sich an, Form und Inhalt – insbesondere das Zusammenspiel von **sprachlicher Gestaltung** und **inhaltlicher Bedeutung** – in einem konzentrierten Durchgang durch die Strophen **gemeinsam** zu betrachten.*

Lösungsvorschlag

Das Gedicht *Das Göttliche* von Johann Wolfgang von Goethe aus dem Jahr 1783 lässt sich trotz des frühen Entstehungszeitpunktes bereits der literaturgeschichtlichen Epoche der Weimarer Klassik zurechnen. Thema des Gedichts ist die **Sonderstellung** des Menschen, die sich seiner Fähigkeit verdankt, moralisch zu handeln. Diese Moralität wird zum Maßstab, an dem das Göttliche erst seine Glaubwürdigkeit gewinnt.

Einleitung
Titel, Textsorte, Autor, Entstehungszeit, Thema

Die 10 Strophen des Gedichts enthalten fast durchgehend 6 Verse (Ausnahmen: Strophe 3 und 6). Sie sind in einem **freien Rhythmus** verfasst und reimlos. Die rhythmische Freiheit stützt den **emphatischen Grundton** des Gedichts, der sich auch der Tatsache verdankt, dass an die Stelle des häufig in Gedichten als Sprecher anzutreffenden lyrischen „Ich" **das emphatischere „Wir"** getreten ist. Dadurch scheint die Botschaft des Gedichts von Anfang an auf eine breitere Basis gestellt zu sein: Der Leser wird unmittelbar mit einbezogen, das Gesagte gilt gewissermaßen allen Menschen und spiegelt nicht nur die subjektive Empfindung eines Einzelnen wider. Dieser Objektivierung entspricht auch die zum Teil **argumentative Anlage** des Gedichts, die sich schon beim überfliegenden Lesen an der Verwendung von Begriffen wie „denn" (vgl. V. 3, 13) oder „Nur" (V. 37) zeigt.

Aufbau, Metrum, Reimschema

Sprecher

Das Gedicht kann in **vier Abschnitte** gegliedert werden, die jeweils einen inhaltlichen Schwerpunkt haben. In den ersten beiden Strophen wird das Grundthema entfaltet:

Hauptteil
Einteilung in Abschnitte

Die erste Strophe verdeutlicht bereits den stark **appellativen Charakter** des Gedichts: Goethe eröffnet seinen Text mit dem **Imperativ** „Edel sei der Mensch, / Hilfreich und gut!" (V. 1 f.), es wird also **ein sittliches Verhalten vom Menschen gefordert**, das hier durch die verwendeten Adjektive näher bestimmt wird. Der zweite Teil der Strophe (V. 3–6) – eingeleitet durch die Konjunktion „denn" – liefert **die Begründung** für diese Forderung: Dem Menschen wird exklusiv die Fähigkeit zum moralischen Handeln zuge-

Abschnitt 1
Strophe 1: Forderung von sittlichem Verhalten, Begründung der Forderung

sprochen, und diese **Sonderstellung** verpflichtet ihn dazu, diese Fähigkeit auch zu nutzen.

In der zweiten Strophe wird deutlich, dass das ethisch vorbildliche Handeln des Menschen dabei hilft, an die „unbekannten / Höhern Wesen" (V. 7 f.) zu glauben. Erst durch die praktizierte **Humanität des Menschen** – so die Logik dieser Strophe – wird **das Göttliche** überhaupt **sichtbar**. Auch hier wird wieder mithilfe eines Imperativs „Ihnen gleiche der Mensch!" (V. 10) eine Handlungsanweisung formuliert: Der Mensch soll sich darum bemühen, den Göttern zu ähneln und auf diese Weise deren Existenz erahnbar zu machen. Schon allein die Tatsache, dass von den höheren Wesen im Plural gesprochen wird, ist ein deutliches Indiz dafür, dass im Hintergrund von Goethes Gedicht nicht ein biblisches Gottesverständnis steht. Auch der Aspekt, dass erst das Verhalten des Menschen und sein gutes Vorbild dazu führen, dass jene Wesen sich erahnen lassen, lässt sich nur schwer mit den Vorstellungen der traditionellen Auffassung der christlichen Religion vereinbaren, in der Gott als Autorität die Prinzipien guten Handelns festlegt.

Strophe 2: Verhältnis Mensch / Höhere Wesen

Im zweiten Teil des Gedichts (Strophe 3–6) wendet sich der lyrische Sprecher der **Natur** zu, die keinen moralischen Prinzipien zu folgen vermag und keinen Unterschied zwischen guten und bösen Menschen macht. Veranschaulicht wird dies durch die positiv besetzten Gestirne „Sonne", „Mond" und „Sterne", die für jeden scheinen – völlig unabhängig davon, ob er nun ein Verbrecher oder ein tugendhafter Mensch ist. Vergleichbares gilt für andere Kräfte der Natur, wie etwa Wind und Ströme oder Donner und Hagel (vgl. V. 20–21), die jeden bedrohen können. Die Personifikation „Und ergreifen / Vorüber eilend / Einen um den andern." (V. 23–25) macht das „Launische" und die Willkür der Natur sinnfällig.

Abschnitt 2
Strophe 3 und 4: Natur macht keinen Unterschied zwischen Gut und Böse

Der Gedanke des Launischen und Zufälligen wird nun in der nächsten Strophe auch auf das „Glück" übertragen – „**Glück**" hier wohl **im Sinne von Fortuna**, die als **Inbegriff der Wechselhaftigkeit des Lebens** gesehen werden kann. Schon das personifizierende Verb „tappen" (vgl. V. 27), das Unbeholfenheit und einen Mangel an Zielgerichtetheit ausdrückt, lässt erahnen, dass die Wohltätigkeiten des Glücks keinesfalls einem geordneten Plan folgen. Dieser Verdacht bestätigt sich im weiteren Verlauf der Strophe. Hier illustrieren starke Kontraste, wie wahl- und planlos Fortuna ihr Füllhorn über den Menschen ausschüttet: Mal profitiert ein unschuldiges Kind (vgl. V. 28 f.), mal der mit Schuld beladene alte Mann, auf den das Pars pro Toto „Schuldigen Scheitel[r]" (V. 31) hindeutet, das zudem durch die Alliteration hervorgehoben wird.

Strophe 5: Parallele zwischen „Natur" und „Glück"

In der sechsten Strophe wird schließlich darauf verwiesen, dass auch der **Mensch**, als **Teil der Natur, nach unumstößlichen „Gesetzen"** (V. 33) leben und sterben muss: Es müssen „wir alle / Unseres Daseins / Kreise vollenden" (V. 34–36). Dies bleibt im Gedicht die einzige Feststellung über den Menschen, die nicht seine Sonderstellung, sondern seine Abhängigkeit von natürlichen Zusammenhängen betont, die auch für alle anderen Lebewesen gilt: Alle, auch die Menschen, sind sterblich, und sind eingebunden in den ewigen Kreislauf von Werden und Vergehen.

Strophe 6: der Mensch unterliegt – wie alle anderen Lebewesen – den Gesetzen der Natur

Diese Feststellung bildet jedoch nur den argumentativen Hintergrund für die Strophen 7 und 8, die erneut die **Sonderstellung des Menschen** hervorheben. Diese kommt ihm offensichtlich zu, obwohl er, wie alle anderen Lebewesen, den Gesetzen der Natur unterworfen ist. **Rhetorisch** unterstreicht der Autor diese Hervorhebung gleich mehrfach – durch das einleitende „Nur", das diese Strophe von der vorangegangenen abhebt, durch die Inversion „allein" (V. 37) und durch die paradoxe Hyperbel, dass „das Unmögliche" (V. 38) dem Menschen eben doch möglich sei. Wurde zuvor die sittliche Gleichgültigkeit der Natur gegenüber der Welt mit Beispielen illustriert, so wird nun die menschliche Sonderstellung exemplarisch ausgeführt:

Abschnitt 3
Strophe 7 und 8: Sonderstellung des Menschen

Der Wechselhaftigkeit der Natur wird die Fähigkeit des Menschen gegenübergestellt, zu **unterscheiden**, zwischen Alternativen **zu wählen** und Verhaltensweisen **zu beurteilen** (vgl. V. 39 f.). Der Mensch erscheint hier als ein freies Wesen, das für seine Handlungen Verantwortung übernehmen kann und muss. Die Verse 41 und 42 lassen sich dabei sogar als ein Hinweis darauf lesen, dass den in Strophe 6 geschilderten Regeln der Vergänglichkeit zumindest begrenzt etwas entgegengesetzt werden kann: Indem der Mensch moralische Prinzipien benennt und nach ihnen handelt, schafft er etwas, was über den „Augenblick" (V. 41) hinaus Bestand hat. Strophe 8 kann als eine Konkretisierung der in Strophe 7 zunächst noch abstrakter formulierten Gedanken verstanden werden: Aus der Fähigkeit zur Beurteilung erwächst die Kompetenz, nach moralischen Prinzipien zu belohnen und zu bestrafen (vgl. V. 44 f.). Auch diese Kompetenz wird dem Menschen zugerechnet und nicht Gott oder den Göttern (vgl. V. 44–45). Nicht mehr ein oder mehrere höhere Wesen erscheinen hier als ordnende und helfende Kraft, sondern der Mensch selbst: Ihm kommt die Aufgabe zu, zu „Heilen und [zu] retten, / Alles Irrende, Schweifende / Nützlich [zu] verbinden" (V. 46–48).

Nachdem also in der 7. und 8. Strophe noch einmal das Besondere der menschlichen Existenz hervorgehoben wurde, befasst sich der letzte Teil (Strophe 9 und 10) des Gedichts wieder mit dem **Verhältnis von Göttern und Menschen**. Das Thema der zweiten Strophe wird noch einmal aufgegriffen: Wenn der Mensch der Forderung, moralisch edel und gut zu handeln, gerecht wird, scheinen sozusagen in seinem Handeln die Götter auf. Die Art und Weise, wie wir sie uns vorstellen, ist geformt durch das Beispiel des edlen Menschen: Der Mensch dient **als Folie für die Vorstellung von den Göttern** – nicht umgekehrt. Aus diesem Verhältnis von Göttern und Menschen folgt aber das Gebot, sittlich zu handeln, denn ohne dieses sittliche Handeln wären wir nicht in der Lage, eine Vorstellung vom Göttlichen zu entwickeln.

Abschnitt 4
Strophe 9 und 10:
Verhältnis
Mensch / Unsterbliche

Die letzte Strophe greift den einleitenden Imperativ des Gedichtbeginns auf. Diese Wiederholung verleiht dem Gedicht nicht nur einen Rahmen, sondern unterstreicht noch einmal die Aufforderung, ethisch zu handeln. Weiter intensiviert wird dieser Appell an den Menschen durch die beiden abschließenden Imperative (V. 57, 59), die zwei wichtige Aspekte der vorangehenden Strophen zusammenfassen: die Ausrichtung des Handelns auf das „Nützliche" und moralisch „Rechte" (V. 58, vgl. V. 48) und den menschlichen Vorbildcharakter für das Göttliche, der nun auch explizit so benannt wird (vgl. V. 59). Von hier aus betrachtet, lässt sich auch der **Gedichttitel „Das Göttliche"** sinnvoll deuten: **Thema des Gedichts sind nicht die Götter**, wie man zunächst annehmen könnte. Im Fokus steht der **Mensch**, dessen Handeln **göttliche Qualität** gewinnen kann, wenn er sich moralisch einwandfreien Prinzipien verpflichtet.

Zusammenfassend lässt sich feststellen, dass Goethe in seinem Gedicht ein **Menschenbild** zeichnet, das im Kontrast zur christlichen Lehre steht: Der Mensch ist **autonom** und **gibt sich seine moralischen Gesetze selbst,** er erhält diese nicht aus der Hand Gottes oder von den Göttern – vielmehr macht erst das moralische Handeln des Menschen, eine Fähigkeit, die ihn von allen anderen Lebewesen unterscheidet, das Göttliche aus. Die **Humanität** erscheint also gewissermaßen als das **Göttliche im Menschen**. Auch wenn der Mensch, wie alle anderen Lebewesen, in den Kreislauf von Leben und Sterben, Werden und Vergehen eingebunden ist, so kommt ihm dadurch doch eine Sonderstellung zu. Sie entspricht aber nicht der biblischen Vorstellung, dass der Mensch der Abglanz Gottes sei, sondern verdankt sich der Vorstellung, dass der Mensch durch sein Handeln ein Verständnis dessen, was wir als göttlich begreifen, (er)schaffen kann.

reflektierte
Schlussbetrachtung

Deutsch (Hamburg) – Erhöhtes Anforderungsniveau
Abiturähnliche Übungsaufgabe 9

Aufgabenart
Vergleich lyrischer Texte

Thema
Lyrik

Teilaufgaben

1. Interpretieren Sie das Gedicht *Mondnacht* von Günter Kunert.
2. Vergleichen Sie Kunerts Text mit Joseph von Eichendorffs Gedicht im Hinblick auf die Gestaltung des Motivs der Mondnacht. Berücksichtigen Sie dabei sowohl inhaltliche als auch sprachliche Aspekte.

Material 1
Günter Kunert (*1929): Mondnacht (1983)

Lebloser Klotz
Mond eisiger Nächte
der an bittere Märchen erinnert
an fremdes Gelebtwordensein
5 fern
wo Menschen heulten
anstelle der Wölfe
über blassem Schnee
bis zum Verstummen darunter

10 Geborstenes Geröll
auf dem unsere Schatten
gelandet sind
und sich taumelnd bewegen
viel zu leicht
15 für die Last unserer Herkunft

auch dort sind wir hingelangt
wie immer dorthin
wo Leben unmöglich ist:
In Gleichnisse ohne Erbarmen.

Aus: Günter Kunert: Stilleben. Gedichte. München: Hanser Verlag, 1983.

Material 2
Joseph von Eichendorff (1788–1857): Mondnacht
(1835 verfasst, 1837 veröffentlicht)

Es war, als hätt' der Himmel
Die Erde still geküsst,
Dass sie im Blütenschimmer
Von ihm nun träumen müsst.

5 Die Luft ging durch die Felder,
Die Ähren wogten sacht,
Es rauschten leis' die Wälder,
So sternklar war die Nacht.

Und meine Seele spannte
10 Weit ihre Flügel aus,
Flog durch die stillen Lande,
Als flöge sie nach Haus.

Aus: Joseph von Eichendorff: Gedichte. Herausgegeben und eingeleitet von Herbert Cysarz. Reclam Verlag, Stuttgart 1978

Hinweise und Tipps

*Die Aufgabe verlangt von Ihnen die Interpretation und den aspektorientierten Vergleich lyrischer Texte. Dabei müssen Sie in der **1. Teilaufgabe** das Gedicht von Günter Kunert umfassend im Hinblick auf Inhalt, Sprache und Form erschließen und Ihre Ergebnisse zu einer übergreifenden Deutung zusammenführen. Lassen Sie zunächst das Gedicht auf sich wirken und bilden Sie erste Verstehenshypothesen. Versuchen Sie, den Text sehr **genau wahrzunehmen** und **visualisieren** Sie alles, was Ihnen auffällt: Bringen Sie farbige Markierungen und Unterstreichungen an, arbeiten Sie mit Pfeilen und Linien, um Zusammenhänge zu verdeutlichen, zeichnen Sie grafische Symbole an den Rand usw. Beachten Sie nicht nur die Semantik und Bildlichkeit der Sprache, sondern auch klangliche Phänomene (Reim, Alliterationen, Assonanzen usw.). Die Vorstellung, wie die Texte gesprochen oder gar gesungen werden könnten, hilft Ihnen dabei.*

Zum Erwartungshorizont einer Gedichtinterpretation gehören nicht nur inhaltliche Erkenntnisse, sondern auch fachspezifisches und methodisches Wissen. Verwenden Sie zur Beschreibung und Analyse des Gedichts eine angemessene Fachsprache und nutzen Sie diese funktional für die Deutung der Texte. Eine isolierte Aufzählung von im Text vorkommenden Stilmitteln stellt noch keine Interpretationsleistung dar.

*Bei der **2. Teilaufgabe** gilt es nun, den Vergleichstext, Eichendorffs „Mondnacht", in den Blick zu nehmen. Beachten Sie, dass Sie keine umfassende Interpretation dieses zweiten Gedichts leisten sollen. Vielmehr sollen Sie herausarbeiten, wie das **Motiv** der Mondnacht in den beiden unterschiedlichen Gedichten inhaltlich und formal entfaltet wird, also Gemeinsamkeiten und Unterschiede suchen. Bevor Sie den direkten Werkvergleich ausarbeiten, empfiehlt es sich, zuerst Eichendorffs Text kurz vorzu-*

stellen, seinen Inhalt strophenweise zusammenzufassen und die formale Machart allgemein zu charakterisieren. Das erleichtert dem Leser das Verständnis der folgenden Gegenüberstellung der beiden Gedichte.
Bei den vorliegenden Gedichten fungiert das Motiv der Mondnacht als Titel. Dabei wäre zu fragen, inwieweit dieses Motiv epochentypisch gestaltet wird. Bei Eichendorff wird Ihnen eine Einordnung in die Epoche der Romantik leichtfallen, denn das Gedicht bringt ein Grundgefühl der Romantik zum Ausdruck: die Sehnsucht nach Überwindung und Versöhnung aller Gegensätze, die in eine Hinwendung zu Gott, in die Suche nach realer und spiritueller Heimat mündet. Kunerts Gedicht hingegen zeichnet sich sehr deutlich als Text der Moderne aus: Titel und Textinhalt stehen in einem Verhältnis des Widerspruchs, der beim Leser Erstaunen und Erschrecken über die nüchterne, ja nihilistische Weltsicht des lyrischen Sprechers hervorruft. Vergessen Sie über dem inhaltlichen Vergleich nicht die von der Aufgabenstellung explizit geforderte Einbeziehung sprachlicher und formaler Aspekte. Zuletzt sollten Sie Ihre Erkenntnisse in einem Fazit bündeln.

Lösungsvorschlag

Der Mond – in Mythen und Märchen, Liedern und Gedichten wird er seit jeher besungen. Musiker und Maler lassen sich von ihm inspirieren. Sein Licht, so sagt man uns, spendet Trost in der Nacht, als Mann im Mond wacht er über die Kinder im Schlaf, am nächtlichen Himmel hütet er seine Schäflein, die Sterne, und den Verliebten ist er ein treuer Begleiter. Nicht nur im System der Planeten, auch im Kosmos unseres kulturellen Gedächtnisses gehört der Mond zum Repertoire.

Einleitung
Mond – altes Motiv der Literatur

Das uralte Mondmotiv greifen auch die Dichter Joseph von Eichendorff (1788–1857) und Günter Kunert (*1929) in ihren Gedichten *Mondnacht* auf, die zur vergleichenden Interpretation vorliegen.

„Mondnacht" – ein Titel, zwei Gedichte

In Günter Kunerts Gedicht unterläuft jedoch schon die einleitende **Metapher** der ersten beiden Verse unsere Erwartungen, denn sie erzeugt eine düstere Grundstimmung: „Lebloser Klotz/Mond eisiger Nächte". Irritierend wirkt auch die äußere Form des Gedichts: Die 19 **ungleich langen Verse**, deren kürzester aus einem einzigen einsilbigen Wort, „fern" (V. 5), besteht, und die Einteilung in **vier Strophen** mit abnehmender Verszahl (neun, sechs, drei, eins) ergeben ein fragmentiertes Textbild. **Reime** sind nicht vorhanden, eine regelmäßige **metrische Gliederung** ist nicht zu erkennen. Da auch Satzzeichen fehlen, bleiben die **syntaktischen Strukturen** oft unbestimmt. Umso mehr fällt auf, dass vor dem letzten Vers des Gedichts ein Doppelpunkt steht, wohl um eine Art Fazit anzukündigen, und dass das Gedicht mit einem Schlusspunkt endet. Kunerts

Aufgabe 1
Interpretation von G. Kunert: Mondnacht

Inhalt, Form, Stimmung

Mondnacht von 1983 ist ein **modernes Gedicht**, in dem sich der Mensch des 20. Jahrhunderts **nüchtern und illusionslos** der Betrachtung des entzauberten Mondes widmet.

Leblos, eisig, bitter, fremd, blass – das sind die Attribute, die dem „Klotz" (V. 1) Mond und den Erinnerungen, die er hervorruft, in der ersten Strophe zugeschrieben werden. Es entsteht das **Bild** einer lebensfeindlichen Natur, in der der Mensch sich nicht heimisch fühlen kann. **Kein lyrisches Ich** spricht hier, es ist lediglich ganz allgemein von „Menschen" die Rede, und zwar im Sinne der Gattung, da weder Artikel noch Attribute die Bezeichnung präzisieren (V. 6). Und doch muss es ein wahrnehmendes Subjekt geben, aus dessen Perspektive der Mond nicht nur beschrieben, sondern angesprochen wird. Die **Mondansprache** im Gedicht bricht jedoch mit der Tradition bekannter Lieder und Gedichte. Nicht als „guter Mond" (vgl. das Lied *Guter Mond, du gehst so stille*), sondern als „[L]ebloser Klotz / Mond eisiger Nächte" wird er angesprochen, „der an bittere Märchen erinnert / an fremdes Gelebtwordensein" (V. 1–4). Der Dichter spricht verstörende Erfahrungen an, gibt dem Leser Rätsel auf: Was sind „bittere Märchen", was bedeutet „Gelebtwordensein"? Der Glaube an die tröstliche Botschaft der Märchen – dass alles ein gutes Ende nimmt – ist offensichtlich unmöglich geworden. Der Mensch ist nur noch fremdbestimmtes Objekt des Lebens, er muss es passiv erdulden, ohne die Möglichkeit, es aktiv zu entwerfen und zu gestalten. Er ist sich selbst „frem[d]" (V. 4) geworden an einem Ort, der „fern" (V. 5) von der Erde ist und „wo Menschen heulten / anstelle der Wölfe" (V. 6 f.). Die **adverbiale Bestimmung** „fern" (V. 5) steht als isoliertes Wort genau in der Mitte der ersten Strophe und markiert eine Art raumzeitliche **Achse**. Die Betrachtung des Mondes im Hier und Jetzt (V. 1–4) löst Erinnerungen an ein „Es war einmal" aus, das räumlich und zeitlich gleichermaßen „fern" ist (V. 6–9). Auf dem „[l]eblose[n] Klotz" (V. 1), in „eisige[n] Nächte[n]" (V. 2) – die Tiefsttemperatur auf dem Mond beträgt minus 160 Grad –, „wo Menschen heulten anstelle der Wölfe", ist menschliches Leben nicht möglich. Eindrückliche **Bilder** von „blassem Schnee" und vom „Verstummen darunter" (V. 8 f.) verstärken diese Aussage. Das Verhalten der Menschen erinnert dabei an Wölfe, die den Mond anheulen. Durch ihr Geheul signalisieren Wölfe ihre Zugehörigkeit zum Rudel sowie die Bereitschaft zur Jagd; sie markieren so zudem ihr Territorium. Für den Menschen jedoch ist das Heulen keine artgemäße Form des Ausdrucks, es führt schlussendlich zum Verlust der Stimme, zu Tod und Erstarrung („Verstummen", V. 9).

1. Strophe
Bruch mit der Motivtradition

In den sechs Versen der zweiten Strophe wird das **Motiv der Erinnerung** an die Lebensfeindlichkeit des Mondes fortgeführt. Mit der **Alliteration** „[g]eborstenes Geröll" (V. 10) wird der Mond erneut angesprochen. Durch die Verben „landen" und „taumeln" (vgl. V. 12 f.) entstehen vor dem Auge des Lesers unwillkürlich die (Film-)Bilder der Astronauten bei der ersten Mondlandung: Losgelöst von der Schwerkraft schwanken und schweben die Männer wie schattenhafte Schemen in ihren Raumfahrtanzügen über die Gesteinstrümmer der Mondlandschaft. Genau davon spricht das Gedicht in **metaphorischer** Weise, wenn es „unsere Schatten" (V. 11) als „viel zu leicht/für die Last unserer Herkunft" (V. 14 f.) beschreibt. Das lyrische Subjekt tritt hier zum ersten Mal in der 1. Person, und zwar im Plural auf, verzichtet jedoch auf das Personalpronomen („ich" bzw. „wir") als Subjekt und setzt stattdessen die Stilfigur des Pars pro Toto ein: Es sind nur Bilder, Projektionen unserer selbst, „unsere Schatten", die auf dem Mond gelandet sind „und sich taumelnd bewegen" (V. 13). Sie tun dies mit einer Leichtigkeit, die nicht zu unserer Herkunft von der Erde mit ihren Anziehungskräften passt. Die „Last unserer Herkunft" kann nicht nur naturgesetzlich, sondern auch geschichtlich gedeutet werden: Am Ende des 20. Jahrhunderts blickt der Mensch voller Skepsis auf Fortschritte und Errungenschaften von Wissenschaft und Technik. Eine zunehmend selbstzerstörerische Naturbeherrschung sowie die Traumata zweier Weltkriege haben zum Verlust einer sicheren Welterfahrung geführt. Eine solche Last lässt sich auch in der Schwerelosigkeit des Weltraums nicht abschütteln.

2. Strophe
Erinnerung als zentrales Motiv

Einen Gewinn an Menschlichkeit und Lebensqualität hat uns die Ausweitung des Lebensraums also nicht gebracht. Diese Erkenntnis formuliert das **lyrische Ich in der Wir-Form** in der dritten Strophe ganz explizit: Die Eroberung des Mondes wird lediglich als Beispiel für menschliche Grenzüberschreitungen angeführt, die auf paradoxe Weise im Verlust jeglicher existenzieller Sicherheiten enden: „auch dort [d. i. auf den Mond] sind wir hingelangt/wie immer dorthin/wo Leben unmöglich ist". Diese Aussage deutet darauf hin, dass die als „Schatten" (V. 11) gezeichneten Bilder der Apollo-Astronauten als **Chiffren** des modernen Menschen und seines Verhältnisses zur Natur gedeutet werden können: Mit Erfindungsgeist und Energie treibt er Wissenschaft und Technik voran, dringt in immer neue Sphären vor, erobert fremde Räume und muss doch immer wieder erfahren, dass dort „Leben unmöglich ist". Die Endgültigkeit dieser Aussage zeigt sich darin, dass das **Verb im Präsens** steht, und sie lässt vermuten, dass dies auch einst für das Leben hier auf Erden gelten könnte.

3. Strophe
Verhältnis des modernen Menschen zur Natur

Von solchen Grenzüberschreitungen erzählen schon die alten Mythen und Märchen, bei denen die Helden gegen göttliche Gesetze verstoßen und dabei scheitern, wie z. B. Ikarus, der sich an der Sonne verbrennt. Am Ende jedoch wird dort die Ordnung der Natur, die Harmonie der Schöpfung wiederhergestellt. Kunerts Gedicht hingegen endet ohne diesen Trost. In der auf eine einzige Zeile reduzierten letzten Strophe zieht das lyrische Subjekt sein nihilistisches Fazit: „Gleichnisse ohne Erbarmen" (V. 19) erwarten uns Menschen, „wie immer" (V. 17), wenn wir unsere Grenzen überschreiten. Mit den Begriffen „Gleichnisse" und „Erbarmen" (vgl. die liturgische Formel „Herr, erbarme dich") erhält das Gedicht eine neue, eine religiöse Dimension. Diese ist jedoch nur noch in der **Negation**, im Abwesendsein erfahrbar. Auf „Erbarmen", laut Duden ein „von Herzen kommendes Mitgefühl, das zum Handeln bereit macht", darf der Mensch nirgends mehr hoffen. Die Eroberung lebensfeindlicher Gegenden im Himmel und auf Erden hat sich immer wieder als sinnloses Unterfangen erwiesen, das die großen Probleme der Menschheit hier auf der Erde nicht zu lösen vermag – so könnte man die pessimistische Botschaft des Gedichts zusammenfassen.

> Nihilistisches Fazit: „Gleichnisse ohne Erbarmen"

Um Himmel und Erde geht es auch in den poetischen Werken des romantischen Dichters Joseph von Eichendorff (1788–1857). Das berühmte, von Robert Schumann vertonte Gedicht „Mondnacht" (1837), das sicher auch der moderne Dichter Günter Kunert (*1929) kannte, zeigt eine vollkommene Harmonie zwischen Mensch und Natur, zwischen den Sphären des Himmels und der Erde. Dies spiegelt sich auch in der formalen Gestaltung des Gedichts: Die drei Strophen zu je vier Versen stehen im Kreuzreim mit einem Wechsel von weiblichen und männlichen Kadenzen und weisen ein alternierendes Metrum auf. Beim Lesen (oder Hören) entstehen sofort Bilder einer Frühlingsnacht, die vom silbernen Licht des Mondes erhellt und verzaubert wird. Natur und Mensch durchdringen sich, indem die Natur personifiziert wird (Himmel und Erde *küssen* sich, die Erde *träumt* vom Himmel, vgl. 1. Strophe) und der Mensch Attribute der Natur annimmt (*Flügel der Seele*, 3. Strophe).

> **Aufgabe 2**
> **Vergleich mit J. v. Eichendorff: Mondnacht**
> Kurze Darstellung von Inhalt, Form, Stimmung

In der ersten Strophe zeigt sich die romantische Verklärung der Naturwahrnehmung durch ein sich vollkommen zurücknehmendes lyrisches Subjekt, das im **Konjunktiv** spricht (vgl. „hätt" V. 1, „müsst", V. 4). Die wunderbare Vereinigung von Himmel und Erde erscheint also nicht als Realität, sondern als Wunschbild, als **Chiffre**, die über die sichtbare Wirklichkeit hinausweist.

> 1. Strophe
> Verklärung der Naturwahrnehmung

Aber das lyrische Subjekt ist auch ein genauer Beobachter realer Naturvorgänge. In der zweiten Strophe beschreibt es die nächtliche Landschaft, die mit zahlreichen **romantischen Motiven** ausgestattet wird: Felder, wogende Ähren, rauschende Wälder, sternklare Nacht. Harmonisch wie die Stimmung ist auch die **formale Gestaltung der Strophe**.

2. Strophe Beobachtung der Naturvorgänge, romantische Motive

Die dritte Strophe führt dem Leser die Wirkung dieser besonderen Stimmung auf das lyrische Ich vor Augen. Seine Seele, also der Teil des Menschen, der ihn mit Gott, der Schöpfung, dem Jenseits verbindet, ist betroffen. Es gelingt der Seele, die Erdenschwere zu überwinden und wie ein Vogel zu fliegen. Das **Bild der fliegenden Seele**, das in den ersten drei Versen entfaltet wird („spannte [...] Flügel aus", „[f]log"), erweist sich nämlich als weitere **Chiffre**, die ins Irreale hinausweist. Dementsprechend endet das Gedicht, wie es begonnen hat, im **Konjunktiv**: „Als flöge sie [die Seele] nach Haus." Der Seelenflug des lyrischen Ichs kann deshalb wohl als **symbolischer Ausdruck** für die Auferstehung nach dem Tod begriffen werden, in der der Mensch in seine eigentliche Heimat bei Gott zurückkehrt. Diese Sehnsucht nach einer Ferne, die zugleich Heimat ist, erlebt das lyrische Ich in der Mondnacht.

3. Strophe Entgrenzung, Symbolik des Seelenflugs

Mondnacht – ein Titel, zwei Gedichte, die unterschiedlicher nicht sein könnten: Bei Eichendorff Harmonie, Verschmelzung von Ich und Natur, gläubiges Staunen angesichts von Himmel und Erde, bei Kunert kalt-nüchterne Sachlichkeit, nihilistische Weltsicht, entzauberte Natur. Nicht nur das Verhältnis der Menschen zur Natur, auch die literarische Verarbeitung von Naturerfahrungen hat sich zwischen Romantik und Moderne grundlegend geändert.

Mondnacht – gemeinsamer Titel, gegensätzliche Aussagen

Im romantischen Gedicht *Mondnacht* von Joseph von Eichendorff wird die Welt poetisiert. Die Grenzen zwischen Himmel und Erde, Mensch und Natur, Traum und Realität werden durch das „Zauberwort" der Poesie aufgehoben. Dabei ist dem Dichter bewusst, dass Ideal und Wirklichkeit nicht übereinstimmen: Er spricht im Konjunktiv (vgl. V. 1 und 4: „hätt", „müsst"; V. 12: „flöge"), beschreibt die Natur aus der subjektiven Perspektive des eigenen Erlebens (vgl. Strophe 2), drückt seine Sehnsucht nach Ganzheit in irrealen Bildern und Chiffren aus – und glaubt doch an die göttliche Verheißung, die auch in der harmonischen Gestaltung des Gedichts erfahrbar wird.

Eichendorff: Poetisierung der Welt

Günter Kunerts Gedicht zeigt, dass der Mensch die Grenze zwischen Himmel und Erde längst ganz real überwunden hat, seit er das Weltall erreicht und den Mond betreten hat. Eine Entgrenzung im romantischen Sinn kann der Dichter nicht feststellen, ganz im

Kunert: Entzauberung der Welt

Gegenteil: Durch die Fortschritte der Weltraumforschung ist der Mond all seines Zaubers beraubt, auf seine materiellen Eigenschaften („[l]ebloser Klotz", V. 1, „[g]eborstenes Geröll", V. 10, „eisig[]", V. 2) reduziert worden. Das Prinzip der Reduktion findet sich auch in der Form des Gedichts, dem wichtige traditionelle Gestaltungsmittel fehlen (Reim, Metrum, regelmäßige Stropheneinteilung). Bilder, Chiffren und Symbole drücken eine negative Weltsicht aus.

In der **formalen Gestaltung** spiegeln sich die **konträren Welt- bzw. Mondbilder** wider. Eichendorffs Gedicht ist ebenso harmonisch und ausgewogen wie beschworene ungebrochene Einheit von Mensch und Natur. Kunert verzichtet dagegen auf jegliche metrische Anordnung, verweigert vollständige, syntaktisch korrekte Sätze, um sein Gedicht zu einem so zerklüfteten Gebilde zu machen, wie es der Mond für ihn ist.

<small>Inhaltlicher Unterschied spiegelt sich in Form</small>

In der Moderne ist die Vorstellung einer Harmonie zwischen Natur und Mensch, wie sie Eichendorff im Zeitalter der Romantik noch ersehnen konnte, zerstört. Fremdheit und Tod ersetzen Vertrautheit und Trost. Unmenschliche Regierungsformen haben ihre Spuren hinterlassen. Die Erfahrung der Schwerelosigkeit kann der moderne Mensch in Kunerts Gedicht nicht nutzen, um wie Eichendorffs lyrisches Ich ins Jenseits zu „fliegen", denn er lebt in einer Welt „ohne Erbarmen" und ohne Transzendenz. Das romantische Motiv der Mondnacht wird bei Kunert nur noch zitiert, um demaskiert zu werden.

<small>**Fazit**</small>

Deutsch (Hamburg) – Erhöhtes Anforderungsniveau
Abiturähnliche Übungsaufgabe 10

Aufgabenart
Erörterung pragmatischer Texte

Thema
Lesen

Text
Hannelore Schlaffer: *Setz einen Frosch auf einen Stuhl*

Teilaufgaben

1. Analysieren Sie, wie die Autorin ihre Position argumentativ entwickelt. Berücksichtigen Sie dabei auch ausgewählte sprachliche Mittel.
2. Erörtern Sie die Position der Autorin zur Bedeutung von Literatur und Lesen in der heutigen Gesellschaft.

Material:
Hannelore Schlaffer: Setz einen Frosch auf einen Stuhl

Man sollte sich nichts vormachen: Die große Literatur gehört nicht mehr zur Gegenwart

Es gilt als ausgemacht, dass das Vergnügen am Lesen abnimmt. Der Grund dafür liegt, so meint man, auf der Hand: es sind die digitalen Kommunikationsmittel – sie sollen es dahingebracht haben, dass heute, auf die Gesamtheit der Bevölkerung umgerechnet, mehr gelesen, mehr geschrieben wird denn je. Doch ist Internetnutzung
5 eine Handlung, die auf praktische und vorübergehende Wirkungen zielt – anders als das klassische Buch, das dauerhafte Erlebnisse und Gedächtnisstoffe überliefert. Deshalb lässt sich nicht eigentlich der Untergang des Lesens und Sich-Informierens durch Buchstaben beklagen, sondern das Erlöschen einer großen Liebe, der Liebe zum Buch, und mit ihm das Verschwinden einer Existenzform: der *vita contempla-*
10 *tiva*[1], in der das Buch ein Freund war.
    Seit gelesen wird, gehört die vergangene Literatur zur Leseübung; Lesen überhaupt gewinnt erst seine Autorität durch Namen, die seit Jahrhunderten gelten. Wenn heute akademische und pädagogische Projekte zur „Kompetenzmodellierung" erforschen, wie die „Kulturtechnik Lesen" am geschicktesten an Schüler und Studenten zu
15 vermitteln sei, bleibt deshalb, selbst wenn die Eleven[2] befähigt werden sollen, sich im Alltagsleben zu orientieren, das Lernziel am Ideal eines solch kontemplativen Le-

sens ausgerichtet. Die Anstrengung, die Lesekompetenz zu schulen, übersieht aber, dass Lesen noch nie nur eine „Kompetenz" war, sondern ein Lebensstil, der in einer spezifischen Umgebung gedeiht. Das Ambiente jedoch, in dem ausdauerndes und emphatisches Lesen entstehen konnte, war längst im Wandel begriffen, ehe der Siegeszug der Neuen Medien einsetzte.

Während sich in der Pisa-Studie mangelnde Lesekompetenz an Beipackzetteln für Medikamente erweist, bemerken Professoren der geisteswissenschaftlichen Fächer eine tiefergehende Unlust zu lesen an ihren Studenten. Schon 1994 beklagte der amerikanische Dozent und Essayist Sven Birkerts in seinem Buch Gutenberg-Elegien seine Misserfolge, Studenten Werke der vergangenen Literatur zugänglich zu machen. „Es war, als seien noch die letzten Lebensgeister aus ihnen herausgepumpt", nicht einmal mehr zum Widerstand gegen die Lektüre hätten sie sich aufraffen können, nur „schlechtgelaunte Apathie" sei ihm entgegengeschlagen. Birkerts und alle seine Kollegen von einst und heute erproben ihre Verführungskünste an jungen Leuten, von denen nur wenige noch von zu Hause aus mit klassischen Werken bekannt gemacht werden.

In der bewegungs- und reiselustigen Gesellschaft von heute bleibt wenig Muße zum Umgang mit diesem altmodischen und zeitraubenden Objekt. Zudem schleusen Eltern ihre Kinder, in der Angst, eine geniale Anlage unentdeckt zu lassen, durch ein Erziehungsprogramm, das sie mit allen Sparten von Sport und Kunst in Berührung bringt, dies überförderte Wesen aber am wenigsten ans Lesen erinnert.

Das Buch tritt daher viel bescheidener auf als früher, als man ihm noch ansehen konnte, dass Lesen Luxus ist. Wo wären die gepunzten[3] Ledereinbände, auf deren Rücken sich die Autoren durch goldgeprägte Namen als Autorität zu erkennen geben? Sartres[4] Großvater liebte das „Knacken" der stramm gebundenen und fadengehefteten Bände, und sein Enkel „hörte" das Buch, ehe er lesen konnte. Er nahm die Bände, „roch daran, betastete sie, öffnete sie nachlässig und ließ sie knacken". Ein solches sinnliches Erlebnis, das Auge, Hand, Nase beschäftigt, verspricht die Stapelware in heutigen Buchhandlungen nicht mehr. Die Pappbände, alle mit einem Cover im selben Stil, zeichnen sich durch keine Individualität aus, für die man sie „körperlich" lieben könnte.

[...]

Man muss den „Muttermund" nicht so doppeldeutig verstehen wie der Kulturwissenschaftler Friedrich Kittler in seinen „Aufschreibesystemen" (1985), um zu begreifen, wie prägend die mündliche Erzählung der Mutter ist. Die Märchen-CDs, die eilige Berufstätige ans Bett des Kindes stellen, können diese leibliche Erfahrung von Literatur nicht ersetzen. Früher verkörperte sich die Neigung zum Buch meist in einer Person aus der Kindheit, sei diese ein lesendes Vorbild oder ein strenger Vater, der die Bücher unter Verschluss hielt, so dass sich die Leidenschaft fürs Buch gerade aus dem Verbot zu lesen entwickelte. Leselust gedeiht in klausnerischer[5] Einsamkeit entweder als Akt der Verehrung oder des Aufstandes. Dass sich jugendlicher Mut mit dem Lesen verbände, ist undenkbar in einer Zeit, in der Bücher Allerweltsgeschenke sind, die mit pädagogischer Aufdringlichkeit überreicht werden.

Es besteht ein Zusammenhang zwischen der heutigen Einstellung zum Buch und jener zum Alter. Ein Großvater, der die Fingerfertigkeit seines Enkels auf dem PC bestaunt, verbürgt ihm nicht die ewige Gültigkeit der Lektüre von Goethe und Schiller, und der junge Mann in der S-Bahn, der den Alten auf wackeligen Beinen stehen lässt, weil er ihn beschäme, wenn er ihm seinen Platz anböte, kann an die Autorität von Alter und Vergangenheit nicht glauben. Nun war es aber nicht nur die bürgerliche Familie, die ihre Kinder auf die Lektüre klassischer Werke vorbereitete. Für die Gesellschaft, die sich zur „besseren" erklärte, war Lektüre ein Mittel der Distinktion[6]. Die Kenntnis der großen Autoren bewies die eigene Zugehörigkeit zu einer großen Tradition. Auf Denkmäler gehoben, waren zudem die Dichter in den Städten als Bürger von einst gegenwärtig. Freundeskreise bildeten sich, von Klopstock[7] bis Joyce[8], um Dichternamen. In seinem Buch „Muttersohn" (2011) stattet Martin Walser den Helden Arno mit Verehrung für Arno Schmidt aus, dem letzten wohl, zu dem eine lesende Jugend sich bekannte: „Arno Schmidt war für ihn ein Ausdrucksmittel. Was er selbst sagen wollte, aber nicht sagen konnte, sagte er mit Arno Schmidt."

Wenn gleich auf nicht ganz so emphatische Weise wie in den Kreisen literaturbegeisterter Jünglinge verband das Dichterwort die Gesellschaft. Das klassische Zitat, Erbe des Bibelwortes, war das Sprichwort der Gebildeten, es gehörte in jede Festrede, zu jedem Geburtstag, in jeden Stammtischwitz und in jede gelehrte Vorlesung. Von seiner Mutter berichtet Ernst Jünger[9]: „Sie kannte den Faust auswendig und konnte ein Gespräch mit Zitaten bestreiten – was damals nicht selten war." „Geflügelte Worte" nannte 1864 Georg Büchmann den Zitatenschatz, mit dessen Hilfe sich die Sprache aus der Banalität des Alltags erhob.

Es gehört zum Stil der heutigen demokratischen Gesellschaft, Reichtum, und sei es den Reichtum der Bildung, nicht zur Schau zu stellen. Wenn der Großvater nicht mehr vom „weisen Salomo" oder „langen Laban" spricht, die Braut nicht in „Paradiesesbetten" schlummert, die Schülerin sich am Morgen nicht mit „Johanna geht, und nimmer kehrt sie wieder" verabschiedet und ihren Klassenkameradinnen kein Poesiealbum herumreicht, in das sich die Freundinnen mit frommen oder poetischen Sprüchen verewigen sollen, dann hat auch der „Zitatencrösus" nicht mit einem Epigramm Wilhelm Müllers zu protzen und seine Mitmenschen abzuwerten: „Setz einen Frosch auf einen weißen Stuhl/Er hüpft doch wieder in den schwarzen Pfuhl." Das Zitat diente eben nicht nur dem Schmuck der Rede, es fasste Erfahrungen in gedrängte Kürze, zeichnete aus und fällte Urteile. Das Zutrauen zu prägnant formulierten Lebensregeln aber ist geschwunden in einer Gesellschaft, die sich unentwegt neuen Technologien und Verhaltensweisen anpassen muss. […]

Aus: Süddeutsche Zeitung vom 10. Mai 2012

1 vita contemplativa (lat.): das dem Nachdenken und Überlegen gewidmete Leben, im Gegensatz zur vita activa
2 Eleven (lat.-frz.): Schüler
3 gepunzt: geprägt
4 Jean Paul Sarte (1905–1980): französischer Philosoph und Schriftsteller
5 Klausner: Einsiedler
6 Distinktion: Auszeichnung, Abgrenzung
7 Friedrich Gottlieb Klopstock (1774–1803): deutscher Dichter, Vertreter der Empfindsamkeit
8 James Joyce (1882–1941): irischer Schriftsteller
9 Ernst Jünger (1895–1998): deutscher Schriftsteller

Hinweise und Tipps

*In der **ersten Teilaufgabe** sollen Sie einen **pragmatischen Text analysieren**. Dabei werden Sie explizit dazu aufgefordert, die **argumentative Struktur** des Artikels und seine **sprachliche Gestaltung** zu berücksichtigen. Es empfiehlt sich also, den Text abschnittsweise durchzugehen und ihn sowohl inhaltlich als auch sprachlich zu durchdringen. Stellen Sie dar, wie die Verfasserin ihre Argumentation entfaltet und welche Intention sie damit verfolgt. Verwendete **sprachliche Gestaltungsmittel** sollten Sie nie nur nennen, sondern immer in ihrer **Funktion** deuten und erklären. So gelingt Ihnen eine nachvollziehbare Analyse und Gesamtdeutung des Artikels. Diese bildet die Grundlage für Ihre **Erörterung**, die die **zweite Teilaufgabe** von Ihnen verlangt. Sie sollen die Position der Autorin bezüglich der **Bedeutung von Lesen und Literatur** in der heutigen Gesellschaft untersuchen. Finden Sie dafür sowohl Gesichtspunkte, die die Sichtweise der Verfasserin stützen, als auch Aspekte, die Ihre Meinung widerlegen. Seien Sie dabei **kritisch** und nehmen Sie den Artikel hinsichtlich seines Inhalts und seines argumentativen Aufbaus genau unter die Lupe. Am Ende können Sie Ihren Aufsatz mit einem zusammenfassenden **Fazit** abschließen.*

Lösungsvorschlag

Der Essay „Setz einen Frosch auf einen Stuhl" von Hannelore Schlaffer ist 2012 in der Süddeutschen Zeitung erschienen. Die Autorin setzt sich darin mit der Frage auseinander, welche Bedeutung der Literatur in unserer Zeit zukommt. Sie gelangt zu dem Schluss, dass das Lesen von **Literatur** in der heutigen Gesellschaft im Grunde nur noch einen **marginalen Stellenwert** hat. Aus ihrer Sicht erklärt sich dies durch den gesellschaftlichen Wandel.	Teilaufgabe 1 Einleitung Autor Titel Textart Thema
Ausgangspunkt ihrer Überlegungen ist dabei die allgemeine Überzeugung, dass die Freude am Lesen abgenommen habe. Schlaffer differenziert hier zunächst, indem sie betont, dass im Zuge der Nutzung der neuen Medien letztlich „mehr gelesen, mehr geschrieben wird denn je" (Z. 4). Doch bestehe ein zentraler Unterschied zwischen dieser Art des Lesens und dem literarischen Lesen, bei dem es nicht um das Lesen zu Zwecken der Informationsverarbeitung gehe, sondern um die „**Liebe zum Buch**" (Z. 9), also zur Literatur, und damit zugleich – so Schlaffer – um eine **Lebenshaltung**, einen Lebensstil, die „vita contemplativa" (Z. 10).	chronologische Analyse
Schlaffer stellt so einen Gegensatz auf zwischen praxisorientiertem, zweckgebundenem Lesen einerseits und dem literarischen Lesen zur persönlichen Erbauung andererseits, wobei sie dem Lesen von Literatur eindeutig den Vorrang einräumt. Erst durch dieses „ausdauernde und emphatische Lesen" (Z. 21 f.) exemplarischer Werke der literarischen Tradition erhalte das Lesen „Autorität" (Z. 13).	zweckgebundenes vs. literarisches Lesen

Demgegenüber werden der Begriff der „Lesekompetenz" sowie die damit verbundenen Vorstellungen vom Lesen von Schlaffer abgewertet und lächerlich gemacht, wenn sie beispielsweise anführt, dass die Lesekompetenz im Rahmen der Pisa-Studie am Lesen von „Beipackzetteln für Medikamente" (Z. 24 f.) nachgewiesen wurde. *Abwertung*

Dass die Lust am Lesen allgemein abnehme, ist laut Schlaffer schon seit Längerem beobachtbar. Als Beleg dafür führt sie ein Zitat eines amerikanischen Dozenten an, der sich schon 1994 über die mangelnde Lesemotivation seiner Studenten beklagte (Z. 26 ff.). *mangelnde Lesemotivation / Autoritätsargument*

Schlaffer erklärt die Resistenz der Studenten gegenüber den „Verführungskünsten[n]" (Z. 33) der Literaturwissenschaftler durch das **gesellschaftliche Umfeld**, in dem sie aufwachsen und in dem die Begegnung mit „klassischen Werken" (Z. 34) nicht mehr stattfinde. *Veränderungen im gesellschaftlichen Umfeld*

Ein zentraler Grund ist dabei aus Sicht der Verfasserin, dass es **an „Muße" fehlt**. Da in der „bewegungs- und reiselustigen Gesellschaft von heute" (Z. 36) Zeit ein wertvolles Gut ist, muss eine zeitintensive Tätigkeit wie das Lesen fast als Anachronismus erscheinen. Ironisierend wird das Buch deshalb als „altmodisch" und „zeitraubend" bezeichnet (Z. 37).

Dass dies aus ihrer Sicht eine Fehlentwicklung ist, verdeutlicht sie durch die ironische Kommentierung der Erziehungsbemühungen von Eltern, die in ihrem übertriebenen Ehrgeiz ihre Kinder möglichst früh in vielfacher Hinsicht zu fördern suchen und diese dabei so überfordern und verplanen, dass für das Lesen kein Raum mehr bleibt. *Ironie*

Im Gegensatz zu diesem Getriebensein stellt die Autorin das Lesen als Luxus dar. Sie veranschaulicht dies durch ein Zitat des französischen Philosophen Sartre, der sich daran erinnert, wie sein Großvater bereits das Anfassen und Öffnen eines Buches als Genuss empfunden habe, und sie konfrontiert dieses „sinnliche Erlebnis", das mit der Lektüre eines aufwändig eingebundenen Buches verbunden sei, mit der Präsentation von Büchern als „Stapelware in heutigen Buchhandlungen" (Z. 48 ff.). Das **Buch** erscheint in ihrer Darstellung geradezu **als lebendiges Wesen**, wenn Schlaffer mit erkennbarem Bedauern feststellt, dass es diesen „Pappbände[n]" an „Individualität" fehle und man sie deshalb nicht „körperlich" lieben könne (Z. 50 f.). *Lesen als Luxus / Veranschaulichung / Personifizierung*

Diesen Verlust von „leibliche[r] Erfahrung von Literatur" (Z. 57) beklagt Schlaffer auch in anderer Hinsicht. So prangert sie an, dass das Lesen seinen **Platz im Familienleben verloren** habe. Kindern werde häufig nicht mehr von den Eltern vorgelesen, sondern sie *Lesesozialisation* würden stattdessen Märchen-CDs hören, ein lesendes Vorbild fehle in der Regel. Auch diesen Wandel bringt Schlaffer mit der Hektik und Schnelllebigkeit der heutigen Gesellschaft in Verbindung, wenn sie von den „eilige[n] Berufstätige[n]" spricht (Z. 56). Die Ernsthaftigkeit des Lesens, die **prägende und persönlichkeitsbildende Erfahrung** der Auseinandersetzung mit Literatur werde von Kindern nicht mehr erlebt, Bücher seien nur mehr „Allerweltsgeschenke […], die mit pädagogischer Aufdringlichkeit überreicht werden" (Z. 63 f.).

Für Schlaffer ist der veränderte Stellenwert des Lesens letztlich auch durch einen gesellschaftlichen Wertewandel begründet, nämlich den **Verlust der „Autorität von Alter und Vergangenheit"** (Z. 70). Dies verdeutlicht sie durch eine Analogie: So wie auch dem Alter letztlich kein Respekt mehr erwiesen werde, da es vor allem mit dem Nachlassen geistiger und körperlicher Fähigkeiten in Verbindung gebracht werde, werde auch das Buch als Zeugnis der Vergangenheit nicht mehr geachtet.
Wertewandel

Analogie

Dass diese Entwicklung sich nicht nur auf die bürgerliche Familie beschränkt, sondern ein **gesellschaftliches Phänomen** ist, verdeutlicht Schlaffer im nächsten Absatz.

So sei Lektüre in den gehobenen Kreisen stets „**Mittel der Distinktion**" gewesen, indem man durch die Kenntnis bedeutender Autoren und Werke seine „Zugehörigkeit zu einer großen Tradition" bewiesen habe (Z. 74). Diese, so betont Schlaffer, sei zudem ganz anders im Alltag verankert gewesen. Als Beispiele dafür führt sie die Denkmäler an, die für Dichter errichtet wurden, die Freundeskreise, die sich aufgrund der gemeinsamen Begeisterung für einen bestimmten Dichter zusammenfanden, vor allem aber die Allgegenwärtigkeit der Literatur in Form klassischer Zitate. Deren Kenntnis sei selbstverständlich gewesen, da diese als „Sprichwort der Gebildeten" (Z. 84) in Reden, Vorlesungen, aber auch in Witzen stets präsent gewesen seien. Sie belegt dies durch ein Zitat des Schriftstellers Ernst Jünger, der sich daran erinnert, dass seine Mutter den „Faust" auswendig kannte und sogar ein ganzes Gespräch mit Zitaten bestreiten konnte. Schlaffers Bedauern darüber, dass dies heute äußerst unüblich ist, wird deutlich, als sie anmerkt, dass die Sprache sich mittels literarischer Zitate „aus der Banalität des Alltags" habe erheben können (Z. 89 f.).
Stellenwert der Literatur in früheren Zeiten

Beispiele

Autoritätszitat

Die Autorin sieht eindeutig einen Zusammenhang zwischen den heutigen gesellschaftlichen Bedingungen und dem Verlust der Bedeutung von Literaturkenntnis. So gehöre es nicht zum Stil einer demokratischen Gesellschaft, „Reichtum, und sei es Reichtum der
gesellschaftlicher Wandel und Bedeutungsverlust der Literatur

Bildung [...] zur Schau zu stellen" (Z. 91 f.). Zudem erfordere die **Schnelligkeit des gesellschaftlichen Wandels** ein Maß an Flexibilität und Anpassungsfähigkeit der Menschen, sodass solche „prägnant formulierten Lebensregeln", wie sie Zitate häufig darstellen, nicht mehr als Orientierungshilfe empfunden würden (Z. 102 f.).

Doch geht damit aus ihrer Sicht auch eine Form der **Verarmung** einher, indem die literarische Tradition in Vergessenheit gerät. Schlaffer verdeutlicht dies virtuos durch eine Reihe von **Bibelworten** und **Zitaten** aus der Literatur, mit denen Alltagssituationen kommentiert werden können. Damit stellt die Autorin nicht nur ihre eigene Literaturkenntnis unter Beweis, sondern wendet sich an ihre gebildete Leserschaft, mit der sie sich letztlich – bei allem rationalen Verständnis für die veränderte gesellschaftliche Situation – einig weiß, wenn sie das schon in der Überschrift zitierte Epigramm Wilhelm Müllers anführt, das den ungehobelten und ungebildeten Mitmenschen abwertet: „Setz einen Frosch auf einen wießen Stuhl/Er hüpft doch wieder in den schwarzen Pfuhl." (Z. 99 f.) | Adressatenorientierung

So erklärt die Autorin den Verlust der Lesefreude und die schwindende Bedeutung von Literatur zwar einerseits als mehr oder minder unvermeidliche Begleiterscheinung des gesellschaftlichen Wandels, zugleich lässt sie aber auch durchscheinen, dass für sie selbst – und wohl auch für die Leserschaft, an die sie sich als Feuilletonautorin der Süddeutschen Zeitung richtet – Bildung durchaus noch immer ein Mittel der Distinktion ist. | Intention der Autorin

Welchen Stellenwert hat das Lesen von Literatur in der heutigen Gesellschaft?
Mit dieser Frage befasst sich Hannelore Schlaffer in ihrem Essay „Setz einen Frosch auf einen weißen Stuhl" und zieht eine ernüchternde Bilanz: Die „große Literatur" habe ihren Platz in der Gesellschaft verloren, unwiderruflich, wie es scheint. Der Gedankengang, den die Autorin entwickelt, ist klar und stringent. Die gesellschaftlichen Rahmenbedingungen haben sich geändert, es mangelt in unserer hektischen und schnelllebigen Zeit an Muße für das Lesen. So fehlt schon in der Kindheit die wichtige Einführung in die Welt der Literatur durch die Eltern. Diese sind viel zu beschäftigt mit beruflichen Pflichten, zu getrieben von ihren Ansprüchen an sich selbst und an ihre Kinder, als dass sie sich den Luxus gönnen könnten, einfach nur ein Buch zu lesen, ganz ohne erklärten Sinn und Zweck. Die Folge ist eine Gesellschaft, die den Anschluss an ihre eigene kulturelle Tradition verliert – letztlich eine **verarmte, von Zweckrationalismus und Pragmatismus geprägte Gesellschaft.** | **Teilaufgabe 2 Einleitung** Bezugstext Erörterungsfrage Position der Autorin

Dies, so Schlaffer, war „früher" einmal völlig anders: Da waren die Dichter und Denker sowie ihre geflügelten Worte allgegenwärtig und gaben den Menschen Geleit durch alle Wirren des Lebens – Menschen, die offenbar problemlos dem Luxus des Lesens frönen und sich an kostspielig eingebundenen Büchern erfreuen konnten.

Da stutzt der geneigte Leser und wüsste gern genauer, von **welcher Zeit** und **welchen Menschen** hier die Rede ist. Wen hat Schlaffer vor Augen?

<aside>kritische Überprüfung der Argumentation</aside>

Es ist, wie sie selbst anführt, die „bessere" Gesellschaft, für die Belesenheit zum Mittel der Distinktion, also der Abgrenzung – vor allem wohl nach unten! – diente. Das von der Autorin gezeichnete Familien- und Bildungsideal lässt sich recht passgenau dem **gehobenen Bürgertum des 19. Jahrhunderts** zuordnen. So muss also zunächst einschränkend angemerkt werden, dass die von der Autorin dargestellte Wertschätzung der Literatur in der Vergangenheit sich letztlich nur auf einen bestimmten Ausschnitt der Gesellschaft beschränkte. Wer wäre so naiv zu glauben, dass auch die Köchin, die Näherin und die Waschfrau zu Hause ihre Kinder mit den klassischen Werken vertraut gemacht hätten? Ihnen wird es an Muße gemangelt haben, sich diesen Luxus zu gönnen – ganz abgesehen von den beschränkten Möglichkeiten für Angehörige unterer Schichten, überhaupt Zugang zu Bildung zu bekommen.

<aside>1. verallgemeinernde Darstellung</aside>

Interessant ist weiterhin, welche Art von Literatur hier laut der Autorin in aller Munde war. Natürlich ist von Goethes „Faust" die Rede, zuverlässig wird auch Schiller angeführt – alles Weitere wäre dann offenbar in Büchmanns Zitatenschatz nachzulesen. Wenn Schlaffer also vom „klassischen" Zitat spricht, welches das Sprichwort des Gebildeten gewesen sei, dann kann man dies auch einigermaßen wörtlich nehmen: Abgesehen von der Bibel sind es vor allem die **Werke der Klassik**, deren Kenntnis gesellschaftlich anerkannt war – Autoren wie Lenz, Büchner oder Heine wurden vermutlich weniger gern zitiert. Hier liegt also ein **recht enges Verständnis von Literatur** vor.

<aside>2. verengter Literaturbegriff</aside>

Und da gerade von Verständnis die Rede ist: Welche Art von Literaturverständnis wird eigentlich präsentiert, wenn schon der Stammtischwitz mit einem Goethezitat aus der „Banalität des Alltags" gehoben wird? Als wie profund ist die Belesenheit der besseren (!) Gesellschaft einzuschätzen, wenn im Zweifelsfall das passende Zitat im Handbuch der „Geflügelten Worte" rasch zu finden ist? Tatsächlich ist diese Art von Literaturkenntnis, die da zur Schau gestellt wird, doch nicht als „Reichtum der Bildung" zu verstehen. Es ist nicht mehr als ein Deckmäntelchen, unter dem sich die Bor-

<aside>3. oberflächliches Literaturverständnis</aside>

niertheit und **Selbstzufriedenheit** derer verbirgt, die eben durch Geburt das Glück hatten, dazuzugehören und privilegiert zu sein.

Ob das die Funktion ist, die Literatur in der Gesellschaft zukommen sollte, darf stark bezweifelt werden. Hier liegt doch eher ein Missbrauch von Werken vor, die eigentlich zur Selbsterkenntnis, zur Persönlichkeitsbildung, zur kritischen Reflexion bestehender Verhältnisse anregen sollten – und nicht zur Selbstvergewisserung und zur **Ausgrenzung und Abwehr anders denkender oder sozial benachteiligter Menschen**.

Überleitung: Entwicklung einer Gegenposition

Wenn also heute diese Art von floskelhaftem Zitatengebrauch aus dem Alltag verschwunden ist, so muss das sicherlich nicht als Verarmung gesehen werden. Wie die Autorin selbst anmerkt, hat ein gesellschaftlicher Wandel stattgefunden. Mit den Grundsätzen einer **demokratischen Gesellschaft**, in der alle Menschen gleichberechtigt sind, ist eine Form der „Distinktion", die etwa im Bildungsbürgertum des 19. Jahrhunderts als selbstverständlich und unabdingbar empfunden wurde, nicht mehr vereinbar.

1. gesellschaftlicher Wandel

Stattdessen gilt es noch einmal, die Bedeutung von Literatur und Lesen in unserer Gesellschaft kritisch zu reflektieren.

Wir leben in einer Gesellschaft, in der **so viele Menschen Zugang zu Bildung** haben **wie nie zuvor**. Zumindest vom Grundsatz her stehen jedem Einzelnen alle Möglichkeiten offen, den Bildungsgrad bzw. den Beruf seiner Wahl anzustreben und seine persönlichen Lebensziele zu verwirklichen. Das Abitur und die akademische Bildung sind längst nicht mehr das Privileg einiger weniger – mehr als 30 Prozent aller Schülerinnen und Schüler schließen ihre Schullaufbahn mit dem Abitur ab und können ein Studium aufnehmen. Das bedeutet in der Folge natürlich auch, dass auf vielen gehobenen Posten und in zahlreichen akademischen Berufen jetzt Menschen arbeiten, die keinen bildungsbürgerlichen Hintergrund haben und deren Zugang zu Literatur tatsächlich von Kindheit an ein anderer war als der, den die Autorin als Idealbild entwirft.

2. allgemeines Recht auf Bildung

Doch bedeutet das ja nicht, dass nicht mehr gelesen wird. Im Gegenteil: Der **Buchmarkt boomt**. Jährlich erscheinen unzählige Titel, und auch der Trend zum E-Book lässt sich wohl kaum so deuten, dass das Buch gestorben ist. Nun werden zugegebenermaßen vergleichsweise wenige Menschen in ihrer Freizeit Goethe und Schiller lesen. Muss das aber zwangsläufig heißen, dass diesen Menschen Literatur nichts mehr bedeutet? Sind sie als „Frösche" abzuurteilen, denen es an Bildung mangelt? Oder ist hier nicht das konservative, elitäre Bildungsverständnis kritisch zu hinterfragen, das in den Ausführungen der Autorin durchscheint?

3. Kritik am konservativen Bildungsverständnis

Die *vita contemplativa*, deren Verschwinden Frau Schlaffer beklagt, war stets nur das Privileg einiger weniger, die meisten Menschen gehörten und gehören tatsächlich zu den eiligen Berufstätigen. Man könnte deshalb das Erziehungsverhalten der Eltern, die bei der Autorin so in der Kritik stehen, auch positiv bewerten: Wie schön, dass diese trotz aller Belastungen dafür Sorge tragen, dass ihre Kinder bestmöglichst ausgebildet werden und ihren Platz einnehmen können in einer Gesellschaft, in der dank der digitalen Kommunikationsmittel mehr gelesen und mehr geschrieben wird denn je.

Zusammenfassung
Neubewertung der von der Autorin kritisierten Aspekte

Deutsch (Hamburg) – Erhöhtes Anforderungsniveau
Abiturähnliche Übungsaufgabe 11

Aufgabenart
Erörterung pragmatischer Texte

Thema
Sprache

Text
Jens Jessen: *Die verkaufte Sprache*

Teilaufgaben

1. Analysieren Sie den Text. Zeigen Sie dabei die Einstellung des Autors zur Übernahme von Anglizismen auf und analysieren Sie die wesentlichen sprachlichen Mittel, mit denen er sie zum Ausdruck bringt.
2. Erörtern Sie ausgehend von Ihren Ergebnissen, ob Anglizismen in der deutschen Sprache bekämpft werden sollten.

Jens Jessen
Die verkaufte Sprache

Aus dem Kreis der Weltsprachen ist das Deutsche schon verschwunden. Nun wird es auch in seiner Heimat zum Sanierungsfall.

Es gibt einen Typus des übellaunigen, heimattümelnden Sprachschützers, dem man nicht im Dunklen begegnen möchte. Aber es gibt auch Gründe, im hellen Mittagslicht der aufgeklärten Vernunft Sorge um den Bestand der deutschen Sprache zu empfinden. Warum ist auf Bahnhöfen kein Schalter für Auskünfte, sondern ein Service Point? Was hat der englische Genitiv-Apostroph in Susi's Häkelstudio zu suchen? Welcher Teufel trieb eine deutsche Wissenschaftsministerin zu einer Kampagne mit dem Motto „Brain up", was weder auf Deutsch noch auf Englisch Sinn ergibt?
Die Überflutung mit englischen Wendungen ist nur ein, wahrscheinlich der kleinste Teil des Problems. Der größere Teil besteht in ihrer kenntnislosen Aneignung zu dekorativen Zwecken. Viel spricht dafür, den Geist einer aufschneiderischen Werbung dabei am Werk zu sehen. Die deutsche Bahn will sich nicht nur technisch modernisieren; sie will auch modern wirken. Dass ihre sprachliche Modernisierung ein fake ist (um ein gutes englisches Wort zu verwenden), scheint ihr egal zu sein. Ähnliches gilt für ihre Neigung, jede Neuigkeit à tout prix[1] kommunizieren zu müssen, anstatt sie einfach mitzuteilen.

Der Ausdruck à tout prix ist übrigens aus einer älteren Epoche überkommen. Den Import von französischen Wendungen des 18. Jahrhunderts hat das Deutsche allerdings gut überstanden. Die meisten Ausdrücke sind wieder verschwunden; die übrigen haben sich bis zur Unkenntlichkeit in den Wurzelbestand des Deutschen eingemoost. Von der erfolgreichen Anverwandlung zeugt sogar die Wortbildung: Die Endung -ieren, die ursprünglich dazu diente, französische Verben einzudeutschen (parlieren), wurde bald auch zu Neubildungen mit deutschen Wortstämmen benutzt (spintisieren, verlustieren).

Um sprachschützerische Einfalt von berechtigter Sorge zu trennen, muss man sich klarmachen, dass Deutsch seit Langem eine Hybridsprache ist, die nicht nur Fluten fremder Wörter aufgenommen hat, sondern auch in ihrer Grammatik mehrfach überformt wurde. Den Anfang machten Mönche des Mittelalters, die zahllose Lehnbildungen nach lateinischem Vorbild prägten – berühmtes Beispiel ist die Neubildung Gewissen nach lateinisch conscientia. Den zweiten Schub besorgten Humanismus und Reformation, als die Syntax dem Lateinischen anverwandelt wurde. Man vergleiche die einfachen Satzmuster des Mittelhochdeutschen mit dem Frühneuhochdeutschen, erst recht aber mit dem barocken Deutsch, in dem die Hypotaxen, die Partizipialkonstruktionen und Verschachtelungen geradezu explodieren. Die Sprache eines Kleist oder Hegel wäre ohne diese syntaktische Überfremdung nicht denkbar.

Daraus folgt freilich keine Entwarnung für die Gegenwart. Denn die früheren Übernahmen haben das Deutsche komplexer, reicher, intellektueller und expressiver, philosophischer und dichterischer, auch wissenschaftsfähiger gemacht. Unter dem Einfluss des globalisierten Englisch aber vollzieht sich eine geradezu atemberaubende Simplifizierung. Die englischen oder pseudoenglischen Ausdrücke kommen nämlich nicht einfach hinzu, sie ersetzen auch nicht nur deutsche Wörter, was schlimmstenfalls überflüssig wäre. Sie verdrängen vielmehr die natürliche Wortbildung des Deutschen, die keinerlei Schwierigkeiten mit Neologismen hätte, weil sie mit ihrer Leichtigkeit der Wortzusammensetzung sonst nur im Altgriechischen einen Vergleich hat.

Es scheint aber, dass die Eigenarten des Deutschen inzwischen selbst zum Ärgernis geworden sind, vielleicht schon als Standortrisiko gelten. Das Hauptärgernis lässt sich freilich nur schlecht leugnen. Es gibt, mit Schweiz, Österreich und Südtirol, kaum 100 Millionen Sprecher des Deutschen. Das Englische, jedenfalls in seiner globalisiert heruntergekommenen Spielart, wird dagegen auf der ganzen Welt verstanden. Es hat daher seine Logik, wenn sich der Gebrauch des Deutschen aus der Wissenschaft zurückzieht, die auf weltweiten Austausch angewiesen ist. Aber muss deshalb neu gegründeten Universitäten in Deutschland gleich das Englische als Unterrichtssprache aufgezwungen werden? Manches spricht dafür, dass hier nicht internationale Konkurrenz, sondern ein Zeitgeistopportunismus am Werk ist, der das Deutsche wie eine überholte Technologie ablegen will. Denn es sind ja nicht Amerikaner, die uns ihre Wörter aufzwingen. Es sind Deutsche, die in ihrer Bewunderung für alles Amerikanische mit der transatlantischen Praxis zugleich die Begriffe dafür mitbringen – wie Geschenke, die glitzernd verpackt werden müssen, damit ihrem dürftigen Inhalt Respekt gezollt werde.

Es lohnt sich, bei der Psychologie des Sprachimporteurs zu verweilen. Es ist nicht deutscher Selbsthass, der ihn antreibt, wie manche Sprachschützer meinen. Der Sprachimporteur ist vor allem ein Marketingexperte in eigener Sache. Er will angeben mit der frisch erworbenen Kenntnis, er kehrt ins verschnarchte Dorf seines Ursprungs zurück und brilliert dort im Glanze seiner Glasperlen, die er den zurückgebliebenen Landsleuten andrehen will. Die Undeutlichkeit und die Euphemismen des Business-Englisch sind kein Mangel, sie sind die Voraussetzung des betrügerischen Tuns. So werden dem Trainee (deutsch: Lehrling) die Karriere-Optionen eröffnet (deutsch: Hoffnungen gemacht), zum Asset Manager (deutsch: Kaffeekocher) aufzusteigen. Unvergessen ist der Bertelsmann-Chef Thomas Middelhoff, dessen Lieblingsmotto „Speed, speed, speed" lautete und der selbst im internen Schriftverkehr seine leitenden Angestellten anwies, englisch zu schreiben.

Es ist nicht so, dass überpersönliche Mächte für den Unfug verantwortlich wären. Es sind identifizierbare Sprecher, die der Sprache Gewalt antun, und nur selten unterläuft es ihnen. In den allermeisten Fällen ist, was uns ärgert, auch beabsichtigt. Der Business-Schwafler will uns ein X für ein U vormachen. Der Vergleich mit den Glasperlen ist nicht zufällig gewählt. Der Sprachimporteur handelt mit Waren, die in ihrem Herkunftsland bereits als wertlos gelten. Über die Ausdrucksweise der PowerPoint-Präsentationen wird in den USA längst gespottet.

Der Geist eines ridikülen Marketings, der in der Managersprache steckt, will Exklusivität, die elitäre Anmutung eines arkanen[2] Wissensvorsprungs. Den Zweck der Ausschließung teilt sie mit der Jugendsprache, der es seit alters darum geht, sich von der Erwachsenenwelt abzuschotten. Töricht wäre es, sich über Kürzel aufzuregen, die von den Eltern nicht verstanden werden – denn das ist ihr Sinn. Es fragt sich allerdings, was von Geschäftsleuten zu halten ist, die sich wie Kinder gebärden, die Erwachsene verblüffen und ärgern wollen.

Es liegt bei uns, die Antwort zu formulieren. Es liegt in der Macht jeden einzelnen Sprechers, die Zukunft des Deutschen zu gestalten. Das unterscheidet marodes Deutsch etwa von einem maroden Kernkraftwerk, das nur Experten reparieren können. Das Deutsche wird nicht sterben, es sei denn, die Deutschen wollen es. Es sei denn, sie kapitulieren vor der Werbung, vor der Geschäftssprache, vor dem kollektiven Hass auf alles Komplizierte, den die Medien nähren. Aber selbst wenn das Deutsche stürbe – es würde als tote Sprache weiterleben, als eine Art Griechisch oder Latein der Neuzeit. Die Zahl kanonischer Autoren, von Philosophen wie Dichtern, wird den Gelehrten das Deutsche immer attraktiv erhalten. Das ist vielleicht kein Trost – aber ein Gedankenspiel, das uns Heutigen Respekt vor der achtlos malträtierten Umgangssprache einflößen sollte.

Aus: Jessen, Jens: Die verkaufte Sprache, in: DIE ZEIT vom 26. 07. 2007.

1 *à tout prix:* franz.: um jeden Preis
2 *arkan:* geheim, von *lat.* „arcanus": geheim, heimlich

Hinweise und Tipps

- Bemühen Sie sich, in Ihrer **Einleitung** den Kerninhalt des Artikels möglichst prägnant in eigene Worte zu fassen. Wenn Sie danach **Inhalt und Struktur** des Artikels nachzeichnen, sollten Sie die zentralen Argumentationslinien von Jens Jessen herausarbeiten. So kommen Sie unweigerlich auch auf die **Intention des Autors** zu sprechen, nämlich seinen Wunsch, dass jeder Einzelne bewusster mit der Sprache umgeht. Achten Sie darauf, die wesentlichen Thesen mit eigenen Worten wiederzugeben. Dadurch beweisen Sie, dass Sie den Text gedanklich durchdrungen haben.
- Jessen macht aus seiner **Haltung gegenüber dem Vordringen der Anglizismen** kein Geheimnis. Sie müssen zeigen, wie er diese mithilfe der von ihm eingesetzten rhetorischen Mittel verdeutlicht. Ihre **stilistische Analyse** sollte seine abwertenden Wendungen für das globalisierte Englisch ebenso berücksichtigen wie auch seine positive Darstellung anderer Fremdsprachen (Latein, Französisch), die ebenfalls das Deutsche beeinflusst haben. Zeigen Sie an konkreten Beispielen, wie die formale Gestaltung im Dienst der Aussageabsicht steht, was Jessen mit welchem Stilmittel erreichen will. Verlieren Sie sich nicht in Detailbefunden, sondern behalten Sie stets die Stoßrichtung des Textes im Auge.
- In Ihrer **abschließenden Erörterung** sollten Sie möglichst differenziert vorgehen und nicht einseitig die Bekämpfung von Anglizismen befürworten oder ablehnen. Jens Jessens Artikel demonstriert die Wichtigkeit guter und treffender Beispiele für die Argumentation. Sammeln Sie daher Anglizismen, die Ihnen aus dem Alltag wie der Werbung vertraut sind, und nutzen Sie sie als Belege für Ihre Beweisführung. Wägen Sie kritisch ab, ob es Sinn macht, englische Lehnwörter zurückzudrängen, und wenn ja, welche. In Ihrem Fazit können Sie auch darüber nachdenken, wie eine solche Beeinflussung der Sprache aussehen würde.

Lösungsvorschlag

In regelmäßigen Abständen prophezeien Linguisten, Politiker und Journalisten den Untergang des Deutschen – und diese Bedenken scheinen nicht unbegründet angesichts der allgegenwärtigen **Anglizismen**, die unsere Sprache sowohl im beruflichen als auch im privaten Bereich immer stärker prägen. In seinem Artikel *Die verkaufte Sprache,* der in der *Zeit* vom 26. Juli 2007 erschien, beschreibt Jens Jessen die **sukzessive Verdrängung des Deutschen** durch das globalisierte Englisch und will zu einer **Rückbesinnung auf den Reichtum der deutschen Sprache** anregen.

Einleitung
Der Untergang der deutschen Sprache?

Auch wenn sich Jessen gleich zu Beginn von einem negativen Typus des Sprachschützers abgrenzt (vgl. Z. 1 f.), verfolgt er doch ein ähnliches Ziel: Er hinterfragt die **unreflektierten Wortübernahmen** aus dem Englischen und stellt sie als sprachliche Anbiederungen bloß, die in ihrer veränderten Form teilweise selbst in ihrer

Textanalyse
Inhalt und Aufbau des Artikels

Herkunftssprache keinen Sinn mehr ergeben. Jessen umreißt anhand einiger Beispiele das Problem.

Die Menge der sich ausbreitenden Anglizismen ist für Jessen dabei nur ein untergeordneter Aspekt, weit gravierender sei die **Motivation** für solch fremdsprachliche Übernahmen. Der Rückgriff auf englische Vokabeln verfolge vornehmlich den Zweck, den Sprecher als **modern und innovativ erscheinen** zu lassen (vgl. Z. 11 f.). Als Beispiel für eine derartig fragwürdige Sprachpraxis nennt Jessen die deutsche Bahn.

In einem Exkurs rekapituliert der Autor dann die **Entwicklung des Deutschen** unter dem Einfluss anderer Sprachen. Dabei nutzt er die Wendung „à tout prix" (Z. 14) als Einstieg, um die befruchtende Wirkung darzustellen, die das **Französisch** des 18. Jahrhunderts hatte; allerdings seien die meisten französischstämmigen Begriffe längst nicht mehr gebräuchlich oder ganz dem Deutschen anverwandelt. Jessen betont, dass keine sprachliche Reinform existiere, das Deutsche vielmehr eine zusammengesetzte „Hybridsprache" (Z. 25) sei, die unterschiedliche Faktoren geprägt hätten. Vom Mittelalter über den Humanismus bis zum Barock habe gerade der Kontakt mit dem **Latein** der Gelehrten die Sprache bereichert, vielfältiger und bedeutungsreicher werden lassen. Dieser Zugewinn an Tiefe sei die Basis, auf der später Dichter wie Kleist oder Philosophen wie Hegel aufbauten. Jedoch gelte die Aufwertung, die das Deutsche in der Vergangenheit durch den Einfluss anderer Sprachen erfahren habe, nicht mehr für die Gegenwart. Stattdessen sei das Gegenteil der Fall: Das **globalisierte Englisch** verdränge die Wortbildung der deutschen Sprache und bewirke so eine Vereinfachung und Verarmung (vgl. Z. 37–43).

Sprache sei zu einem wesentlichen **ökonomischen Faktor** geworden. Es gebe zu wenig deutsche Muttersprachler, als dass sich Deutsch gegen Englisch behaupten könne. In logischer Konsequenz dominiere Letzteres auch in der Wissenschaft. Für eine fragwürdige und opportunistische Anpassung an den Zeitgeist hält es Jessen allerdings, dass neue Universitäten das Englische sogar zur Unterrichtssprache machen (vgl. Z. 44–58).

In der Folge entwirft er das Profil des „Sprachimporteurs" (Z. 59), der sich **durch den Einsatz von Anglizismen** hervortun und **andere blenden** wolle. Dass die Begrifflichkeiten des Business-Englisch oft vieldeutig und wenig konkret bleiben, komme der Absicht entgegen, andere damit zu täuschen. Diese **Sprachimporteure** handelten ganz bewusst und ließen sich auch eindeutig identifizieren (vgl. Z. 72 f.). Hinter der Managersprache stecke das

Bemühen, den **Eindruck von Exklusivität** zu erwecken und sich nach außen abzuschotten – eine Tendenz, die auch bei der Jugendsprache zu finden sei. Allerdings erscheint es dem Autor kritikwürdig, dass Manager sich wie pubertierende Jugendliche verhielten (vgl. Z. 78–84).

Nachdem Jens Jessen mit zahlreichen Beispielen die Problemlage skizziert und die Gefährdung des Deutschen dargestellt hat, beendet er seinen Artikel mit einem indirekten, aber unverhohlenen **Appell:** Jeder Einzelne könne zum **Erhalt der deutschen Sprache** beitragen. Eine Zukunftsvision soll noch einmal ihren Stellenwert und ihre Bedeutung illustrieren. Deutsch werde nur sterben, wenn die Deutschen dies wollten, wenn sie sich der Sprache der Werbung und Manager beugten und den Reichtum des Deutschen gegen die oberflächliche Beliebigkeit des globalisierten Englisch eintauschten. Und selbst als tote Sprache würde Deutsch seine Strahlkraft behalten dank seiner Dichter und Gelehrten (vgl. Z. 85–93).

Autorenintention und sprachliche Gestaltung

Jens Jessen nimmt gegenüber der zunehmenden Dominanz von Anglizismen somit eine **kritische und ablehnende Haltung** ein, wie bereits der Titel seines Artikels *Die verkaufte Sprache* verrät. In diesem wird vorweggenommen, dass es vorwiegend wirtschaftlich-materielle Strategien sind, die die deutsche Sprache als „Standortrisiko" (Z. 45) abstempeln und daher zurückdrängen. Während Jessen die Qualität des Deutschen verteidigt, hinterfragt er die beliebige Übernahme englischer oder pseudo-englischer Wendungen. Mit bissigen **rhetorischen Fragen** legt er die aktuellen sprachlichen Missstände bloß (vgl. Z. 4 ff.). Dabei betont er, dass er kein „heimattümelnde[r] Sprachschützer[ ]" (Z. 1) sei, sondern durchaus differenziert denke.

Positive Einflüsse: Latein, Französisch

So weiß er um den Gewinn, den die deutsche Sprache in der Vergangenheit dem Kontakt mit dem Lateinischen oder Französischen zu verdanken hat. Gezielt streut er in seinem Text immer wieder diesen Sprachen entstammende **Lehnworte** ein, um zu demonstrieren, dass eine **Wechselwirkung zwischen Sprachen** durchaus befruchtend und bereichernd sein kann. Das Marketing, das sein Heil im Englisch sucht, nennt er „ridikül[ ]" (Z. 78), also lächerlich; es diene dazu, einen „arkanen Wissensvorsprung[ ]" (Z. 79) zu suggerieren. Das Wort „arkan" ist aus dem Lateinischen übernommen und bedeutet soviel wie „geheim". Und wenn er die besorgniserregende Entwicklung der deutschen Sprache eine „Simplifizierung" (Z. 39) nennt, verwendet er ebenfalls einen Begriff, der lateinische Wurzeln hat. Die Bezeichnungen „marode" und „malträtiert" (vgl. Z. 86, 94 f.) sind dagegen Relikte aus dem 18. Jahrhundert, als Französisch als Sprache des Hofes und der Bildung galt. Durch den eleganten Einsatz solcher Begriffe zeigt Jessen seine eigene Bildung und führt vor Augen, wie das Deutsche **durch fremdsprachige Einflüsse um Bedeutungsnuancen bereichert** worden ist. Sprache scheint er als etwas Lebendiges zu verstehen, wenn er ausführt, dass die meisten französischen Ausdrücke „sich bis zur Unkenntlichkeit in den Wurzelbestand des Deutschen eingemoost" (Z. 19 f.) hätten. Er greift auf **Metaphern aus dem vegetativen Bereich** zurück, um die gesunde Entwicklung zu veranschaulichen.

Für das globalisierte Englisch gälten dagegen andere Regeln, da hier die deutsche Sprache mit ihren Möglichkeiten zu Wortneuschöpfungen bedroht sei (vgl. Z. 41 f.). Jessen benutzt **abwertende Formulierungen**, um das globalisierte Englisch als dem Deutschen nicht ebenbürtig darzustellen (vgl. Z. 47 f.). So vergleicht er die Anglizismen mit „Glasperlen" (Z. 63), „Geschenke[n], die glitzernd verpackt werden müssen, damit ihrem dürftigen Inhalt Respekt gezollt werde" (Z. 57 f.). Damit spielt Jessen auf die Entdecker Amerikas an, die die Ureinwohner mit glänzenden, doch wertlosen Gaben beeindruckten und ihnen dann ihre Herrschaft aufzwangen. Die englischen Lehnwörter böten also eine **attraktive Hülle** – sie klängen modern und fortschrittlich –, transportierten aber **keinen wirklichen Inhalt**. Verantwortlich für die Zunahme von Anglizismen sei der „Sprachimporteur" (Z. 75), der „Business-Schwafler" (Z. 74), womit Jessen zwei Neologismen einführt, die die Infiltrierung der deutschen Sprache erneut an die Ökonomie anknüpfen. Zugleich zeigt er **Möglichkeiten deutscher Wortneuschöpfungen** auf und greift hierbei auf fremdsprachige Wörter zurück.

Negative Einflüsse: Globalisiertes Englisch

Jessens **Spott über die Sprachpraxis der Wirtschaftsvertreter** spiegelt sich unverhohlen in seinen entlarvenden „Übersetzungen" wider, mit denen er die vollmundigen, im Berufsleben gängigen englischen Begrifflichkeiten ins Deutsche überführt (vgl. Z. 66–68). Und auch der **Vergleich** des Manager-Englisch **mit der Jugendsprache**, die dazu diene, sich gegen die Umwelt abzugrenzen und diese zu täuschen (vgl. Z. 78–84), illustriert noch einmal seine Geringschätzung für die wahllose Übernahme von Anglizismen.

Jessens **inhaltliche Aussage korrespondiert** deutlich **mit** den von ihm eingesetzten **rhetorischen Mitteln**. Während er mit seinem elaborierten, niveauvollen Stil die Güte des Deutschen vorführt und durch den bewussten **Gebrauch fremdsprachiger Lehnwörter** auch die positiven Auswirkungen anerkennt, die das Lateinische und das Französische auf die deutsche Sprache hatten, würdigt er das globalisierte Englisch konsequent herab. Mit **abwertenden Vergleichen und Metaphern** macht er die Manager und ihre vermeintlich exklusive Sprache lächerlich und demaskiert ironisch

Zwischenfazit: Zusammenspiel von Sprache und Intention

ihre Englisch-Begeisterung als Teil eines Täuschungsmanövers. Dabei attackiert er nicht die englische Sprache an sich, sondern vor allem deren unter Managern gebräuchliche, vereinfachte und verflachte Spielart. Die sprachliche Gestaltung des Artikels steht im Dienst eines Ziels: **Respekt vor der deutschen Sprache** zu wecken und für die Gefahren der Anglizismen-Mode zu sensibilisieren.

In unserer globalisierten Gesellschaft lässt sich eine **wechselseitige Beeinflussung von Sprachen** nicht vermeiden. Englisch hat sich als führende Weltsprache etabliert und ist nötig, um internationale Geschäfte abzuschließen, um den weltweiten Wissenstransfer zu erleichtern, um politische Fragen zu verhandeln. Da ist es nur eine logische Konsequenz, dass immer mehr Spuren des Englischen auch ins Deutsche eindringen. Doch wann und wo sind die englischen Einflüsse zu viel für die deutsche Sprache? **Sollten Anglizismen**, wie es vor allem einige selbsternannte „Sprachschützer" fordern, vielleicht sogar regelrecht **„bekämpft" werden**?

<small>Erörterung
Sollten Anglizismen bekämpft werden?</small>

Meiner Meinung nach gibt es durchaus Fälle, in denen **Anglizismen sinnvoll** erscheinen. So ist eine Übernahme von Fremdwörtern dann gerechtfertigt, **wenn im Deutschen kein adäquater Begriff existiert** und das neue Wort eine Lücke füllt, wie dies bei *Clown* oder *Interview* der Fall ist. Hier wirkt die englische Sprache ergänzend. In vergangenen Jahrhunderten hatten Felder wie die Philosophie oder die Religion großen Einfluss auf die Gelehrten des Landes. So kamen lateinische und griechische Begriffe – bereichernd! – zur deutschen Sprache hinzu, da Latein und Griechisch die dominierenden Sprachen dieser Disziplinen waren. Im 18. Jahrhundert gewann dann die französische Sprache Einfluss auf das Deutsche – ohne langfristige negative Folgen, denn die französischen Wörter sind, sofern sie nicht wieder verschwunden sind, heute gänzlich mit der deutschen Sprache verschmolzen. Inzwischen stehen häufig **technische Innovationen** im Mittelpunkt des Interesses. Nachdem diese Entwicklungen oft aus dem amerikanischen Raum kommen, verwundert es nicht, dass auf diesem Feld zahlreiche Anglizismen Einzug gehalten haben. Die Begriffe *Computer, Internet* und *Laptop* sind durch keinen gleichwertigen deutschen Begriff auszutauschen. Bestrebungen, englische Begriffe durch neue deutsche Entsprechungen zu ersetzen, etwa *Airbag* durch *Prallkissen,* erscheinen kaum Erfolg versprechend. Gegen die Verbreitung solcher Anglizismen anzugehen, halte ich für wenig aussichtsreich.

<small>Bereiche, in denen ein Kampf gegen Anglizismen nicht sinnvoll ist

Anglizismen als Ergänzung des Deutschen</small>

Auch muss man festhalten, dass Sprache einem steten, **natürlichen Wandlungsprozess** unterliegt. Heute noch fremde und nicht jedem verständliche Wörter können morgen schon unangezweifelter Bestandteil des Deutschen sein. Wie der Journalist Jens Jessen konsta-

<small>Veränderungen als natürlicher Wandlungsprozess</small>

tiert, ist naturgemäß gerade die Ökonomie empfänglich für Wortübernahmen. Die hier schon vor etlichen Jahren übernommenen Begriffe wie *Manager* oder *Marketing* sind längst deutsches Gemeingut und allgemein verständlich. Auch scheint eine nur mehr in gebildeten Schichten kultivierte tote Sprache, die Jessen offenbar für möglich hält (vgl. Z. 90–92), in weiter Ferne zu sein. Zwar nehmen die Anglizismen tatsächlich immer weiter zu, aber wenn man auf die Wörter blickt, die jedes Jahr neu in den Duden aufgenommen werden, so findet man dort eben nicht nur die *Bad Bank* oder das *It-Girl*. Auch **deutsch-englische Mischformen** wie der *Nacktscanner* werden erfunden, und es gibt sogar **gänzlich deutsche Neologismen** wie das *Dosenpfand* oder die *Raucherkneipe*. Anglizismen bedeuten also längst nicht das Ende deutscher Wortneuschöpfungen.

Auch wenn es nach wie vor zu neuen deutschen Wortbildungen kommt und englische Begriffe mit der Zeit immer geläufiger werden, stellt sich doch die **Frage nach dem Sinn von Anglizismen**. Denn nicht immer stellen diese ergänzende, bereichernde Wortneuschöpfungen dar. Anders als bei den oben genannten Begriffen (wie z. B. *Computer*) verhält es sich mit den sogenannten **Fantasie-Anglizismen**, pseudo-englischen Begrifflichkeiten, die es im Englischen gar nicht gibt und die oft technische und kulturelle Innovationen bezeichnen, wie z. B. *Handy, Beamer* oder *Beauty Farm*. Hier sollte der englische Klang bei der Bezeichnung neuer Entwicklungen offenbar mehr **Fortschrittlichkeit suggerieren** als mögliche deutsche Begriffe. Dass aktuelle Trends oft mit **Scheinanglizismen** benannt werden, illustriert das sogenannte *Public Viewing*, die öffentliche Übertragung sportlicher oder kultureller Großereignisse auf Leinwand. Im Englischen ist der Begriff kurioserweise für die Aufbahrung von Leichen gebräuchlich, korrekt würde eine solche Übertragung *outdoor screening* heißen.

Bereiche, in denen ein Kampf gegen Anglizismen sinnvoll ist

Scheinanglizismen

Daneben gibt es Übernahmen, die bereits bestehende deutsche Wortfelder verdrängen und die vornehmlich in den Medien und der Werbung Anwendung finden. Hier ist die von Jessen kritisierte **Konstruktion von Modewörtern** zu beobachten, die angeblich dem Zeitgeist entsprechen. Worte wie *Powerbrot* oder *Backshop* sind solch fragwürdige Ergebnisse. Diese Wortersetzungen sind dabei ebenso wie die (pseudo)englische Bezeichnung neuer Phänomene keine zufälligen Prozesse, sondern gezielte **ökonomische Strategien**, die Fortschrittlichkeit und Modernität suggerieren sollen. Jessen macht zu Recht darauf aufmerksam, dass die Verwendung des Wortes *Service Point* statt des deutschen *Auskunftschalters* durch die Bahn ein Beispiel **gänzlich überflüssiger Anglizismen** ist – ebenso kritisiert er übrigens die Verwendung des Wortes *kom-*

Verdrängung deutscher Wortfelder durch englische

munizieren aufseiten der Bahn, die damit wohl ihre *Mitteilungen* auf eine höhere Ebene zu heben versucht. Kritikpunkt sollte daher nicht die Verwendung englischer Wörter sein, sondern der Einsatz von (fremdsprachlichen) Begriffen mit der **Absicht, die Menschen zu täuschen** und zu blenden, um selbst (wirtschaftlichen) Nutzen daraus zu ziehen.

Auch darf man nicht vergessen, dass überhandnehmende Anglizismen gerade älteren Personen bzw. Menschen mit geringen Englischkenntnissen das Leben erschweren. Sie könnten sich ausgeschlossen fühlen und das Gefühl haben, nicht mehr mit der Mehrheit der Gesellschaft mithalten zu können – obwohl nur ein Übersetzungsproblem vorliegt. Und von diesen **Verständnisschwierigkeiten** sind mehr Personen betroffen, als man annehmen mag: Werbesprüche wie *Come in and find out* sollten die beworbenen Produkte attraktiver und interessanter erscheinen lassen. Allerdings haben Studien gezeigt, dass zahlreiche Verbraucher die Wendungen nicht richtig übersetzen konnten und etwas völlig Falsches verstanden. In der Werbung ist daher auch wieder ein **Gegentrend zu** für die Mehrheit verständlichen **deutschen Formulierungen** feststellbar. Und jüngst hat die Deutsche Bahn beschlossen, aus dem *Service Point* eine *DB Information,* aus dem *Counter* wieder einen *Schalter* zu machen.

Ausgrenzung von Personen mit geringen Englischkenntnissen

Ich lehne Anglizismen daher ab, wenn sie dazu eingesetzt werden, Menschen zu manipulieren und zu täuschen (wie etwa bei den Wörtern *outsourcen* oder *Trainee*) bzw. einfach nur überflüssige bis sinnlose Modewörter sind (wie z. B. *chillen* oder *Handy*). Man sollte allerdings die **Einflüsse der englischen Sprache nicht generell ablehnen** und sich bewusst machen, dass Deutsch seit jeher eine – um es mit Jens Jessen zu sagen – „Hybridsprache" (Z. 25) ist. Auch Englisch kann bereichernde und ergänzende Begriffe zur deutschen Sprache beisteuern, gerade im Bereich der Technik.

Abschließendes Fazit

Ideen zum Umgang mit Anglizismen

Wie kann und soll man nun im alltäglichen Sprachgebrauch mit Anglizismen umgehen? Jessen formuliert in seinem Artikel ein klares Fazit: „Es liegt in der Macht jeden einzelnen Sprechers, die Zukunft des Deutschen zu gestalten" (Z. 85 f.). Offen bleibt, wie eine solche Einflussnahme aussehen soll. Der Verein Deutsche Sprache (VDS) etwa hat es sich zur Aufgabe gemacht, das „Denglisch" zu bekämpfen, jene Vermischung aus englischer und deutscher Sprache, die meist im Englischen gar keinen Sinn macht. Eine durchgreifende und **effektive Zurückdrängung von Anglizismen** könnte zwar durch **staatliche Regelungen** versucht werden, doch hat eine Sprache ihre eigenen Gesetze und widersetzt sich bürokratischen Reglementierungen. Ich denke, dass der **Deutschunterricht** die besten Möglichkeiten hat, die Heranwachsenden für den Reichtum der deutschen Sprache zu begeistern und auf die Folgen einer unüberlegten Übernahme von Anglizismen hinzuweisen. Und Jessens Artikel ist ein gutes Beispiel dafür, wie die Presse auf die Öffentlichkeit einwirken kann. Ob man dann bewusster mit Sprache umgeht, bleibt zuletzt jedem Einzelnen überlassen. Das Beispiel der Deutschen Bahn zeigt jedoch auf alle Fälle, dass sich eine **bewusste Rückbesinnung auf die deutsche Sprache** durchaus **gegen ökonomische Trends und Werbestrategien** durchsetzen kann.

Deutsch (Hamburg) – Erhöhtes Anforderungsniveau
Abiturähnliche Übungsaufgabe 12

Aufgabenart
Erörterung pragmatischer Texte

Thema
Medien

Text
Alexandra Borchardt: *So ein Schwarm kann sehr dumm sein*

Teilaufgaben

1. Analysieren Sie, wie die Autorin ihre Position argumentativ entwickelt. Berücksichtigen Sie dabei auch die sprachliche Gestaltung. (40 %)
2. Erörtern Sie ausgehend von Ihren Analyseergebnissen, ob das Medium Internet eher Fluch oder Segen darstellt. (60 %)

Material
Alexandra Borchardt: So ein Schwarm kann sehr dumm sein

Vor kurzem schockierte eine fünfzehnjährige Kanadierin die Welt, als sie mit einem Film auf Youtube ihren Selbstmord ankündigte, den sie später vollzog. Cybermobbing, also massenhafte Verunglimpfung im Netz, hatte sie in den Tod getrieben. Wer dazu wie viel beigetragen hatte, wird sich kaum ermitteln lassen. Das sei nur ein Ein-
5 zelfall, könnte man sagen und liegt damit nicht vollkommen falsch. Und doch bedrohen Anonymität und Atomisierung in der digitalen Welt nicht nur die Menschenwürde, sondern lassen die Verantwortung eines jeden Einzelnen dafür, die Würde seiner Mitmenschen zu respektieren, unter neuen Voraussetzungen erscheinen.

„Gelten Menschen- und Bürgerrechte im Internet?", fragte Nordrhein-Westfalens
10 ehemaliger Ministerpräsident Jürgen Rüttgers am Wochenende auf der Jahrestagung der Deutschen Gesellschaft für Politikwissenschaft an der Universität Hildesheim. Sie hatte sich das Internet als „Bereicherung oder Stressfaktor für die Demokratie?" zum Thema gemacht.

Wer das Netz als Befreiungstechnologie betrachtet, wird bezweifeln, dass es
15 überhaupt eine solche Frage gibt. Eröffnen die digitalen Wege nicht unzählige Möglichkeiten, die Bürgerrechte zu viel geringeren Kosten auszuüben als je zuvor? Ist das Netz nicht gerade ein Ich-Medium, das die Stimme des Einzelnen stärkt, ihn seine Meinung in die Welt blasen lässt, wann immer er will, seine Gedanken und Bilder verbreitet, ihn mit etwas Glück ohne Manager zur Prominenz verhilft, und sei es als

Depp in einem tausendfach geklickten Video? Ein unzufriedener Kunde kann über eine Twitter-Botschaft einen „shitstorm" auslösen, der Top-Manager in Konzernen tagelang beschäftigt. Das ist das Einerseits.

Das Andererseits aber wiegt schwer. Denn das Internet befreit die darin Handelnden von den Konsequenzen ihres eigenen Tuns, wenn sie in der Masse untergehen oder Ursache und Wirkung wegen Tausender dazwischen liegender Klicks nicht mehr zusammenhängen. Gerade hat ein BGH-Urteil Eltern weitgehend von der Haftung befreit, wenn ihre Kinder ohne Wissen der Eltern illegal Daten herunterladen. Und wer zahlt für die Folgen versehentlich einberufener Facebook-Partys? Wer erstattet den Schaden, wenn Unternehmen Opfer einer unberechtigten (vielleicht vom Konkurrenten lancierten?) Kampagne werden? Wer therapiert den Menschen, der – wie in Emden geschehen – in falschen Mordverdacht gerät?

Im Netz regiert der Schwarm, und mit ihm nicht nur Schwarmintelligenz, sondern auch „Schwarmdummheit und Schwarmfeigheit", wie es der Politologe Karl-Rudolf Korte von der Universität Duisburg-Essen auf der Tagung formulierte. Die Folgen ausbaden müssen andere. Das Netz stellt damit das Rechtssystem infrage, das auf dem Konzept des bewusst handelnden Individuums basiert.

[...]

Riskant für die Demokratie ist ferner, dass bei Beteiligungsprozessen über das Netz das Grundprinzip „one person, one vote" seine Geltung verliert. Was nach den Stimmen der Vielen aussieht, kann sich als ein lauter Chor der Wenigen erweisen. Politiker überrascht es immer wieder, dass bei Bürgerentscheiden oder Wahlen, in denen jede Stimme das gleiche Gewicht hat, die wirkliche Mehrheit weit weg von der gefühlten Mehrheit liegt.

Dies könnte man als Korrektiv betrachten. Doch Meinungsbildung ist nicht statisch. Menschen lassen sich durch eine über das Netz suggerierte Mehrheit beeinflussen. Unternehmen kaufen deshalb Fans dazu oder erfinden sie. So sind laut einer an der Universität Mailand veröffentlichten Untersuchung zum Teil nur die Hälfte der „follower" eines Unternehmens Menschen aus Fleisch und Blut. Wie das funktioniert, wissen auch Regierungen. Die Twitter-Schlacht im jüngsten Nahost-Konflikt ist ein Beispiel dafür. Die „Information Operations", also das bewusste Manipulieren auch von halböffentlichen Äußerungen, nehme rasant zu, berichtete Sandro Gayken, der im Planungsstab des Auswärtigen Amtes die IT-Außenpolitik Deutschlands mitprägt. Die USA zum Beispiel, die dies daheim nicht dürften, seien diesbezüglich vor allem in Asien und Russland extrem aktiv.

Über das Internet bildet sich zudem eine neue Klassengesellschaft heraus. Netzaffine[1], gebildete, mit reichlich Zeit ausgestattete Bürger beeinflussen die Meinung im Internet weit überproportional. An der öffentlichen Haushaltspolitik in Hildesheim zum Beispiel hätten sich über das Netz und Bürgerversammlungen nur 0,2 Prozent der Wahlberechtigten beteiligt, berichtete Marianne Kneuer, die den Forschungsschwerpunkt Politik und Internet an der dortigen Universität leitet. Wer arm ist, ungebildet, zu alt oder zu beschäftigt mit anderen Dingen des Lebens, kommt in der digitalen Welt nicht vor.

[...]

„Durch das Internet findet eine Entpolitisierung statt", sagte Barbara Zehnpfennig von der Universität Passau, die durchaus nicht glaubt, dass mehr Transparenz auch mehr Demokratie bedeuten muss. Denn vollkommene Transparenz zerstöre, vor allem wenn sie mit großem Zeitdruck verbunden ist, die Schutzräume, in denen Demokratie erst gedeihen kann: Diskretion und Diplomatie, die Zeit zum Reifen von Überzeugungen, der öffentliche, von Medien gebündelte Diskurs.

[…]

Zu lange haben die demokratischen und meinungsbildenden Institutionen so getan, als wäre das Internet lediglich ein Kanal mehr zum Bestellen von Büchern und Versenden von Post. Dabei prägt das Netz alles: vom Handel über das Liebesleben bis hin zum Krieg. Es wird Zeit, wieder über Demokratie zu reden. Deren Institutionen müssen sich den digitalen Raum zurückerobern.

Aus: Süddeutsche Zeitung vom 19. 11. 2012.

1 netzaffin: mit einer Affinität zum Netz ausgestattet, sich zum Netz hingezogen fühlend

---

Hinweise und Tipps

- *Die **erste Teilaufgabe** verlangt von Ihnen die **Analyse eines pragmatischen Textes**.*
- *Dabei sind Sie dazu aufgefordert, sowohl die **Argumentationsstruktur** der Autorin als auch die **sprachliche Gestaltung** des Artikels herauszuarbeiten. Es empfiehlt sich, den Text in Sinnabschnitte zu gliedern und deren jeweiligen Inhalt kurz zusammenzufassen. Gehen Sie dabei bereits auf die sprachlich-stilistische Gestaltung des Textes ein, um Wiederholungen, die eine getrennte Analyse von Inhalt und Form mit sich bringen würde, zu vermeiden. Der **Aufbau des Artikels** orientiert sich an der Argumentationsstruktur der Verfasserin. Sie können sich also an ihren einzelnen Argumenten orientieren, mithilfe derer sie den Leser informiert. Beenden Sie Ihre Analyse mit einem zusammenfassenden **Fazit**, das als Überleitung zur **zweiten Teilaufgabe** dienen kann.*
- *In dieser wird von Ihnen verlangt, zu **erörtern**, ob das Medium **Internet Fluch oder Segen** darstellt. Als Grundlage für die Untersuchung dieser Frage dienen Ihnen Ihre Analyseergebnisse aus Teilaufgabe 1. Bemühen Sie sich also, immer wieder an den vorliegenden Text anzuknüpfen und sich auf **Borchardts Äußerungen** zu beziehen. Allerdings ist es wichtig, dass Sie sich auch von der Verfasserin abgrenzen, indem Sie **eigene Gesichtspunkte** darstellen. Beachten Sie außerdem, dass die Ihnen vorgelegte Erörterungsfrage das Internet aus einem **allgemeineren Blickwinkel** betrachtet und sich nicht nur auf die Auswirkungen auf die Demokratie konzentriert, wie es in Borchardts Artikel geschieht. Sie sollten sich nicht davor scheuen, auch **Kritik** an Borchardts Argumentationsstruktur zu üben und sie damit sachlich zu entkräften. Ihr abschließendes **Fazit** kann ein persönliches Urteil oder eine aus der Beschäftigung mit dem Thema gezogene Lehre enthalten.*

Lösungsvorschlag

Der Artikel „So ein Schwarm kann sehr dumm sein" von Alexandra Borchardt, erschienen in der Süddeutschen Zeitung am 19. 11. 2012, berichtet von der Jahrestagung der Deutschen Gesellschaft für Politikwissenschaft an der Universität Hildesheim im Jahr 2012, welche sich mit dem Internet unter dem Thema „Bereicherung oder Stressfaktor für die Demokratie?" beschäftigte. Borchardt gibt in dem Artikel die wesentlichen Thesen von vier Wissenschaftlern zu dieser Frage wieder, positioniert sich selbst jedoch auch deutlich. In Anlehnung an die Fragestellung der Tagung lässt sich festhalten, dass sie die **Wirkung des Netzes auf die Demokratie pessimistisch einschätzt.** Sie warnt vor einer Demontage unseres Rechtssystems aufgrund der Inkohärenz von Ursache und Wirkung im Internet, vor der Überschätzung der sog. Schwarmintelligenz, vor der Gefährdung der Demokratie durch suggerierte Mehrheiten im Internet, vor einer Herausbildung einer neuen Klassengesellschaft und vor einer Entpolitisierung. Sie ruft die demokratischen Institutionen dazu auf, den digitalen Raum bewusst für den Diskurs über Demokratie zu nutzen.

> Teilaufgabe 1
> Einleitung
> Titel, Autor, Quelle, Thema
>
> Position der Autorin
>
> kurze Inhaltsangabe

Der Titel des Artikels enthält das **Schlagwort „Schwarm"**, mit dem ich das Stichwort „Schwarmintelligenz" konnotiere. Irritierend an dem Titel ist zunächst, dass der Schwarm als möglicherweise dumm bezeichnet wird. Um den Zusammenhang zwischen den Begriffen „Schwarm" und „Intelligenz" zu klären, muss zunächst der Hintergrund des Kompositums erläutert werden:

> Wirkung des Titels

Das Phänomen der sog. „Weisheit der Vielen" haben wir im Unterricht am Beispiel der **Trampelpfadtheorie von Rudi Keller** besprochen. Keller erläutert die Idee eines amerikanischen Architekten, die Wegführung auf dem Campus einer Universität von denjenigen mitgestalten zu lassen, die diese Wege später benutzen sollten: den Studenten. Er ließ zunächst auf dem ganzen Campus Rasen sähen, beobachtete dann, an welchen Stellen sich nach einer bestimmten Zeit Trampelpfade gebildet hatten, und ließ genau dort die Wege anlegen. An diesem Beispiel zeigt sich sehr gut, dass diese intelligente Lösung eines intelligenten Architekten nichts mit der Intelligenz der Studenten zu tun hatte: Sie haben ja nicht beusst Pfade in den Rasen getrampelt, sondern haben einfach nur ihre täglichen Wege zurückgelegt. In der letzten Zeit wurde die Verwendung des Begriffs im Zusammenhang mit dem Internet allerdings inflationär. Alle Vorgänge, bei denen irgendeine Mehrheit von Internet-Usern auffällig geworden ist, wurden als Zeichen von **Schwarmintelligenz** gewertet und das Ergebnis damit automatisch

> Erläuterung des Begriffs „Schwarmintelligenz"

legitimiert. Der Titel offenbart, dass der Artikel sich thematisch mit diesem Missstand beschäftigen wird, er irritiert und weckt Neugierde und spricht das Lesepublikum der anspruchsvollen Süddeutschen Zeitung angemessen an. Alternativ hätte der Titel auch „Bericht über die Ergebnisse der Jahrestagung …" lauten können – das wäre nicht falsch gewesen, hätte aber niemanden zum Weiterlesen animiert.
Deutung des Titels

Der Text lässt sich in **sieben Sinnabschnitte** gliedern, in denen jeweils ein neuer Aspekt des Themas entfaltet wird, der auf der Tagung von einem jeweils anderen Referenten bzw. einer anderen Referentin vorgestellt wurde. So fügt Borchardt verschiedene Facetten des Themas zu einem ganzen Bild zusammen und imitiert damit im Kleinen die Form der Tagung. Dem Artikel kommt damit eine doppelte Funktion zu: Erstens informiert Borchardt über die Inhalte der Tagung und zweitens trägt sie mit der Art, wie die Meinungen der Referenten wiedergegeben werden, zur Meinungsbildung der Leser bei; der Artikel ist also sowohl ein informierender als auch argumentierender Sachtext und damit eine **Mischung zwischen Bericht und Kommentar**.
Gliederung
Textaufbau
Textfunktion

Textsorte

Im ersten Teil (Z. 1–14) leitet Borchardt mit dem Beispiel einer fünfzehnjährigen Kanadierin, welche aufgrund massiven Cybermobbings ihren Selbstmord auf Youtube angekündigt hat, zum Thema ihre Artikels hin, das mit dem Titel der Jahrestagung der Deutschen Gesellschaft für Politikwissenschaft identisch ist. Es geht um die Frage, ob das Internet eine „Bereicherung oder einen Stressfaktor für die Demokratie" (Z. 13 f.) darstellt. Borchardt nennt bereits im ersten Abschnitt wichtige Schlagworte, welche in der **Debatte über Fluch oder Segen des Internets** immer wieder fallen: Anonymität, Atomisierung, Menschenwürde, Verantwortung, Respekt (vgl. Z. 6–9). Als Redner wird Jürgen Rüttgers genannt, dessen Vortrag zur Frage, ob im Internet Menschen- und Bürgerrechte gelten würden, inhaltlich nicht wiedergegeben wird.
abschnittsweise inhaltliche und sprachlich-stilistische Analyse

1. Abschnitt

Im zweiten Abschnitt wägt Borchardt **Pro- und Kontra-Argumente** gegeneinander ab, die im Zusammenhang mit der Frage „Bereicherung oder Stressfaktor für die Demokratie" vorgebracht werden könnten. Zunächst werden mögliche Argumente aufgezählt, welche diejenigen vertreten könnten, die „das Netz als Befreiungstechnologie betrachte[n]" (Z. 15). Da Borchardt diese Argumente jedoch in Form von rhetorischen Fragen (Z. 16–22), die schrittweise ironischer klingen, darlegt, wird deutlich, dass sie diese Position nicht vertritt. Der ersten der beiden rhetorischen Fragen (Z. 16 f.) würde man als Leser eventuell noch beipflichten, allerdings stimmt schon die Formulierung, man könnte dank des
2. Abschnitt

rhetorische Fragen

Internets die Bürgerrechte zu viel geringeren Kosten ausüben als je zuvor, misstrauisch. Borchardt stellt hier bewusst einen Zusammenhang zwischen den unanfechtbaren Bürgerrechten und pekuniären Interessen her, um **beim Leser** einen **Widerwillen** gegen eine solche Verknüpfung zu **wecken**. In der zweiten rhetorischen Frage (Z. 18–22) wird die ablehnende Haltung der Autorin sehr deutlich, weil sie die Meinungsäußerung im Internet pejorativ darstellt („in die Welt blasen", Z. 19) und darauf hinweist, dass Menschen durch das Internet häufig nur zu zweifelhafter Prominenz gelangen, nämlich als „Depp in einem tausendfach geklickten Video" (Z. 21 f.). Der dritte von der Autorin aufgezählte scheinbare Vorteil des Internets wird auch negativ bewertet. Borchardt spricht zwar einerseits davon, dass Verbraucher die Möglichkeit haben, ihre Interessen gegenüber den Herstellern besser durchzusetzen, zeigt aber andererseits, wie leicht ein „shitstorm" ausgelöst werden kann, dessen Abarbeitung dann Zeit und Energie kostet. Borchardt resümiert den ersten Teil des zweten Abschnitts mit den Worten: „Das ist das Einerseits." Tatsächlich hat sie aber auch hier keine klaren Pro-Argumente für das Internet gefunden, sondern deutlich ihre eigene **Skepsis** gezeigt.

_{pejorativer Ausdruck}

_{nur scheinbare Formulierung von Argumenten}

Borchardt beginnt konsequenterweise den zweiten Teil ihres Artikels mit dem Hinweis, dass nun Argumente für die Gegenseite genannt würden („Das Andererseits aber wiegt schwer.", Z. 25). Als zentrales Problem von Handlungen im Internet benennt die Autorin, dass der **Zusammenhang zwischen Ursache und Wirkung für den User aufgehoben** wird, einmal weil die individuelle Handlung in der Masse aller User untergeht und weil zweitens zwischen Ursache und Konsequenz tausende weitere Klicks liegen. In einem Bündel von drei Fragen, die nicht beantwortet werden können, führt Borchardt Beispiele dafür an, welche Folgen die Befreiung der Eltern von ihrer Verantwortung für das digitale Handeln ihrer Kinder durch ein aktuelles BGH-Urteil hat. Es sei kaum zu klären, wer die Folgen von Facebook-Partys, zu denen versehentlich alle Nutzer eingeladen wurden, zahlt, wer den Schadensersatz für ein Unternehmen übernimmt, das Opfer eines Shitstorms geworden ist, oder wer jemanden therapiert, zu dessen Lynchmord online aufgerufen wurde, weil er zu Unrecht des Mordes verdächtigt wurde.

_{Metapher}

_{Aufhebung des Zusammenhangs zwischen Ursache und Wirkung}

Im Anschluss an diese Beispiele nimmt die Verfasserin im dritten Abschnitt (Z. 35–40) das Stichwort „Schwarm" wieder auf. Sie bezieht sich auf die Aussage des Politologen Korte, der in seinem Tagungsbeitrag feststellte, dass im Netz nicht nur Schwarmintelligenz zu finden sei, sondern auch „**Schwarmdummheit und Schwarmfeigheit**" (Z. 36), deren Konsequenzen durch die Ent-

_{3. Abschnitt}

kopplung von Ursache und Wirkung nicht mehr die Verursacher zu tragen hätten, sondern andere Stellen. Diese Folge wiederum verstärke das Problem der fehlenden Verantwortlichkeit, sodass in letzter Konsequenz die **Grundlage des Rechtssystems infrage** gestellt werde: die Voraussetzung, dass eine Tat und deren Verursacher zusammengehören und dass ein bewusst handelndes Individuum für seine Fehltaten zur Rechenschaft gezogen werden kann.

Problem der fehlenden Verantwortlichkeit

Als weiteres Risiko, das vom Internet für die Demokratie ausgeht, nennt die Verfasserin im vierten Abschnitt (Z. 42–59) die Tatsache, dass das demokratische Grundprinzip, nach dem einem Wahlberechtigten genau eine Stimme zukommt, außer Kraft gesetzt werde (vgl. Z. 42 f.). Sie bezieht sich damit auf den Beitrag Gaykens, eines Mitarbeiters des Auswärtigen Amtes, der im Bereich der IT-Außenpolitik Deutschlands mitwirke (vgl. Z. 56 f.). Diese Bezugnahme erfüllt die doppelte Funktion als Berichterstattung und Autoritätsargument. Das Netz berge die Gefahr, dass durch **manipulierte Abstimmungen** Mehrheiten suggeriert werden, die in der Realität so nicht existierten. Dies habe zunächst nur die Folge, dass man z. B. mit online geführten Umfragen keine zutreffende Prognose für tatsächliche Wahlen generieren kann; die zweite, wesentlich gefährlichere Folge sei jedoch die Tatsache, dass das tatsächliche Wahlverhalten durch die vorherige Suggestion von Mehrheiten beeinflusst wird. Als Beispiele nennt die Autorin die „Twitter-Schlacht im [...] Nahost-Konflikt" (Z. 53 f.) und v. a. die USA, die in Asien und Russland „extrem aktiv" (Z. 59) die Möglichkeiten der bewussten Manipulation von Äußerungen, die nur halböffentlich getätigt worden sind, ausschöpfe, während dies in den USA selbst verboten sei. Damit deutet Borchardt auf die Doppelmoral eines Staates hin, der in der Weltöffentlichkeit stets die Bedeutung der Demokratie beschwört und im eigenen Land Maßnahmen, welche die Demokratie gefährden könnten, untersagt, im Ausland aber zur Wahrung eigener Interessen mit antidemokratischen Manipulationsmöglichkeiten agitiert.

4. Abschnitt

Prinzip „one person, one vote"

Konsequenz: Manipulation der öffentlichen Meinung

Kritik an der Doppelmoral der USA

Im fünften Abschnitt (Z. 60–67) werden **gesellschaftliche Folgen des Internets** benannt, die auch Konsequenzen für die Demokratie nach sich ziehen. Es sei zu befürchten, dass sich eine neue Klassengesellschaft herausbildet, wodurch die führende Klasse, bestehend aus „[n]etzaffine[n], gebildete[n], mit reichlich Zeit ausgestattete[n] Bürger[n]" (Z. 61 f.), die öffentliche Meinung im Internet unverhältnismäßig beeinflussen könnte. Mit diesem Argument führt die Autorin den Beitrag von Kneuer, einer Professorin für Politik und Internet, auf. Bestimmte Bevölkerungsgruppen hätten keinen Zugang zur digitalen Welt; deren Beteiligung an Netzpolitik ist also per se ausgeschlossen.

5. Abschnitt

neue Klassengesellschaft

Der letzte Tagungsbeitrag, aus dem Borchardt im sechsten Abschnitt zitiert, ist der Vortrag von Barbara Zehnpfennig, deren Position die vorherigen Bedenken noch einmal steigert. Sie sieht nicht nur bestimmte Risiken für die Demokratie, sondern geht davon aus, dass die Menschen **durch das Internet entpolitisiert** würden. Transparenz führe – entgegen der verbreiteten Meinung – nicht zu mehr Demokratie, sondern zerstöre „die Schutzräume, in denen Demokratie erst gedeihen kann" (Z. 73). Dazu zählten Diskretion, Diplomatie, genügend Zeit, um Überzeugungen reifen zu lassen, und ein öffentlicher Diskurs, der von den Medien gebündelt werde (vgl. Z. 73 ff.). Borchardt reiht die Beschreibung dieser Voraussetzungen fast asyndetisch aneinander und stellt durch die vier zentralen, alliterierenden Schlagworte „Demokratie", „Diskretion", „Diplomatie" und „Diskurs" eine sowohl inhaltliche als auch klangliche Einheit zwischen diesen Begriffen her.

6. Abschnitt
Entpolitisierung
Zerstörung von Schutzräumen durch zu viel Transparenz

Im letzten Abschnitt (Z. 77–81) bezieht sich Borchardt nicht mehr auf Tagungsbeiträge, sondern bündelt ihre bisherigen Argumente zunächst zu einem **Vorwurf gegenüber den demokratischen und meinungsbildenden Institutionen**. Diese hätten das Internet entscheidend unterschätzt und nicht erkannt, dass es alle Bereiche des Lebens prägt. Abschließend appelliert die Autorin dazu, „wieder über Demokratie zu reden" (Z. 80 f.); damit richtet sie sich zugleich an die Leser und die genannten Institutionen. Von den letzteren fordert sie abschließend, sie müssten sich „**den digitalen Raum zurückerobern**" (Z. 81). Die sich in dem Wort „zurückerobern" ausdrückende Kriegsmetaphorik impliziert die Vorstellung, dass der digitale Raum den demokratischen Institutionen zuvor entrissen worden sei; dafür hätten sie ihn allerdings zunächst selbst innehaben müssen. Die Metapher ist auch insofern unpassend, als einhellig von schleichenden Veränderungen gesprochen wird.

7. Abschnitt
bisherige Unterschätzung des Internets durch demokratische Institutionen
Kriegsmetaphorik

Wie oben dargelegt, gibt die Autorin die wesentlichen Thesen der Tagung einerseits berichtend wieder, andererseits nutzt sie diese als Autoritätsargumente innerhalb ihrer eigenen Argumentation, an deren Ende der kämpferische Aufruf zur Rückeroberung der digitalen Welt durch demokratische Instanzen steht.

Fazit

Folgt man der Argumentation Borchardts und ihren Bezügen auf aktuelle medienkritische Positionen, so wäre diese Frage relativ schnell beantwortet: Das **Internet** stellt **für die Demokratie ein hohes Risiko** dar, das bisher von den Institutionen unterschätzt wurde, sodass bereits deutliche Veränderungen zu verzeichnen sind: Durch die Aufhebung des Zusammenhangs zwischen Ursache und Wirkung fehlt Usern das Gefühl der Verantwortung. Zudem wird die rechtsstaatliche Grundlage, dass ein Täter für seine Taten zur

Teilaufgabe 2
Bezug zum Text
Darstellung der Position der Autorin in zugespitzter Form

Rechenschaft gezogen wird, aufgehoben. Da das Prinzip „one person, one vote" online nicht gilt, kann die öffentliche Meinung manipuliert werden, was bereits im großen Stil zum Machterhalt der Supermächte praktiziert wird. Es entsteht eine neue Klassengesellschaft, was die Meinungsabbildung zusätzlich verfälscht. Zudem findet eine Entpolitisierung statt, weil Schutzräume, die für den demokratischen Diskurs wichtig sind, durch zu viel Transparenz zerstört werden.

Natürlich impliziert die zu erörternde Frage noch mehr Aspekte als die Demokratie. Wenn man jedoch, Borchardt folgend, feststellen muss, dass das Internet die Demokratie gefährdet, so wäre allein dies Grund genug, die Frage eindeutig zu beantworten: Das Internet stellt, bei allen Vorzügen, einen Fluch dar. Eine Gesellschaftsform, für die jahrhundertelang und immer noch gekämpft wird, würde aus Bequemlichkeits- und Konsumgründen sowie Technikbegeisterung ausgelöscht. Die Autorin ruft zwar die „demokratischen und meinungsbildenden Institutionen" (Z. 77) dazu auf, sich „den digitalen Raum zurückzuerobern" (Z. 81), dies bedeutet aber, dass bereits viel verloren wurde, was ohne das Internet nicht geschehen wäre.

<small>Gefährdung der Demokratie als eindeutiges Entscheidungskriterium</small>

Muss man aber der Argumentation der Autorin zwangsläufig folgen? Borchardt verwendet bei der Wiedergabe der Tagungsbeiträge nicht den Konjunktiv, wie man es von uns Schülern in einem Aufsatz verlangt, sondern gibt die Positionen der Spezialisten im **Indikativ** wieder. Damit adaptiert sie deren Position, betont aber zugleich, dass diese Argumente aus berufenem Munde kommen, was der typischen Funktionsweise von **Autoritätsargumenten** entspricht. Dem Leser bleibt nichts anderes übrig, als die Stichhaltigkeit der Ausführungen zu akzeptieren. Es wäre der übliche Weg einer Argumentation, mögliche Argumente der Gegenseite anzuführen und dann zu entkräften. Ernst zu nehmende Gegenargumente bringt die Autorin aber nicht vor. Sie geht zwar im zweiten Textabschnitt auf Aspekte ein, die als Vorzüge des Mediums genannt werden könnten, zugleich verdeutlicht sie allerdings auch ihre schlechte Meinung darüber. Dies geschieht nicht durch eine erörternde Auseinandersetzung, sondern durch die **sprachliche Gestaltung** des Abschnitts. Die Gegenposition wird mit pejorativen Begriffen in Verbindung gebracht: Wer möchte schon zu Leuten gehören, die ihre „Meinung in die Welt blasen" (Z. 19), als „Depp" (Z. 21) dastehen oder als Verursacher eines „shitstorm[s]" (Z. 23) gelten?

<small>Infragestellung der Position der Autorin</small>

<small>Kritik an ihrer Argumentationsweise</small>

Um diese Frage im Rahmen dieser Klausur zur erörtern, müsste man alle von Borchardt zitierten Vorträge gehört haben und sich je-

<small>Grenzen der Erörterung</small>

weils eine differenzierte Meinung dazu bilden. Das ist schlichtweg nicht möglich, deshalb ist es auch so schwierig, ihre Argumente anzufechten.

Um die zu erörternde Frage, ob das Medium Internet eher Fluch oder Segen darstelle, zu beantworten, können einzelne im Text benannte Aspekte näher betrachtet und mithilfe anderer im Unterricht behandelter Positionen **differenzierter ausgeleuchtet** werden, als es bei Borchardt geschieht. Zunächst soll geklärt werden, was mit den Begriffen „Fluch" und „Segen" gemeint ist.

Darstellung des Vorgehens

Mit einem **Fluch** assoziiere ich eine negative Konsequenz. Wenn ein Fluch auf jemandem liegt, so wird ihm nichts gelingen, er hat kein Glück und bringt auch anderen Menschen, die mit ihm in Berührung kommen, kein Glück. Sollte das Internet ein Fluch sein, würde das bedeuten, dass es den Usern und, da das Internet (world wide web) global ist, der ganzen Welt Unheil bringt.

Klärung der Erörterungsfrage

Ein **Segen** dagegen stellt ein großes Glück dar, das einem Menschen oder der Menschheit zuteilwird. Gesegnet ist jemand, der nur gute Eigenschaften besitzt und durch den alle Menschen Freude und Glück erleben. Wenn jemand in der christlichen Kirche gesegnet wird, wird ihm das Versprechen göttlicher Fürsorge geschenkt. Im Gegensatz zum Glück ist ein Segen nicht nur einmalig, kurzzeitig und willkürlich, sondern gottgewollt, grundsätzlich und nachhaltig. Sollte das Internet ein Segen sein, so wäre es ein Glücksfall für den Einzelnen und für die Menschheit, etwas, das auch auf lange Sicht nur Gutes bedeutet.

Schon durch die Relativierung „<u>eher</u> Fluch oder Segen" in der Erörterungsfrage wird deutlich, dass niemand das Internet eindeutig dem einen oder dem anderen zuordnen kann, sondern dass es darum geht, auszuloten, **ob die Vor- oder die Nachteile überwiegen**. Dennoch ist eine Erläuterung der Extreme hilfreich, wenn man über die Konsequenzen bestimmter Entwicklungen nachdenkt.

Relativierung der Extreme durch „eher"

Die von Borchardt referierte These von Marianne Kneuer (Z. 60 ff.), es bilde sich eine neue Klassengesellschaft, schließt an den Spiegel-Artikel „Das digitale Evangelium" von Hans Magnus **Enzensberger** aus dem Jahr 2000 an. Auch Enzensberger äußert die Befürchtung, das neue Medium führe zu einer Unterwanderung der ethischen Prinzipien unserer Gesellschaft und zu einer neuen Klassengesellschaft, in der diejenigen die stärkste Kraft bilden, die das Internet am meisten zu ihren Gunsten nutzen können. Auch wenn dieses den Unterschied zwischen Sender und Empfänger abgeschafft habe und nicht durch eine zentrale Instanz kontrolliert werden könne, verbindet er mit ihm nicht mehr die Hoffnung auf

Argument: Herausbildung einer neuen Klassengesellschaft

Bezugnahme auf Enzensberger

eine Politisierung der Menschen durch deren Aktivierung und Partizipation an politischen Entscheidungen. Borchardts Bestandsaufnahme liest sich in Teilen wie eine Fortschreibung der **Kulturkritik** und der **ethischen Bedenken** Enzensbergers.

Bedenken gegenüber dem Internet gibt es auch auf ökonomischer Ebene. Die **New Economy** boomte in den 1990er-Jahren und gilt auch heute noch als eines der profitabelsten Geschäftsgebiete, erlitt aber auch dramatische Dämpfer, sobald klar wurde, dass sich bestimmte Bereiche, in die viel Geld investiert worden war, als Seifenblasen, als rein virtuell erzeugte Investitionsobjekte erwiesen. Als Beispiel sei hier die Weltwirtschaftskrise ab 2008 genannt, die aus Spekulationen auf dem Immobilienmarkt der USA resultierte.

ökonomische Wahrnehmung der Vor- und Nachteile
Beispiel

Fluch oder Segen des Internets werden auch im Zusammenhang mit dessen Gebrauch durch Kinder und Jugendliche kontrovers debattiert. Während die einen glauben, dass die **Sprache der Jugendlichen** unter den Aktivitäten im Internet und dem damit verbundenen Sprachcode leide und sich dies in einem allgemeinen Sprachverfall bemerkbar mache, sehen die anderen in den neuen Sprachformen eine Bereicherung und lediglich das Zeichen eines Sprachwandels. Glaubt die eine Seite, Kinder seien im Internet hilflos **Pädophilen** und anderen **Kriminellen ausgeliefert, achteten das Urheberrecht nicht** und kopierten nur noch, anstatt selbst zu denken, so ist die andere Seite davon überzeugt, mit einer **maßvollen und sensiblen Heranführung der Kinder** an das Internet medienkompetente, reflektierte und kritische User auszubilden. Herrscht hier die Meinung, die „digital natives" würden den **Unterschied zwischen virtueller und realer Welt** nicht mehr kennen, betont man dort den Ansatz, dass die virtuelle Welt Teil der Realität und nicht mehr wegzudenken sei. Diese kontroverse Debatte bezieht sich gleichfalls auf die Wahrnehmung der sozialen Netzwerke. Jeder, der schon einmal Cybermobbing erleben musste, würde sich ein Leben ohne Internet zurückwünschen.

Vor- und Nachteile bzgl. des Umgangs von Kindern mit dem Internet

Kontrastierung der Pro- und Kontraseite

Beispiele

Seit dem Bekanntwerden der **massenhaften Datenspeicherung** bei fast allen Internetprogrammen durch amerikanische Geheimdienste wurde einmal mehr ersichtlich, wie problematisch das Verhältnis von Internet und Privatsphäre ist. Wenn Transparenz so einseitig verstanden wird, kann sie nicht wünschenswert sein, zumal sie nicht nur zur Sicherung des Staates und seiner Bürger genutzt werden kann, sondern auch zur Machterhaltung und Manipulation.

Bei der Betrachtung der Argumente Borchardts fällt nicht zuletzt die Entscheidungsfrage auf, die sich die Tagung, von der die Autorin berichtet, zum Thema gemacht hat. Sie ähnelt der Erörterungsfrage, da sie klären will, ob das Internet als „Bereicherung oder Stressfaktor für die Demokratie" (Z. 13 f.) einzuschätzen ist. Die Begriffe **„Bereicherung"** und **„Stressfaktor"** sind vergleichbar mit „Segen" und „Fluch", allerdings weniger extrem und nicht religiös aufgeladen. Zudem zielt die Frage klar auf die Demokratie ab, während die Erörterungsfrage sehr global ansetzt. Der Begriff „Bereicherung" bedarf keiner weiteren Erläuterung. Das Wort „Stressfaktor" dagegen kann sehr wohl unterschiedlich gedeutet werden, da auch der Begriff „Stress" eine ambivalente Bedeutung hat.

Negativer Stress, den das Internet auslöst, wäre neben den von Borchardt dargestellten Aspekten der Verbrauch von Zeit und Energie für das Filtern wichtiger Informationen aus der Flut an Banalität und für das Austragen von Scheingefechten – Ressourcen, welche dann für die Lösung wirklicher Probleme fehlen. **Positiver Stress**, der mit dem Internet einherginge, wäre der Druck zur Qualitätssicherung, um Unzufriedenheit bei Kunden zu vermeiden, oder der Druck zu mehr Transparenz auf Regierungs- und Wirtschaftsseite, wie er z. B. von Enthüllungsportalen wie Wiki-Leaks ausgeübt wird. Borchardt führt zu viel Transparenz als negatives Stresspotenzial für die Demokratie an. Durch ihre Darstellung wird klar, dass sie einen von den Medien gesteuerten Diskurs der absoluten Transparenz vorzieht. Diese Entscheidung mutet zunächst paradox an, setzt doch ein von den Medien gebündelter öffentlicher Diskurs voraus, dass man seine Informationen erst aus zweiter Hand und in kompakter, ggf. auch selektierter Form erhält. Demgegenüber stünde die Möglichkeit, die **Flut von Informationen** selbst auszuwerten, ohne dass dabei eine bestimmte Lesart vorgegeben würde. Sicherlich ist es für den Einzelnen fast unmöglich, sich anhand ungefilterter Informationen ein fundiertes Bild von einem Thema zu machen, weshalb für die politische Mündigkeit tatsächlich eine Auseinandersetzung mit der **Darstellung in unabhängigen Presseorganen** fundamental ist. Allerdings werden nicht alle Themen in der Presse behandelt, weil es immer eine Auswahl der Themen gibt, bei der bestimmte Aspekte ignoriert werden. Diese Lücken versucht der **Bürgerjournalismus** auszugleichen. Zudem haben sich Datenjournalisten das Ziel gesetzt, Statistiken und Zahlen aus erster Hand zu veröffentlichen, sodass die Community der User selbst zu einer Auswertung der Daten und in eine Debatte darüber gelangt. Die Datenjournalisten und die Verfechter der Netzpolitik sehen das Medium als basisdemokratische Waffe, die unbestechlich ist und im positiven Sinne den Gesetzen der

Schwarmintelligenz folgt, d. h. durch die Menge an Einzelinformationen im Ganzen ein Bild erzeugt, das der Wahrheit sehr nahe kommt.

Zudem gibt es auch genügend Staaten, in denen keine unabhängige Presse existiert. Für solche Länder bieten die Möglichkeiten des Internets (im Fall, dass es keine staatliche Sperre bestimmter Seiten gibt) die wesentliche Grundlage für eine Infragestellung der staatlichen Doktrin und für die Kontaktaufnahme von Oppositionellen untereinander und mit dem Ausland.

Blick auf andere Staaten

Im Rückblick auf die Facetten der Erörterungsfrage wird deutlich, **dass es keine eindeutige Antwort geben kann.** So pauschal, wie es die Begriffe „Fluch" und „Segen" nahelegen, kann ein komplexes Medium wie das Internet ohnehin nicht bewertet werden. Das Internet als Fluch zu brandmarken läge mir fern, schon deshalb weil ich es mir aus meinem täglichen Leben kaum wegdenken kann und ein, wie ich finde, gesundes Maß im Umgang damit gefunden habe. Dass aus dem Internet Gefahren für die Demokratie erwachsen, hat mich wachgerüttelt, dennoch kann die Konsequenz nicht lauten, dass man es selbst verteufelt. So weit geht auch die Autorin nicht. Sie fordert die demokratischen Institutionen zum Handeln auf. Ich denke, dass sich vor allem die User dieser Konsequenzen bewusst sein sollten. Dadurch, dass Artikel wie der vorliegende im Netz veröffentlicht werden und mit einer Kommentarfunktion verbunden sind, wird der Diskurs weitergeführt. Jeder Internetnutzer muss sich die Gefahren bewusst machen, welchen die Demokratie immer wieder ausgesetzt ist. Sie darf nicht für selbstverständlich gehalten werden.

Fazit

persönliches Urteil

Wirkung des Textes

eigene Konsequenz aus der Auseinandersetzung

> Kernfach Deutsch (Hamburg): Abiturprüfung 2016
> Erhöhtes Anforderungsniveau – Aufgabe IV

Thema
Literatur

Texte und Materialien:
Kolumne: *Fragen Sie Reich-Ranicki* (2007)
Bill Watterson: *Calvin & Hobbes* (1996)
Jorge Volpi: *Die Emotionsmaschine* (2012)
Mario Vargas Llosa: *Ein Lob auf das Lesen und die Fiktion* (2010)
Susan Sontag: *Die Erweiterung der Welt. Warum Literatur lebensnotwendig ist* (2004)
Andreas Steinhöfel: *„Habt nicht so viel Angst!"* (2014)
Studie zur Relevanz des Lesens von Büchern (2013)

Aufgabe

„Die Literatur – wozu brauchen wir sie überhaupt?"

Eine überregionale Tageszeitung greift diese Frage des Literaturkritikers Marcel Reich-Ranicki auf und veröffentlicht Beiträge dazu.

Verfassen Sie einen Kommentar, in dem Sie sich zu dieser Frage positionieren. Nutzen Sie dazu die folgenden Materialien und beziehen Sie eigene Erfahrungen und eigenes Wissen ein. Wählen Sie eine geeignete Überschrift.

Zitate aus den Materialien werden dem Stil eines Kommentars entsprechend ohne Zeilenangabe nur unter Nennung des Autors und ggf. des Titels angeführt.

Ihr Kommentar sollte etwa 800 Wörter umfassen.

Material 1
Kolumne: Fragen Sie Reich-Ranicki (2007, Auszug)

[...]
Marcel Reich-Ranicki: Die Literatur – wozu brauchen wir sie überhaupt? Uralt ist diese Frage, beinahe so alt wie die Literatur selbst. Aber es kann nicht schaden, sie von Zeit zu Zeit zu stellen.

5 Es ist nicht gerade eine Entdeckung, dass die Literatur schon ziemlich lange einen schwierigen Verteidigungskrieg führen muss. Und es sind nicht nur allerlei teuflische, doch keineswegs überflüssige technische Erfindungen, die ihre Existenz fortwährend bedrohen.

Man wird sagen: Was uns die vielen Fernsehprogramme offerieren, das mag die Literatur verdrängen, aber ersetzen kann es sie nicht. Dann allerdings müssen wir genau wissen, was wir von ihr erwarten, welche Funktion sie ausüben soll. Wozu also Literatur? An Äußerungen hierüber fehlt es nicht, wir kennen klassische Antworten von großer Schlichtheit, etwa: um Freude und Vergnügen zu bereiten, um das Publikum zu amüsieren.

[…] Um was für einen, wenn ich so sagen darf, Mehrwert kann es sich hier handeln? Um Belehrung, um Aufklärung, um Erbauung? Gewiss wurde die Literatur im Laufe der Jahrhunderte häufig zur Magd der Philosophie, der Religion, der Politik oder der Geschichtsschreibung degradiert – das hat meist eine unglückselige Verbindung ergeben, aber gelegentlich dennoch zu Meisterwerken geführt.

Heute ist niemand darauf angewiesen, die Literatur zur Vermittlung von Ideen, Programmen oder Informationen zu missbrauchen. […]

Wozu sollte man, da es direkte Wege gibt, die praktisch und ohne Umstände zum Ziel führen, den Umweg über die Kunst suchen, gar über die moderne Kunst, die in sehr vielen Fällen nur einer intellektuellen Minderheit zugänglich ist – was nicht ihre Bedeutung schmälert, wohl aber ihre Nützlichkeit und Verwendbarkeit als Ideenträger oder Informationsmittel. In dieser Hinsicht ist die Literatur nicht mehr konkurrenzfähig. Zur Hoffnung, es ließe sich mit ihr die Welt verändern, gehört in unserer Zeit eine tüchtige Portion Blauäugigkeit – oder Heuchelei.

Zu fragen wäre somit, welcher „Mehrwert" sich denn noch anstreben lässt, wenn Belehrung und Aufklärung, Agitation und Information kaum in Betracht kommen, ja in literarischen Kunstwerken zu anachronistischen Elementen geworden sind. Die Literatur versucht zu entdecken und zu formulieren, was wir gespürt oder geahnt haben, aber eben bloß gespürt oder vielleicht bloß geahnt.

Nur dann beweist sie ihre Daseinsberechtigung, wenn sie imstande ist, den Lesern bewusst zu machen, was ihnen bisher nicht bewusst war und was sich – das ist das Entscheidende – mit anderen Mitteln nicht bewusst machen lässt. Daher schlägt die Stunde der Literatur stets, wenn es um Phänomene geht, die sich der wissenschaftlichen Erkundung wenigstens teilweise entziehen und die von vielen Menschen als unberechenbar und unbegreiflich, ja als geheimnisvoll empfunden werden. Ein solches Phänomen ist die Liebe.

Marcel Reich-Ranicki: Kolumne „Fragen Sie Reich-Ranicki" (2007, Auszug); aus: Frankfurter Allgemeine Zeitung vom 23.05.2007;
online unter: http://www.faz.net/aktuell/feuilleton/buecher/fragen-sie-reich-ranicki/fragen-sie-reich-ranicki-welchen-mehrwert-hat-moderne-literatur-1438868.html

Erläuterung:
Marcel Reich-Ranicki (1920–2013), deutschsprachiger Literaturkritiker, beantwortete jahrelang in der Kolumne „Fragen Sie Reich-Ranicki" Fragen von Lesern zum Thema Literatur.

Material 2
Bill Watterson: Calvin & Hobbes (1996)

CALVIN AND HOBBES © 1995 Watterson. Reprinted with permission of UNIVERSAL UCLICK. All rights reserved. Deutsche Übersetzung entnommen aus: Bill Watterson: Calvin und Hobbes. Eine Welt voller Wunder. Aus dem Amerikanischen von Alexandra Bartoszko. Carlsen Comics © Carlsen Verlag GmbH Hamburg 2008, S. 63

Erläuterung:
Bill Watterson (*1958), US-amerikanischer Comiczeichner

Material 3
Jorge Volpi: Die Emotionsmaschine (veröffentlicht in deutscher Übersetzung 2012)

[…] Fiktionen haben neben vielen anderen Funktionen – zum Beispiel als Gedächtnisspeicher, Übermittler von Ideen und Maßstäben, Zukunftsbreviere – auch die Funktion einer Emotionsmaschine. In einen Film, eine Fernsehserie, eine Seifenoper, ein Theaterstück oder eine Geschichte einzutauchen ist eine Achterbahn der Emotionen: Wir
5 springen von einer Figur zur anderen, und mit jeder einzelnen leiden, lieben, genießen wir, erheben wir uns, erstarren oder brechen wir zusammen – manchmal auch gegen unseren Willen. Es gibt Gemüter, die einen solchen Wahnsinn nicht aushalten. […]

Jorge Volpi: Die Emotionsmaschine. Aus dem Spanischen von Ulrike Prinz, Goethe-Institut e. V., Humboldt Redaktion, Dezember 2012 (Auszug); online unter: http://www.goethe.de/wis/bib/prj/hmb/the/155/de7763205.html

Erläuterung:
Jorge Volpi (*1968), mexikanischer Schriftsteller

Material 4
Mario Vargas Llosa: Ein Lob auf das Lesen und die Fiktion
(Auszug aus der Nobelpreisrede Stockholm, 7. Dezember 2010)

[…] Von der Höhle zum Wolkenkratzer, vom Knüppel zu Massenvernichtungswaffen, vom tautologischen Leben in der Sippe zur Ära der Globalisierung hat die Literatur die menschlichen Erfahrungen vervielfacht, indem sie verhindert, dass wir Menschen der Lethargie, Verschlossenheit und Resignation anheimfallen. Nichts hat so
5 sehr die Unrast gesät, Phantasie und Sehnsüchte gefördert wie dieses Leben aus Lügen, das wir dank der Literatur unserem eigenen hinzufügen, um selbst große Abenteuer und Leidenschaften zu erleben, wie sie das wirkliche Leben uns niemals vergönnen wird. Die Lügen der Literatur werden wahr durch uns, die von ihr veränder-

ten, von ihren Sehnsüchten angesteckten Leser, und durch die Schuld der Fiktion leben wir in beständigem Zwist mit der mittelmäßigen Wirklichkeit. Die Literatur ist ein Zauberwerk, das uns vorgaukelt, zu haben, was wir nicht haben, zu sein, was wir nicht sind, eine unmögliche Existenz zu führen, in der wir uns wie heidnische Götter irdisch und unsterblich zugleich fühlen, und das damit die Unangepasstheit und Rebellion in unseren Köpfen keimen lässt, wie sie allen großen Taten zugrunde liegen, die zu einer Verringerung der Gewalt in den menschlichen Beziehungen beigetragen haben. Zu ihrer Verringerung, nicht ihrer Abschaffung. Denn unsere Geschichte wird zum Glück immer unvollendet sein. Und deshalb müssen wir weiter träumen, lesen und schreiben, die wirksamste Form, die wir gefunden haben, unsere vorübergehende Existenz zu erleichtern, das Nagen der Zeit zu besiegen und das Unmögliche möglich zu machen.

Mario Vargas Llosa: Ein Lob auf das Lesen und die Fiktion. (Nobelpreisrede Stockholm, 7. Dezember 2010, Auszug). Aus dem Spanischen von Angelica Ammar; online unter: http://www.nobelprize.org/nobel_prizes/literature/laureates/2010/vargas_llosa-lecture_ty.html

Erläuterung:
Mario Vargas Llosa (*1936), peruanischer Schriftsteller

Material 5
Susan Sontag: Die Erweiterung der Welt. Warum Literatur lebensnotwendig ist
(Auszug aus der Dankesrede zur Verleihung des Literary Award, 2004)

[…] Große Romanschriftsteller erschaffen eine neue, einzigartige, individuelle Welt – durch die Vorstellungskraft, durch eine überzeugende Sprache, durch handwerkliches Können – und reagieren auf eine Welt, die sie mit anderen teilen, die vielen Menschen, eingeschlossen in ihrem jeweiligen Kosmos, unbekannt oder unverständlich ist. Nennen Sie es Geschichte oder Gesellschaft. Die wirklich bedeutenden Schriftsteller erweitern unser Bewußtsein, unser Mitgefühl, unser Wissen.

Literatur ist Wissen, wie beschränkt auch immer – wie alles Wissen. Doch sie ist nach wie vor einer der wichtigsten Wege, die Welt zu verstehen. Gute Schriftsteller verstehen viel von Komplexität, von der Komplexität der Gesellschaft, des privaten Lebens, der familiären Abhängigkeiten und Gefühle, von der Macht des Eros, von den unterschiedlichen Ebenen des Empfindens und Kämpfens.

In unserer degenerierten Kultur werden wir fast überall dazu angehalten, die Realität zu vereinfachen, Weisheit zu mißachten. Es steckt viel Weisheit im kostbaren Erbe der Literatur, der Weltliteratur, die uns weiter ernähren kann, die einen unerläßlichen Beitrag zu unserer Menschlichkeit leistet, indem sie eine komplexe Sicht der menschlichen Empfindungen und der Widersprüche artikuliert, ohne die es in Literatur und in Geschichte kein Leben gibt. […]

Susan Sontag: Die Erweiterung der Welt: Warum Literatur lebensnotwendig ist. (Dankesrede zur Verleihung des Literary Award, 2004, Auszug). Aus dem Englischen von Matthias Fienbork; aus: Frankfurter Allgemeine Zeitung Nr. 305, 30. 12. 2004, S. 39

Erläuterung:
Susan Sontag (1933–2004), US-amerikanische Schriftstellerin

Material 6
Andreas Steinhöfel: „Habt nicht so viel Angst!" (Auszug aus einem Interview, 2014)

Andreas Steinhöfel, seit 25 Jahren schreiben Sie für Kinder und Jugendliche. Hat Literatur für junge Leser einen Bildungsauftrag?

Das ist eine weit verbreitete Annahme – leider! Mir schreiben viele Eltern, die Angst haben, dass ihr Kind nicht liest. Die fordern von mir als Autor, Stoffe zu schreiben,
5 die das Kind zum Lesen bringen. Ich frage dann immer: „Warum möchten Sie denn, dass Ihr Kind liest?" Und die häufigste Antwort ist, es soll sich später durch das Lesen von Zeitungen eine fundierte Meinung bilden können. Dann antworte ich: „Offenbar ist Ihr Kind aber gerade der sehr fundierten Meinung, dass es nicht lesen möchte, weil sein Leben ohne Bücher momentan prima ist."

10 *Sie finden nicht, dass Kinder lesen sollten?*

Wenn ein Kind partout nicht lesen will, dann lasst es doch. Lesen ist eins der vielen Dinge, die Kinder heute aufgesattelt kriegen. Es ist ein Qualitätskriterium fürs Leben, wie ein Punkt im Lebenslauf, der darüber bestimmt, wie das Kind später mal wirtschaftlich besteht.

15 *Was ärgert Sie daran?*

Es geht überhaupt nicht mehr darum, ob uns ein Buch ästhetisch oder seelisch bereichert. Das lesende Kind ist ein Wert an sich geworden. Ob das vielleicht ein kleines Arschloch-Kind ist, interessiert niemanden. Ich kenn massenweise extrem unangenehme Menschen, die ganz viele Bücher lesen. Da hat das ganze Bücherlesen nichts
20 genützt. Ich kenn umgekehrt unglaublich viele Erwachsene, die gar nicht lesen und großartige Menschen sind. Das Buch hat bei uns so einen mythischen Nimbus, den würde ich ihm gern mal aberkennen.

Sie sollten froh sein, Sie leben schließlich vom Buchverkauf. Wenn man nicht für den Lebenslauf liest, wofür sollte man es tun?

25 Mir öffnet Lesen andere Welten. Lesen bedeutet für mich, sich in etwas reinfallen zu lassen, sich getragen zu fühlen oder auch abgestoßen, sich mit dem auseinanderzusetzen, was ein Autor oder eine Autorin anbietet. Dann hält Lesen den Geist beweglich. Aber ein Kind, das nicht liest, kann seinen Geist auch mit anderen Dingen beweglich halten. […]

30 *Sie haben vor 25 Jahren mit dem Schreiben begonnen, weil Sie gegen ein schlechtes Kinderbuch anschreiben wollten. Haben wir heute mehr gute Bücher für junge Leser?*

Das hat sich nicht sonderlich geändert. Was sich verändert hat, ist die Hysterie ums Lesen. Aber Bücher sind keine Weltenretter. Wenn dieses Medium so großartig wäre,
35 dann hätten wir längst den Weltfrieden herbeigeschrieben. Das Buch ist kein magisches Mittel. Und wenn es sich irgendwann ins Digitale auflöst oder in etwas ganz anderes, dann ist das so. Kulturen entwickeln sich. Was nie sterben wird, sind die

Geschichten. Es ist ein menschliches Grundbedürfnis: Du musst Geschichten hören, damit Du weißt, dass Du existierst.

Andreas Steinhöfel: „Habt nicht so viel Angst!" Interview mit Katrin Hörnlein (Auszug).
Aus: ZEIT Chancen, Schule & Erziehung Nr. 38, September 2014, S. 40 ff.

Erläuterung:
Andreas Steinhöfel (*1962), deutscher Kinder- und Jugendbuchautor

Material 7
Studie zur Relevanz des Lesens von Büchern (2013)

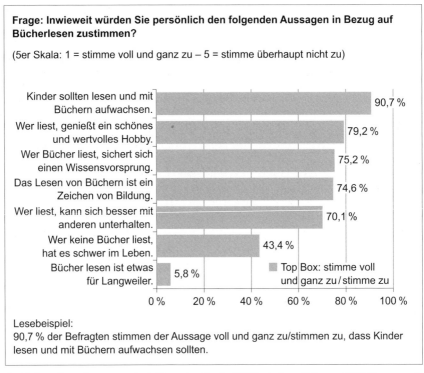

Lesebeispiel:
90,7 % der Befragten stimmen der Aussage voll und ganz zu/stimmen zu, dass Kinder lesen und mit Büchern aufwachsen sollten.

Quelle: http://www.boersenverein.de/sixcms/media.php/976/Buch_Lese_Relevanz_2013_Daten_ausfu ehrlich.pdf, Copyright: Börsenverein des Deutschen Buchhandels e.V., Marktforschung

Hinweise und Tipps

Die vorliegende Aufgabe, die das **materialgestützte Verfassen eines Kommentars** zur Frage „Die Literatur – wozu brauchen wir sie überhaupt?" verlangt und somit vornehmlich Fähigkeiten aus den Anforderungsbereichen II und III erfordert, bezieht sich auf das Themenfeld „Lesen/Literatur". Die Bearbeitung der Aufgabe erfordert Kompetenzen, die in der Qualifikationsphase durchgängig gefördert worden sind: Informationsentnahme aus – im weitesten Sinne – unterschiedlichen Textsorten (Interview, Comic, Rede, Grafik etc.), Gliedern von Informationen, adressaten- und problemorientiertes Schreiben und ggf. auch Textüberarbeitung. Neben der **argumentativen Nutzung des vorgegebenen Materials** sollen Sie auch eigene Kenntnisse in die Argumentation einbringen. Hier können Sie auf Ihre Leseerfahrungen zurückgreifen und ggf. auch auf Erfahrungen im Umgang mit im Unterricht behandelten Texten verweisen.

Ziel der vorliegenden Aufgabenstellung ist es, zu einer vorgegebenen Fragestellung einen **argumentierenden Text mit klarer, schlüssiger eigener Positionierung** zu verfassen und dabei das vorgegebene Material sowie eigenes Wissen und eigene Erfahrungen zu nutzen. Als Veröffentlichungsmedium wird in dieser Aufgabe eine überregionale Tageszeitung genannt, sodass Sie Rückschlüsse auf potenzielle Adressaten ziehen und einen entsprechenden Stil wählen können. Bei dieser Art der Aufgabenstellung kommt der **Konzeptionsphase** eine entscheidende Rolle zu, da das vorgegebene Material so ausgewertet und aufbereitet werden muss, dass es für die folgende eigene Argumentation nutzbar gemacht werden kann. Es ist nicht nötig, die Materialien detailliert zu analysieren, da die **Informationsentnahme** im Vordergrund steht. Die Herausforderung besteht jedoch darin, eine gute Kenntnis der Materialien zu erlangen, ohne zu viel Zeit für die Materialsichtung zu verlieren, die später ggf. beim Verfassen des eigenen Textes fehlt. Es ist durchaus auch möglich, einzelne Materialien, die Ihnen wenig passend erscheinen, nicht einzubeziehen. Wichtig für das Gelingen Ihres Schreibprozesses ist darüber hinaus die **Anfertigung einer Gliederung**. Überlegen Sie sich vor Beginn des Schreibens, wie Sie Ihren Kommentar gliedern bzw. Ihre Argumente im Hauptteil anordnen wollen (zuerst die Gegenargumente, dann die Pro-Argumente oder abwechselnde Nennung/Entkräftung von Pro- und Kontra-Argumenten?). Zuletzt sollten Sie Ihren Kommentar mit einer angemessenen **Überschrift** versehen.

Die genannte Wortanzahl von 800 Wörtern stellt einen Orientierungswert dar und ist nicht per se bewertungsrelevant, jedoch findet eine deutliche Unter- oder Überschreitung in Relation zur Güte des Textes Berücksichtigung.

Lösungsvorschlag

Statussymbol oder Emotionsmaschine?
Ein Plädoyer für das Lesen von Literatur

Mittwochnachmittag, Berlin, Prenzlauer Berg: Johanna-Marie, Jakob, Justus und Charlotte – alle 4 Jahre alt – nehmen gemeinsam mit sechs weiteren Kindern an einem **Bücherclub** teil. Dort sollen sie – altersangemessen und kindgerecht – mit dem Wert der Bücher vertraut gemacht werden; die kulturellen Erzeugnisse schätzen lernen. Fragt man ihre Eltern nach dem Sinn des Unterfangens, wird schnell klar: Eine **Affinität zur Literatur wird gleichgesetzt mit guten Lebenschancen** in der bildungsbürgerlichen Welt. *(Einstieg: konkretes Beispiel)*

90,7 % der in einer deutschen Studie (2013) befragten Personen gaben an, dass Kinder lesen und mit Büchern aufwachsen sollten. Das „lesende Kind" ist – so formuliert es kritisch der Kinderbuchautor Steinhöfel (2014) – „ein Wert an sich geworden"; **Lesen erscheint als „Qualitätskriterium fürs Leben"**, als Gradmesser des wirtschaftlichen Erfolgs. Literatur wird zum Erziehungsmittel, Indikator für die Zuteilung von Lebenschancen und zum **Statussymbol** vor allem des Bildungsbürgertums. *(Lesen als Statussymbol (Bezug zu M 7, M 6))*

Interessant ist nun aber das Folgende: Während die Kinder im Bücherclub mit geeigneten literarischen Erzeugnissen vertraut gemacht werden, warten die Eltern vor der Tür – Smartphone und Tablet in der Hand – und informieren sich über das, was sich in der Welt ereignet hat, schauen Videos, nutzen Apps – aber: fiktionale Texte lesen sie nicht. Marcel Reich-Ranicki hat treffend formuliert: „Heute ist niemand darauf angewiesen, die Literatur zur Vermittlung von Ideen, Programmen oder Informationen zu missbrauchen." Was dann aber bewegt den wohlsituierten Bildungsbürger, den **Sinn und Nutzen der Literatur** zu betonen, auch wenn sie viele ihrer **traditionellen Funktionen im Leben verloren** hat? Neigt er gar dazu, den Wert der Literatur deutlich zu überschätzen, und hat der eben zitierte Steinhöfel recht, wenn er formuliert, das Buch habe einen „mythischen Nimbus", den man ihm aberkennen sollte? Und um mit Marcel Reich-Ranicki zu fragen: „Die Literatur – wozu brauchen wir sie überhaupt?", denn die Funktion von Statussymbol oder Informationsquelle kann spielend leicht auch von etwas anderem übernommen werden. *(Neue Medien erfüllen Informationsfunktion besser (Bezug zu M 1))*

Wir brauchen sie, weil sie viel **mehr ist als ein veraltetes Informationsmedium oder ein Statussymbol**, das seinen Wert durch Zuschreibungen von außen, von anderen erhält. Literatur ist in der Lage, aus sich selbst heraus bedeutsam zu sein. *(Bedeutung von Literatur)*

Eine schier mythische Qualität weist der peruanische Nobelpreisträger Mario Vargas Llosa der Literatur zu, wenn er sie als „ein Zauberwerk" preist, das uns vorgaukelt, „eine unmögliche Existenz zu führen, in der wir uns wie heidnische Götter irdisch und unsterblich zugleich fühlen", und das uns in einen „beständigen Zwist" mit der mittelmäßigen Wirklichkeit versetzt. Was hier beschworen wird, mag man für Realitätsflucht, für lebensfernen Eskapismus halten, aber der Schein trügt. Indem Literatur **Gegenentwürfe zu unserem Leben** schafft, uns eintauchen lässt in fiktionale Welten, generieren wir **Visionen für unser eigenes Leben**, hinterfragen, suchen, werten und vielleicht handeln wir dann sogar, verändern uns und unsere Umgebung. Die Fiktion wirkt ein auf die Realität und initiiert **gesellschaftliche Veränderungsprozesse**.

Wirkung von Literatur auf die Realität (Bezug zu M 4)

Wir sehen in der Literatur fiktive Figuren scheitern, lieben, leiden, auch triumphieren. Indem uns die **Komplexität ihres individuellen Daseins in ihrem gesellschaftlichen Bedingungsgefüge** gezeigt wird, wird uns – um es mit Marcel Reich-Ranicki zu sagen – jenseits wissenschaftlicher Erkenntnisse **etwas vor Augen geführt, was uns nicht bewusst war**. Wir können uns in einem zweiten Schritt mit den Figuren identifizieren oder uns davon abgrenzen, eigene Wege gehen und in Max Frischs Sinne vorgefertigte Bildnisse, Vorurteile, hinter uns lassen, den „Durchbruch zum wirklichen Leben" wagen, der Frischs Romanheld, Homo faber, nicht gänzlich gelang. Wir können anders als Büchners Danton eine Auseinandersetzung mit der Welt ohne destruktiven Zynismus wagen oder anders als ein Werther die manchmal heilsame Kraft der Rationalität beschwören.

Bewusstmachen des Unbewussten (Bezug zu M 1; eigene Leseerfahrungen)

Die beschriebene Auseinandersetzung erfordert **Bereitschaft, sich anzustrengen**. Der US-amerikanische Comiczeichner Bill Watterson lässt seine Figur Calvin zu seiner Mutter sagen: „[Das Buch] hat mir eine Menge Denkanstöße gegeben. Ich seh jetzt vieles mit anderen Augen. Es kompliziert mein Leben. Bring mir bloß keins mehr mit." In der Tat kann literarisches Lesen anstrengend sein – und gerade darin liegt auch sein Wert. Für Jorge Volpi liegt die **Funktion der Fiktion** darin, „Emotionsmaschine" zu sein, **Emotionen hervorzurufen**. Allerdings kann dies auch eine mittelmäßige Seifenoper tun. Das Besondere am literarischen Lesen ist, dass es eine – wie Susan Sontag formuliert – „komplexe Sicht der menschlichen Empfindungen und Widersprüche artikuliert", die man zunächst erfassen wollen muss. Kinder sollten folglich nicht mit Literatur konfrontiert werden, weil sie Statussymbol ist, sondern weil im Umgang mit ihr der Wille zur Anstrengung, die **Bereitschaft, Komplexität auszuhalten**, Sichtweisen zu hinterfragen und auch in den Diskurs mit anderen zu treten, gefördert wird.

Emotionen ermöglichen, mit Komplexität konfrontieren (Bezug zu M 2)

(Bezug zu M 3)

(Bezug zu M 5)

Dass mit diesen Fähigkeiten dann auch ein sozialer Status abgesichert werden kann, ist sicher gesellschaftliche Realität und positiver Nebeneffekt, der aber in der Kausalkette weiter hinten anzusiedeln ist.

Geschichten sind anthropologische Grundkonstanten und in der Literatur werden menschliche Erfahrungen verdichtet, festgehalten, geteilt. Indem wir lesen und schreiben, bewahren wir kulturelles Wissen und Erleben und können uns als **Teil eines Ganzen** betrachten. Wir nehmen wahr, dass unsere Fragen auch die anderer waren und unsere Erfahrungen als rein menschliche schon viele vor uns beschäftigt haben. Dies kann **individuell entlastende Funktion** haben.

Erzählen als menschliches Grundbedürfnis (Bezug zu M 6)

Steinhöfel hat nun sicher recht, wenn er behauptet, dass das Buch „kein magisches Mittel" und auch kein „Weltenretter" ist. Dieser Anspruch ist aber auch zu hoch – nichts real Existentes kann ihn erfüllen. Was die Literatur uns aber geben kann, sind **Visionen, Emotionen, Fantasie, Beständigkeit, Bildung, Schutz vor zu einfachen Erklärungen.** Also lesen Sie!

Fazit und Appell

Kernfach Deutsch (Hamburg): Abiturprüfung 2017
Erhöhtes Anforderungsniveau – Aufgabe III

Thema
Sprache

Materialien
Helmut Henne: *Jugend und ihre Sprache. Darstellung. Materialien. Kritik* (1986)
Uwe Timm: *Lob der deutschen Sprache* (2009)
Timo Stukenberg: *Freindlich samma! Aber deppert?* (2015)
Eva-Maria Hommel/Matthias Kirbs: Interview *Bei Ihrem Dialekt hat der Konkurrent bessere Chancen* (2015)
Matthias Heine: *Kurzdeutsch – „Ich gehe Döner" ist längst im Sprachgebrauch angekommen* (2016)
Wolfgang Krischke: *Vollkommen nutzlos für den Unterricht?* (2009)
Anatol Stefanowitsch: *Historiendramen der Zukunft* (2010)

Die Schreibweise folgt – sofern nicht anders angegeben – jeweils den Textquellen.
Anführungszeichen wurden in jedem Fall den gültigen Regeln angepasst.

Aufgabe

Eine Tageszeitung plant im Zuge ihrer Artikelserie zum Thema „Tendenzen der deutschen Gegenwartssprache" eine Debatte zur Kampagne „Sprich Hochdeutsch!" und bittet auch Jugendliche um Beiträge.

Verfassen Sie als Debattenbeitrag einen Kommentar, in dem Sie sich zu der Frage positionieren, ob Jugendliche durch einen ausschließlich normgerechten Gebrauch der Standardsprache ihre Zukunftschancen erhöhen. Nutzen Sie dafür die folgenden Materialien und beziehen Sie eigene Erfahrungen und eigenes Wissen ein. Wählen Sie eine geeignete Überschrift.

Bezüge auf die Materialien können dem Stil eines Kommentars entsprechend ohne Zeilenangabe nur unter Nennung des Autors und ggf. des Titels erfolgen.

Ihr Kommentar sollte etwa 800 Wörter umfassen.

Material 1
Helmut Henne: Sprachen in der Sprache (1968)

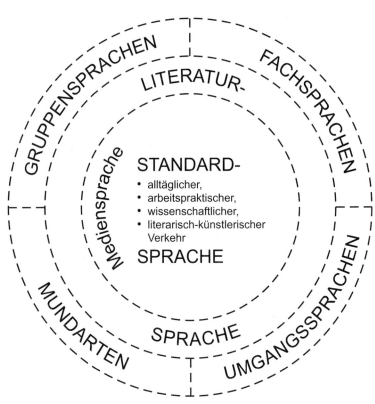

(H. Henne: Die innere Mehrsprachigkeit des Deutschen)

Helmut Henne: Jugend und ihre Sprache. Darstellung. Materialien. Berlin, Walter de Gruyter 1986, S. 220

Material 2
Uwe Timm: Lob der deutschen Sprache (2009)

[...]
　　Zunächst einmal sind die meisten Sprecher mit ihrer Sprache selbst recht einig. Die Sprache ist für das *Selbst* verständlich, und zwar derart, dass sie im Gebrauch vergessen wird. Das zeichnet Sprache aus, in ihr zu denken und zu sprechen, ohne immer
5　wieder daran denken zu müssen, dass wir in ihr denken und sprechen. Wir werden uns dessen erst bewusst, wenn uns ein bestimmtes Wort nicht einfällt, wenn wir jemanden treffen, der eine Sprache spricht, die wir nicht verstehen. Erst im Mangel merken wir, wie selbstverständlich und fraglos wir in der Muttersprache oder in der Erstsprache zu

Hause sind. Wir sind in der Sprache und durch sie identisch mit uns und mit anderen, wobei immer wieder auch regionale Identitäten durch sprachliche Besonderheiten ausgebildet und betont werden, im Deutschen besonders ausgeprägt durch die verschiedenen Mundarten. Sie sind eine Bereicherung, gleichsam der Humus für das Hochdeutsche. In Bayern und Baden-Württemberg haben sich die Mundarten gegen die radikale Dialektbekämpfung der Sechzigerjahre behaupten können. Viele der alten merkwürdigen Worte sind ganz selbstverständlich gebräuchlich wie *Zamperl* für Hund und *Bleschl* für Zunge oder *schiech* für häßlich. Wir hören die Regionen der Sprechenden an den Verschleifungen und Auslassungen und im Tonfall heraus. Wenn Beckenbauer bei problematischen Situationen im weichen Bairisch sagt: *Schaun mer mal*, klingt das so ganz anders als das norddeutsch drohende Stakkato: Das werden wir ja sehen.

[…]

Selbstverständlich haben auch soziale Schichten und Berufszweige ihre Sprachidentitäten, zum Beispiel Hafenarbeiter oder Computerfachleute. Nicht zufällig entwickeln zudem die Generationen ihre eigenen Codes. Und bezeichnenderweise geschieht das gerade in der Neufindung von Attributen – ein Versuch, die Welt neu zu sehen, neu zu deuten, neu zu werten, um sich von all den Standards der älteren Generation abzusetzen – wie *cool, total geil, overätz* oder *echt super*.

Das, was *cool* ausdrückt, gibt recht genau die momentane Mentalität wieder. Ebenjene Kühle, die sich von all dem angestrengt Verschwitzten abhebt, also eine Distanz voraussetzt, die ja Grundbedingung ästhetischen Wahrnehmens ist, im Optischen und Akustischen – und dieses *cool* hat nichts von dem miefig-piefigen Regionalismus des *knorke*, *dufte* meiner Generation an sich, sondern es ist – by the way – auch international.

Uwe Timm: Lob der deutschen Sprache. Eröffnungsvortrag der XIV. Internationalen Deutschlehrertagung an der Friedrich-Schiller-Universität Jena 2009; http://www.kiwi-verlag.de/blog/2015/03/13/uwe-timm-lob-der-deutschen-sprache/ (letzter Zugriff am 03. 12. 2015)

Eröffnungsvortrag der XIV. Internationalen Deutschlehrertagung an der Friedrich-Schiller-Universität Jena 2009.

Erläuterung:
Uwe Timm (*1940) ist ein deutschsprachiger Schriftsteller.

Material 3
Timo Stukenberg: Freindlich samma! Aber deppert? (2015)

[…]

Nach den ersten Sätzen meinen viele zu wissen, woher Matthias Sutter kommt. „In Österreich gelte ich als Deutscher, weil ich so schön Deutsch spreche. In Deutschland gelte ich oft als Schweizer", erklärt Sutter in seiner melodiösen Sprachfärbung mit dem gedehnten A, das eher an ein O erinnert. „Und die Schweizer merken sofort, dass ich nicht aus der Schweiz komme."

[…]

Er selbst spreche ja kaum Dialekt, erklärt der Professor von der Universität Köln. Einige Menschen aus Vorarlberg würden sich umgekehrt sogar weigern, Hochdeutsch zu sprechen, sagt er. Weil sie ihren Dialekt so viel lieber benutzen als die geschliffene Sprache aus dem Duden.

In Deutschland ist das undenkbar. „Im Vergleich mit Österreich und der Deutschschweiz werden Dialekte dort am negativsten bewertet", sagt Irmtraud Kaiser, Sprachwissenschaftlerin an der Universität Salzburg. Dialektsprecher gelten gegenüber Hochdeutschsprechern häufig als weniger intelligent und als ungebildeter. Immerhin wirke die Mundart laut Befragungen sympathischer.

Aber sind Hochdeutschsprecher tatsächlich kompetenter als Dialektsprecher? Keinesfalls, sagt Albrecht Plewnia vom Institut für deutsche Sprache. „Diese Zuschreibungen sind ausschließlich sozial erworben." Es gebe keinen Zusammenhang zwischen dem Klang oder der Grammatik einer Sprache und dem Bildungsgrad der Sprecher. Unsere Wahrnehmung verschiedener Sprecher wird schon in der Schule geprägt. Dort wird Hochdeutsch als Schriftsprache erworben. Je besser jemand darin Rechtschreib- und Grammatikfehler vermeidet, desto kompetenter wirke er, erklärt Plewnia.

[...]

Dialekte sind nicht die Volkstümelei, als die sie in Deutschland oft angesehen und abgetan werden. Für Andrea Ender[1] sind ihre Sprecher schlicht mehrsprachig. Das hilft beim Lernen weiterer Sprachen – und beim Verstehen. Je stärker wir an Abweichungen von der Standardsprache gewöhnt sind, erklärt sie, desto toleranter ist unser Sprachzentrum gegenüber anderen Dialekten. [...]

Timo Stukenberg: Freindlich samma! Aber deppert? SPIEGEL Online am 27.04.2015;
http://www.spiegel.de/wissenschaft/mensch/image-von-dialekten-mia-san-nett-aber-deppert-a-
1030038.html (letzter Zugriff am 03. 12. 2015)

Erläuterungen:
1 *Andrea Ender* – Universitätsprofessorin für Germanistische Linguistik

Timo Stukenberg hat Journalismus und Volkswirtschaftslehre studiert und arbeitet als freier Journalist.

Material 4
Interview von Eva-Maria Hommel mit Sprechtrainer Matthias Kirbs:
„Bei Ihrem Dialekt hat der Konkurrent bessere Chancen" (2015)

KarriereSPIEGEL: Sie bieten Kurse zur Dialektreduktion an. Was ist so schlimm an einem Dialekt?

Kirbs: In vielen Situationen wirkt ein Gesprächspartner mit Dialekt weniger kompetent. Er ruft schon beim ersten Kennenlernen Schmunzeln hervor. Das Gegenüber kann sich gar nicht auf den Inhalt konzentrieren, sondern überlegt nur: Wo kommt der denn her? Besonders kritisch wird es, wenn man gar nicht verstanden wird. Insgesamt wird Hochdeutsch immer wichtiger – auch weil die Dialekte langsam verschwinden.

KarriereSPIEGEL: Wer sind Ihre Kunden?

Kirbs: Da gab es zum Beispiel eine Rechtsanwaltskanzlei aus Sachsen, die hat immer wieder Fälle verloren, obwohl sie die besseren Argumente hatte. Oder einen Unternehmensberater aus Mecklenburg-Vorpommern, der klang oft unfreundlich. Es melden sich auch Headhunter bei mir, die sagen, ich habe hier jemanden aus Süddeutschland, der soll in Hamburg Vorstand werden. Manchmal werden Leute auch von Vorgesetzten geschickt, obwohl sie das gar nicht wollen. […]

KarriereSPIEGEL: Hat es auch Vorteile, wenn man „alles außer Hochdeutsch" kann?

Kirbs: Wenn ich regional arbeite, ist es natürlich gut, die regionale Sprache zu sprechen. Aber wenn ich deutschlandweit arbeite oder in einer Außenstelle in Paris, sind die Kunden völlig irritiert, wenn ich Dialekt spreche. Da hat der Konkurrent dann oft bessere Chancen. Es kommt auch darauf an, wie man selbst damit umgeht. Wenn ich sehr selbstbewusst bin, kann ich sogar damit punkten. Ich kenne einen Top-Verkäufer, der nur Sächsisch spricht. Bei anderen Menschen entsteht aber regelrecht ein Leidensdruck. Da war zum Beispiel eine Lehrerin aus Dresden, die unterrichtete in Norddeutschland eine Abiturklasse. Sie kam weinend zu mir und sagte, die mobben mich. Sie hat ein Dreivierteljahr bei mir trainiert, und dann hat sie die Abirede in reinem Hochdeutsch gehalten. Die Schüler haben Schilder hochgehalten, auf denen sie sich bedankt haben.

KarriereSPIEGEL: Wirkt es nicht unnatürlich, wenn man sich seinen Dialekt abtrainiert?

Kirbs: Es geht gar nicht darum, ihn abzutrainieren. In den Führungsetagen ist es wichtig, umschalten zu können. Das ist eine zusätzliche Kompetenz. Sie dürfen das andere ja zu Hause weiterhin sprechen. Verstellen Sie sich, wenn Sie Englisch sprechen? Das ist doch das Gleiche. […]

Interview von Eva-Maria Hommel mit Sprechtrainer Matthias Kirbs: "Bei Ihrem Dialekt hat der Konkurrent bessere Chancen", SPIEGEL ONLINE vom 15.05.2015; http://www.spiegel.de/karriere/ dialekte-wie-man-fuer-den-beruf-hochdeutsch-lernt-a-1033679.html (letzter Zugriff am 03. 12. 2015)

Erläuterung:
Matthias Kirbs (*1963) bietet Stimmtraining- und Sprechcoachingseminare für Führungskräfte an.

Material 5
Matthias Heine: Kurzdeutsch – „Ich gehe Döner" ist längst im Sprachgebrauch angekommen (2016)

Rezension des Bandes „Kommst du Bahnhof oder hast du Auto? Warum wir reden, wie wir neuerdings reden" der Sprachwissenschaftlerin Diana Marossek (Auszüge)

[…] Das Bändchen ist eine sehr populär, erzählend und autobiografisch geschriebene Darbietung der Ergebnisse von Marosseks Doktorarbeit, in der sie das Phänomen Kurzdeutsch auf breiter empirischer Basis analysiert. Die Linguistin verbrachte dafür Hunderte Stunden in deutschen Klassenzimmern, sich als Referendarin ausgebend, in
5 der Gewissheit, Lehramtskandidaten seien etwas, das Schüler wie Luft behandeln.

Die wesentlichen grammatischen Merkmale von Kurzdeutsch sind das Weglassen von Artikeln sowie die Kontraktionsvermeidung – also der Verzicht auf aus Präposition und Artikel zusammengezogene Bildungen wie *ins, zum, beim, zur*. Weitere Aspekte, die Marossek beschreibt, sind Modewörter aus dem Arabischen oder Türkischen wie *yalla* und *lan*, die Aussprache des im Türkischen nicht existierenden weichen ch-Lauts als sch („Isch mach disch Messer"), ritualisierte Beschimpfungen und endlos einsetzbare Formeln wie „Ich schwöre".

Für ihre Recherchen hat Marossek Gespräche in Schulen, aber auch in Durchgangsorten wie U-Bahnen, Behörden oder Supermärkten belauscht und aufgeschrieben.

In der achten Klasse einer Realschule, wo gerade das Märchen „Von dem Fischer und seiner Frau" gelesen wird:
„Ali: Verstehst du Text, Mann?
Marco: Klar, Mann, is doch leicht: Typ geht Wasser und is tot. Seine Alte is traurig.
Ali: Aber wieso geht er denn Wasser? Hast du Essen?
Marco: Nee, aber ich gehe dann Döner.
Jenny: Haltet die Fresse, ich will Text lesen."

Andere Dialoge sollen die Allgegenwart des Kurzdeutsch belegen, das – so die These der jungen Wissenschaftlerin – längst über die Sphäre der Migranten hinaus in die allgemeine Umgangssprache eingegangen sei. […]

Ein Kurzdeutsch-Sprecher, so Marossek, werde heutzutage nicht mehr als retardierter anatolischer Hinterwäldler betrachtet, sondern sein Habitus gelte als cool. Zum Beweis transkribiert sie ein Gespräch unter Biodeutschen aus dem Garten ihrer Schwester, zeigt, wie Mädchen, die die Grammatik korrekt beherrschen, zum Kurzdeutsch wechseln, als die Rede auf ein jugendaffines Thema wie Model-Casting kommt (Code-Switching ist der Fachausdruck dafür), und zitiert sogar eine Bibliothekarin, die – mit ironisch hochgezogenen Augenbrauen – zu einer Kollegin „Ich schwöre" sagt.

Beim Lesen der Dialoge hatte ich manchmal das Gefühl, auf einem anderen Planeten zu leben. Ich wohne wie Marossek in Berlin, aber ich kenne niemanden, der so redet – nicht nur meine Kollegen benutzen kein Kurzdeutsch, sondern auch keine mir bekannten Eltern aus dem Kindergarten und der Schule. Mich überfiel eine tiefe Trostlosigkeit, wenn ich an die Zukunft der Jugendlichen dachte. Es eröffnet sich ein Blick auf eine Welt voller Menschen, die anscheinend nicht nur nichts auf die Reihe kriegen, sondern denen Eltern und Lehrer offenbar nie vermitteln konnten, warum es überhaupt wichtig sein könnte, etwas auf die Reihe zu kriegen. […]

Sicher hat Marossek recht mit ihrer These, einzelne Elemente des Kurzdeutschs würden dauerhaft in die allgemeine Umgangssprache gelangen – so wie Jugendsprache schon seit dem Studentenjargon des 18. Jahrhunderts immer wieder das Standarddeutsch bereichert hat. Aber die Linguistin blendet aus, dass Sprache auch ein Gefängnis sein kann. Es gibt gewiss nicht wenige Menschen, die spielerisches Code-Switching betreiben und Kurzdeutsch nur zum Spaß reden. Aber wer nur so sprechen kann, dem ist nicht bloß der gesellschaftliche Aufstieg verbaut, sondern auch jede Möglichkeit auf höherem Niveau über sich und die Welt nachzudenken. […]

Einmal nur scheint bei Marossek etwas wie Erkenntnis zu dämmern, als sie davor warnt, „die Grenzen zwischen Jugend- und Erwachsenensprache nicht willkürlich zu überschreiten". Doch das Beispiel ist dann nur ein nicht mehr ganz so junger Mann, der sich Schülern in einer Berufsberatungsstunde mit Jugendjargon anbiedert – und von ihnen dafür verachtet wird. Nirgendwo spricht die Linguistin aus, dass solche Grenzverletzungen auch in umgekehrter Richtung fatal sein könnten.

Die Jugendlichen sind da schlauer: Sie wissen, dass man sie in Vorstellungsgesprächen, bei Behörden und in höheren Bildungseinrichtungen als schlicht abtut, wenn sie artikelfreie Sätze benutzen. Deshalb sind viele dazu übergegangen, statt *der, die, das* einfach wegzulassen, die Kurzform *d'* zu benutzen. Der Schüler Ali erklärt es Frau Marossek: „Viele hätten es satt, einfach nur als ‚dumme Migrantenkinder' betrachtet zu werden, die kein richtiges Deutsch könnten. So könne man zumindest so tun, als ob man den richtigen Artikel kennt und als wäre man einfach ‚nur zu cool, den auch auszusprechen' ".

Dieser kluge Ali ist ein Beispiel für die ungeheuerliche Verschwendung angeborener Intelligenz, wenn Eltern und Lehrer es nicht schaffen, Jugendlichen Standarddeutsch beizubringen. Zwar behauptet Marossek, auch in Büros würde mittlerweile Kurzdeutsch gesprochen. Aber das gilt doch wohl eher für die Büros von Schrotthändlern oder Pizzalieferanten – weniger für die eines Max-Planck-Instituts, eines Medizinprofessors oder einer Großbank.

Matthias Heine: Kurzdeutsch - "Ich gehe Döner" ist längst im Sprachgebrauch angekommen: WELT Online vom 30.01.2016; https://www.welt.de/kultur/literarischewelt/article151650918/Ich-gehe-Doener-ist-laengst-im-Sprachgebrauch-angekommen.html (letzter Zugriff am 11. 02. 2016)

Erläuterung:
Matthias Heine (*1961) ist Feuilletonredakteur bei der „Welt".

Material 6
Wolfgang Krischke: Vollkommen nutzlos für den Unterricht? (2009)

[…] Im Unterbau der deutschen Sprache knirscht es. Nicht nur im Umgangsdeutsch, sondern auch in formelleren Texten kommt die Grammatik immer stärker ins Rutschen. Da „bedarf es einem präzisen Regulierungsapparat", man hat „Vertrauen für den Lehrer", es gibt „Streit mit den Nachbar", man „ratet ab", Gebühren „werden erhebt", und abends „gehn wir Disko" – vertauschte Fälle, verbeugte Verben, falsche Präpositionen und andere Irrläufer scheinen ein Symptom für die langsame Erosion des gesamten Systems zu sein.

Journalistische Sprachkritiker geißeln eine zunehmende „Verlotterung" der Sprache und erfreuen sich mit ihren Ratschlägen für richtiges Deutsch größter Beliebtheit. Die zünftige Sprachwissenschaft hält das zwar für Alarmismus und halbgebildete Schulmeisterei. Aber auch sie konstatiert, dass der permanent stattfindende Sprachwandel sein früheres Schneckentempo abgelegt und Fahrt aufgenommen hat. Viele der aktuellen Regelverstöße machen einen Trend sichtbar, der schon seit Jahrhunderten schleichend wirkt: die Verschleifung und Vereinfachung der indogermanischen Sprachen. Schritt für Schritt wechseln sie vom „synthetischen" zum „analytischen" Sprachtyp.

Grammatische Bedeutungen werden zunehmend nicht mehr durch Endungen direkt im Wort ausgedrückt, sondern durch Umschreibungen und Hilfswörter. Aus dem „Haus meines Vaters" wird das „Haus von meinem Vater" und schließlich das „Haus von mein Vater". Das Englische ist hier dem Deutschen weit voraus.

Warum verstärken sich solche Tendenzen gerade jetzt? Zum Bündel der Ursachen gehört der Einfluss des Englischen ebenso wie das „Schreibsprechen" in den E-Mails und Chat-Foren mit seiner Durchmischung von Mündlichkeit und Schriftlichkeit. Hinzu kommt eine allgemeine „Destandardisierung". Während auf der einen Seite die Dialekte zunehmend einem regional gefärbten Umgangsdeutsch weichen, büßen andererseits die Normen der Hoch- und Bildungssprache zumindest in der mündlichen Kommunikation ihre Geltung ein. Wer auf ihnen beharrt, gilt leicht als verspannter Spießer. In einem gesellschaftlichen Klima obligatorischer Lockerheit, geprägt durch das Geschwätz der Talk- und Casting-Shows, kommt man umgangssprachlich einfach „besser rüber". [...]

Wolfgang Krischke: Vollkommen nutzlos für den Unterricht? F.A.Z. vom 27.08.2009; http://www.faz.net/aktuell/feuilleton/geisteswissenschaften/sprachwissenschaft-vollkommen-nutzlos-fuer-den-unterricht-1844279.html (letzter Zugriff am 15. 12. 2015)

Erläuterung:
Wolfgang Krischke (*1959) ist Journalist, Buchautor und Lehrbeauftragter für Sprachwissenschaft (Schwerpunkte: Sprache der Medien, Sprachgeschichte, Sprachwandel und Sprachkritik) an der Universität Hamburg.

Material 7
Anatol Stefanowitsch: Historiendramen der Zukunft (2010)

© 2010, xkcd (Deutsche Bearbeitung © 2010, Anatol Stefanowitsch; Aus: www.scilogs.de/sprachlog/historiendramen-der-zukunft/, letzter Zugriff am 30. 11. 2015

Erläuterung:
Anatol Stefanowitsch (*1970) ist Sprachwissenschaftler und Betreiber des „Bremer Sprachblogs", der sprachwissenschaftliche Themen behandelt und sich mit Entwicklungen der Sprache auseinandersetzt.

Hinweise und Tipps

*Die Aufgabenstellung verlangt von Ihnen, einen Kommentar zu verfassen, der einen Beitrag zu einer Debatte darstellen soll. Da die Adressaten die Leser einer Tageszeitung sind, können Sie ein gewisses Niveau in Ihren Ausführungen und in Ihrer Sprache anstreben. Sie sollen **eindeutig Position beziehen** zu der Frage, ob Jugendliche ihre Zukunftschancen verbessern, wenn sie ausschließlich Hochdeutsch sprechen.*
*Ihre Einleitung kann z. B. grundsätzliche Gedanken zu Sprache beinhalten. Erörtern und bewerten Sie dann **unter Zuhilfenahme der vorgegebenen Materialien** die Fakten und Hintergründe zu dieser Debatte. Die Materialien sollen Ihnen dabei lediglich als Hilfe und Inspiration dienen, Sie müssen keinesfalls alle Materialien im selben Umfang thematisieren, sondern sollen diese passend zu Ihrer Aussageabsicht einbauen. Bei der Verwendung von Zitaten genügt ein Hinweis auf den Autor.*
*Der adressierte Leser soll durch die Auseinandersetzung mit Ihrem Kommentar eine eigene Meinung entwickeln können. Deshalb dürfen Ihre Ausführungen durchaus an einigen Stellen **polemisch** oder **zugespitzt formuliert** sein (z. B. in der Überschrift). Achten Sie nur darauf, **sachlich** zu bleiben und **Ihre Meinungen zu begründen**. Ziel Ihres Kommentars sollte es vor allem sein, Hintergründe aufzudecken und zu bewerten, Vorgänge einzuordnen und zu beurteilen, Maßnahmen zu kritisieren und zu bezweifeln oder zu begrüßen. In Ihrem Fazit können Sie z. B. eine mögliche Lösung der Debatte über Dialekt und Standardsprache andeuten.*

Lösungsvorschlag

Dialekt ist okay – man muss nur wissen wann

Sprache verbindet Menschen. Der Mensch bedient sich der Sprache in erster Linie zur Verständigung. Gedanken, Emotionen und Empfindungen können sprechend oder schreibend ausgedrückt werden und sind somit anderen Menschen mitteilbar. Der Gebrauch von Sprache ist immer auch ein sehr subjektiv wahrgenommenes Thema. Dabei ist unbestritten, dass sich Sprache kontinuierlich weiterentwickelt und vielfältig aufgebaut ist.

Einstieg
Sprache als Medium

Hierzulande gilt die **Standardsprache** vielen als **zu kompliziert** und konsonantisch. In weiten Kreisen wird es als anrüchig angesehen, für die innere **Weiterentwicklung der deutschen Sprache** und für die Stabilisierung ihrer grenzüberschreitenden Verbreitung einzutreten. Das liegt vor allem daran, dass Sprachpflege und Sprachbewusstsein ideologisch und historisch in Deutschland vorbelastet sind. Dabei lohnt es sich meiner Meinung nach immer, über die eigene Sprache und somit auch über ein **Stück der eigenen Identität** nachzudenken.

Hauptteil:
Vorteile der Sprachreflexion

Helmut Henne hat schon 1986 festgestellt, dass es eine **innere Mehrsprachigkeit** gibt – bestehend aus Mundarten, Fachsprachen, Umgangssprachen und anderen Elementen. Im Mittelpunkt steht die normgerechte Standardsprache. Das Nebeneinander von Hochdeutsch und Dialekten ist aus dem Alltag nicht wegzudenken. Es stellt sich jedoch die Frage, ob ein ausschließlich normgerechter Gebrauch dieser Standardsprache die Zukunftschancen von Jugendlichen verbessert. Wenn man Zukunftschancen als die Möglichkeit ansieht, das eigene Potenzial bestmöglich zu entfalten, dann spielt die Sprache mit Sicherheit eine elementare Rolle. **Ausgeprägte Fähigkeiten im Umgang mit der Standardsprache** erhöhen die Chancen von jungen Menschen deutlich.

Besonderer Stellenwert der Standardsprache (Bezug zu Material 1)

Allerdings bin ich der Ansicht, dass Sprache kontextbezogen betrachtet werden sollte. Dies bestätigt auch der Sprechtrainer Matthias Kirbs. Er weist zu Recht darauf hin, dass für Führungskräfte die **hochdeutsche Sprache zunehmende Bedeutung** erlangt. Kirbs spricht aber keinesfalls davon, einen Dialekt abzutrainieren. Das Umschalten zwischen **Hochdeutsch im beruflichen Umfeld** und **Dialekt im Privaten** sieht er als Kompetenz. Dieser Standpunkt lasse sich vor allem durch den Umstand erklären, dass das **Verwenden von Dialekt** laut Timo Stukenberg in Deutschland als sehr negativ bewertet wird und daher in der Gesellschaft **nur bedingt Akzeptanz findet**. Allerdings gebe es keinen Zusammenhang zwischen dem Bildungsniveau eines Jugendlichen und seiner Sprache. Dies sei eine Frage der Wahrnehmung. Die Universitätsprofessorin Andrea Ender entgegnet sogar, dass Menschen, die Dialekt und Hochdeutsch sprechen, mehrsprachig seien und dies **hilfreich beim Erlernen anderer Sprachen** sein könnte.

Bedeutung der Sprache in der Berufswelt (Bezug zu Material 4)

(Bezug zu Material 3)

Auch die sogenannte Jugendsprache wird in der Gesellschaft und den Medien allzu oft verrissen. Dabei ist für Uwe Timm selbstverständlich, dass neben den sozialen Schichten oder verschiedenen Berufszweigen auch Jugendliche ihre **Sprachidentitäten** haben. Die jüngere Generation spielt vor allem mit der Sprache, um sich von der älteren Generation abzusetzen. Hierbei falle auf, dass die Jugendlichen von heute nicht nur eine **besondere Coolness** ausdrücken möchten, sondern auch einen **Hauch von Internationalität** mitschwingen müsse. Was allerdings spätere Generationen von vereinfachenden Ausdrücken wie „Na Logen, Digga!" halten werden, mag dahingestellt bleiben.

Streitthema: Jugendsprache (Bezug zu Material 2)

(Bezug zu Material 7)

Eine ganz besondere Form der Jugendsprache unserer Tage ist das sogenannte **Kurzdeutsch**. Laut Matthias Heine bzw. Diana Marossek werden bei diesem Sprachgebrauch die Artikel weggelassen oder Modewörter aus dem arabischen sowie türkischen Raum verwendet.

Das Phänomen „Kurzdeutsch" (Bezug zu Material 5)

Das mag im Jugendumfeld cool wirken, es ist aber ganz sicher weder Standard noch im beruflichen Kontext akzeptiert. Daher gilt auch hier, dass ein Umschalten zwischen beruflichem und privatem Kontext erforderlich ist. Dies bedeutet im Umkehrschluss, dass man zum Erkennen einer **kontextgerechten Sprache** befähigt sein muss.

Der Journalist Wolfgang Krischke weist zudem darauf hin, dass sich auch die Grammatik in formellen Texten immer rasanter verändert. Zwar unterliegt Sprache schon immer verschiedenen Einflüssen und Veränderungen, aber Sprachkritiker stellen gerade das **schnelle Tempo** fest, mit dem sich die Standardsprache verändert. Krischke verweist auf eine „Verschleifung und Vereinfachung der indogermanischen Sprachen". Eine weitere Entwicklung ist die **Durchmischung von Mündlichkeit und Schriftlichkeit**. In vielen Kommunikationsmedien wie E-Mail und Chat verwenden die Absender das sogenannte Schreibsprechen. Zudem ist es oft verpönt, wenn sich ein Sprecher genau an den Normen der Hoch- und Bildungssprache im Gespräch orientiert. Benutzt er hingegen umgangssprachliche Ausdrücke, zeigt er eine gewisse zwanglos wirkende Lässigkeit.

Tendenzen des Sprachwandels
(Bezug zu Material 6)

Dennoch ist es so, dass die Anwendung der hochdeutschen Sprache ohne jeden Zweifel eine **zwingend notwendige Kompetenz** ist, um im Beruf die eigenen Zukunftschancen bestmöglich auszuschöpfen. Das bedeutet wiederum nicht, dass ausschließlich Hochdeutsch gesprochen werden muss. Dies würde auch der Vielfalt von Sprache nicht gerecht. Wichtig ist meines Erachtens, Jugendliche **zur hochdeutschen Sprache** zu **befähigen**, damit diese im richtigen – im Wesentlichen beruflichen – Kontext angewandt werden kann. Schließlich ist die hochdeutsche Sprache auch ein **Kriterium für soziale Integration** – wer diese nicht beherrscht, dem ist „auch jede Möglichkeit [verbaut], auf höherem Niveau über sich und die Welt nachzudenken", wie schon Matthias Heine in der *Welt* feststellt.

Eigene Position: Beherrschen der Standardsprache als Schlüsselqualifikation

(Bezug zu Material 5)

Letztendlich stellt sich sogar die Frage, wie sich unsere Standardsprache verändern wird und wie sich jugendliche Sprachnutzer diese Veränderungen für ihre Zukunft zunutze machen. Sowohl die deutsche Standardsprache als auch die zahlreichen Dialekte in Deutschland haben ihre Daseinsberechtigung. Es wäre wünschenswert, das **Sprachbewusstsein** wieder stärker **in den Fokus** unserer Gesellschaft zu **rücken**, um die deutsche Sprache in ihrer Gesamtheit zu kultivieren und zu schützen.

Fazit:

Forderung nach mehr Sprachreflexion in der Gesellschaft

> Kernfach Deutsch (Hamburg): Abiturprüfung 2018
> Erhöhtes Anforderungsniveau – Aufgabe III

Thema
Sprache

Materialien
Deutsch-Schwedische Handelskammer: *Warum duzt man sich in Schweden?* (2013)
Fuß, H.: *Tyrannei der Nähe. Gib mir mein Sie zurück* (2014)
Kara, S./Wüstenhagen, C.: *Die Macht der Worte* (2012)
Besch, W.: *Duzen, Siezen, Titulieren: Zur Anrede im Deutschen heute und gestern* (1998)
Interview: Böcking, H./Hagen, J.: *Lehren aus der Luftfahrt: Duzen kann Leben retten* (2013)
Stefanie Hörnig: *Wer darf wem das Du anbieten?* (2012)
Interview: Eisenhauer, B./Hartung, M.: *Ein Du allein bedeutet nicht viel* (2007)

Die Schreibweise folgt – sofern nicht anders angegeben – jeweils den Textquellen.

Aufgabe

Eine überregionale Tageszeitung berichtet über eine Initiative, die fordert, künftig in jeder Form der Kommunikation (einschließlich in Behörden und Schulen) ausschließlich das „Du" zu verwenden. Nach skandinavischem Vorbild soll das Anredepronomen „Sie" grundsätzlich aus der deutschen Sprache verbannt werden. Daraufhin entwickelt sich eine kontroverse Debatte in dieser Zeitung.

Verfassen Sie einen Kommentar als Beitrag zur Debatte über diese Initiative.

Nutzen Sie dazu die folgenden Materialien (1–7) und beziehen Sie eigene Erfahrungen und im Unterricht erworbenes Wissen ein.

Wählen Sie eine geeignete Überschrift.

Zitate aus den Materialien werden dem Stil eines Kommentars entsprechend ohne Zeilenangabe nur unter Nennung von Autor/Autorin und ggf. Titel angeführt.

Ihr Kommentar sollte etwa 1 000 Wörter umfassen.

Material 1
Deutsch-Schwedische Handelskammer: Warum duzt man sich in Schweden? (2013)

[...] Die Galionsfigur dieser sogenannten Du-Reform wurde Bror Rexed[1], der damalige Direktor der Gesundheits- und Sozialbehörde. „Kalla mig Bror!" („Ihr dürft mich Bror nennen!"), verkündete er nach seinem Amtsantritt und richtete sich damit nicht nur an die Mitarbeiter, sondern auch Klienten der Behörde. Sowohl im persönlichen Kontakt als auch in offiziellen Schreiben wurde seitdem jeder Schwede, der mit der Gesundheitsbehörde zu tun hatte, mit Du und mit dem Vornamen angesprochen. In Deutschland wäre es vermutlich heute noch undenkbar, in einem offiziellen Behördenbrief geduzt zu werden. Doch in Schweden, so sagt Eva Olovsson vom Språkrådet[2], war Rexeds Initiative gar nicht so revolutionär: „In Schweden waren Formalitäten und Hierarchien nie so wichtig wie zum Beispiel in Deutschland. Für das einfache Volk war das Du schon lange gebräuchlich."

Auch für den Sprachwissenschaftler Lars Melin[3] war Rexeds Entscheidung nur ein nächster logischer Schritt: „Rexed hat damit offene Türen eingerannt. Durch die Urbanisierung zerbröckelten Hierarchien und es wurden mehr Orte geschaffen, an denen Unbekannte aufeinandertrafen und miteinander kommunizierten. In solchen Situationen etablierte sich dann das Du als neutrale Ansprache." [...]

Eine Ausnahme gibt es dennoch: Für Mitglieder der Königsfamilie gilt nach wie vor die Ansprache mit vollem Titel. Wer also die Königin trifft, sollte nicht „Silvia" sagen und auch nicht „Frau Bernadotte". Man fragt stattdessen höflich: „Wie geht es der Königin?"

Deutsch-Schwedische Handelskammer: Warum duzt man sich in Schweden?
http://www.handelskammer.se/de/nyheter/warum-duzt-man-sich-schweden, 12.11.2013

Erläuterungen:
1 Bror Rexed wurde 1967 Direktor der nationalen Gesundheits- und Sozialbehörde in Schweden.
2 Språkrådet: Rat für Schwedische Sprache
3 Lars Melin ist Dozent an der Universität Stockholm.

Material 2
Holger Fuß: Tyrannei der Nähe. Gib mir mein Sie zurück (2014)

Ein Kollege hatte mich unlängst zu einem Geburtstagsbarbecue am Elbufer mitgenommen. Ich war weder eingeladen noch kannte ich jemanden. Der Gastgeber wurde 49, wendete in sommerlichen Dreivierteihosen und Sandalen die Steaks auf dem Rost und begrüßte mich leutselig mit: „Ich bin der Bernd!" Ich entbot meine Geburtstagswünsche und antwortete: „Ich bin der Herr Fuß!" Die Vorteile waren dreierlei. Erstens hatte die ansonsten dahin-plätschernde Gesellschaft ihren running gag. Zweitens konnte sich die Gästeschar meinen Namen nachdrücklicher einprägen. Drittens erfuhr ich umgekehrt lauter Vornamen, an denen ich das Hamburger Sie ausprobieren konnte: „Silke, darf ich Ihnen noch Wein nachschenken?"

Eine Art Volksbelustigung durch paradoxe Intervention. [...]

Weitaus fahrlässiger mutet es an, wie sich im öffentlichen Raum eine Duz-Hegemonie ausbreitet. Bei den gut 6 000 Reklamekontakten, die ein Institut pro Tag und Kopf ermittelt hat, werden wir immer öfter in der zweiten Person Singular angesprochen. Ein Smartphone behauptet: „In dir steckt mehr, als du denkst." Eine Bausparkasse tönt: „Du kaufst den Luxus, dich über alles aufzuregen – nur nicht über steigende Energiepreise."

Ein schwedisches Möbelhaus mahnt: „Wann hast du eigentlich das letzte Mal deine Matratze ausgewechselt?" Als Besucher einer deutschen Filiale des Unternehmens hören wir aber schon mal eine Lautsprecherdurchsage: „Gesucht wird der Halter des Fahrzeugs mit dem Kennzeichen XY. Bitte melden Sie sich umgehend an der Information!" Damit die Älteren beim flüchtigen Hinhören nicht denken, es würde nach einem Kind gesucht, wird sicherheitshalber gesiezt. [...]

Tatsächlich steckt hinter der vermeintlichen Lockerheit ein verächtlicher Brutalismus. Wir schauen auf andere Menschen herab wie auf uns selbst. Das Gespür für menschliche Größe ist uns abhandengekommen. Deshalb gehen wir achtlos miteinander um, halten uns für affektgesteuerte Gestalten, die mutlos auf Verbraucherrechte pochen. Deshalb entfährt uns das Du.

Eine Rekultivierung des Sie wäre ein aufschlussreiches kollektives Exerzitium. Wir kämen raus aus der unechten Nähe und würden einen wohltuenden Abstand schaffen, einen Spielraum für unsere Wahrnehmung, um das Andersartige beim Mitmenschen zu entdecken. Es könnte ein Trainingslager sein, um zu lernen, von Sterblichen wieder grandios zu denken und Respekt zu empfinden. Ich kenne Menschen, die das tun. Es sind Menschen, die gerne siezen.

Holger Fuß: Tyrannei der Nähe. Gib mir mein Sie zurück, https://www.cicero.de/kultur/tyrannei-der-naehe-gib-mir-mein-sie-zurueck/58479, 09.12.2014

Erläuterung:
Holger Fuß, Jahrgang 1964, ist Journalist und lebt in Hamburg.

Material 3
Stefanie Kara und Claudia Wüstenhagen: Die Macht der Worte (2012)

[...] Die einen [Sprachforscher] sind überzeugt, dass unsere Sprache unser Denken bestimmt – und dass Menschen deshalb sogar in unterschiedlichen Sprachen unterschiedlich denken. Die anderen dagegen glauben, dass das Denken von der Sprache weitgehend unabhängig ist – und dass allen Menschen ohnehin dieselben Grundregeln der Sprache angeboren sind. Die Diskussion ist weit über die Grenzen der Linguistik hinaus von Bedeutung. Denn sie rührt an grundlegende Fragen nach dem Wesen des Menschen und seiner Wahrnehmung.

Mittlerweile suchen auch Psychologen und Hirnforscher nach Antworten. Sie finden immer mehr Hinweise darauf, dass Worte unser Denken und Handeln prägen, und dass wir uns tatsächlich schon mit unserer Muttersprache bestimmte Denkmuster aneignen, die unser Leben auf überraschende Weise beeinflussen.

Es gibt die offensichtliche Wirkung der Worte: Wer einen Roman aufschlägt, eine Liebeserklärung bekommt oder in einen heftigen Streit gerät, der spürt, wie Sprache berührt. Worte können trösten oder tief verletzen, manche hängen einem tage- oder gar jahrelang nach. Auch unsere eigenen Worte wirken auf uns. Wenn wir etwa ein Tabuwort aussprechen, kann das bei uns selbst körperlich messbare Stresssymptome hervorrufen.

Stefanie Kara / Claudia Wüstenhagen: Die Macht der Worte, https://www.zeit.de/zeitwissen/2012/06/Sprache-Worte-Wahrnehmung, 09.10.2012, editiert 21.02.2017

Erläuterungen:
Stefanie Kara ist freie Wissenschaftsjournalistin.
Claudia Wüstenhagen arbeitet als Redakteurin beim Magazin ZEIT Wissen.

Material 4
Werner Besch: Duzen, Siezen, Titulieren: Zur Anrede im Deutschen heute und gestern (1998)

Der Zustand vor den 68er Jahren[1]

[…] Muttersprachler sind in der Regel sicher in der korrekten Verwendung ihrer Sprache, aber wenn sie genaue Regeln angeben sollen, dann kommen sie meist in Verlegenheit. Wer von uns könnte ohne große Vorbereitung die Verteilungsregeln der Anrede benennen, sei es für die 60er Jahre, sei es für heute, so, wie man sie Landesfremden vermitteln müsste. […]

[Die] Grundverteilung „vertraulich" versus „höflich – achtungsvoll" ist uns natürlich bewußt. In der alltäglichen Anwendung bedarf sie allerdings der genaueren Ausführungsbestimmungen, und die waren bis in die 60er Jahre mehr oder weniger konventionell festgelegt. Vieles davon gilt natürlich auch heute noch. Konventionen bis in die 1960er Jahre: Man duzt sich in der Familie, zwischen Verwandten, Freunden, Jugendlichen; Erwachsene duzen Kinder. Natürlich erhalten auch Tiere das Du, erstaunlicherweise aber auch Gott, wo eigentlich nun wirklich eine gesteigerte Respektform am Platze wäre. […]

Gruppen, die sich durch entscheidende Gemeinsamkeiten verbunden fühlen, haben schon immer das *Du* gewählt. So war es in der Arbeiterklasse mit ihrem „Solidaritäts-Du", das später in die SPD und die Gewerkschaften übernommen wurde. Das galt und gilt aber auch für Vereine, Sportgruppen, Verbindungsstudenten, Bergsteiger, Soldaten – kurz für vielerlei Gruppierungen, die über eine gewisse Zeit oder generell zusammengehören. […]

Der Übergang vom *Sie* zum *Du* bei Erwachsenen unterliegt gewissen Regeln, deren Anwendung eine hohe Sensibilität erfordert. Wer darf wem wann und warum das *Du* anbieten? Eher die ältere Person der jüngeren, eher die sozial höherstehende der niedrigstehenderen, auch geht die *Du*-Initiative eher von männlichen Gesprächspartnern als von weiblichen aus – wohlgemerkt, es ist die Rede von den Konventionen vor den 68er Jahren. Man „trank Brüderschaft" (eine parallele Redensart „Schwesternschaft trinken" war nicht geläufig), und das war gewissermaßen ein feierlicher Akt mit zusätzlicher feierlicher Umarmung. Der Wechsel vom *Sie* zum *Du* geht auch weniger förmlich vor sich, aber immer wird der Übergang situativ günstig platziert und ausdrücklich als solcher betont. Warum das *Du* angeboten wird, das kann vielerlei Gründe haben: lange Bekanntschaft, Wertschätzung, Sympathie, Liebe – alles, was im menschlichen Miteinander den Wunsch nach Vertrautheit aufkommen läßt. […]

Das neue Du – Signal des Aufbruchs
„Per Sie" kann man keine Revolution machen. Das leuchtet unmittelbar ein. Historische Beispiele bestätigen das. Sie sind oft mit revolutionärer Sprachanweisung verbunden. Entsprechende Belege haben wir z. B. für die Französische Revolution.

Nun braucht man die Studentenbewegung der endsechziger Jahre nicht gleich als Revolution zu bezeichnen, wiewohl deren Bewußtseinsprägung und schließlich auch deren gesellschaftspolitische Wirkung im Rückblick als „revolutionär" bezeichnet werden kann. […]

Sprachlich fielen neben dem soziologischen, später auch vulgärmarxistischen Vokabular der Studentenführer zusätzlich zwei programmatische Änderungen auf: die *Du*-Expansion und die Verweigerung jeglicher Titelanrede. Beides war damals ein bewußter Verstoß gegen die gültige Konvention, ein verbaler Versuch von Hierarchieabbau mit Provokationscharakter. […]

Als wesentlich wirkungsmächtiger erwies sich allerdings die *Du*-Expansion. Bis gegen Ende der 60er Jahre galt das *Sie* unter den Studierenden, ausgenommen ehemalige Mitschüler, Mitglieder von Studentenverbindungen, auch von „linken" Vereinigungen, Sport- und Geographiestudenten, z. T. auch Studierenden in Fächern mit längerer Labortätigkeit. Das hat sich innerhalb weniger Jahre vollkommen geändert. Es gilt das *Du* quer durch die Fächer hindurch während der ganzen Studienzeit und oft darüber hinaus. Ein interstudentisches *Sie* wirkt heute absolut befremdlich, ja lächerlich. […]

Das studentische *Du* hat sich vollständig durchgesetzt und ist unangefochten bis heute geblieben. Es fand Sympathie und z. T. auch Nachahmung in anderen Bereichen jugendlicher Ausbildung und in der Freizeitgestaltung. Zur generellen Anredeform, wie etwa in skandinavischen Ländern, ist es nicht geworden. Auch hat es die anfänglich stark ideologisch-solidarische Markierung weitgehend verloren, wie heute aus vielen Äußerungen der jungen Leute hervorgeht. Es ist sozusagen die Fortsetzung des Schüler-*Du*, selbstverständliche Anrede zwischen Personen jüngeren Alters (bis etwa 30?). Anderes kennen sie nicht. Im Altersübergang und im Übergang zu anderen Alltags- und Berufsbereichen ergeben sich dann allerdings weit mehr Unsicherheiten und gelegentlich auch Konflikte, als dies nach altem Modus der Fall war. […]

Werner Besch: Duzen, Siezen, Titulieren: Zur Anrede im Deutschen heute und gestern.
Göttingen: Vandenhoeck & Ruprecht 1998. S. 14 – 25.

Erläuterungen:
1 Die „68er Jahre" bezeichnen eine Epoche des gesellschaftlichen, politischen und kulturellen Umbruchs. In den sechziger Jahren bildeten sich in den USA und Westeuropa sogenannte Studentenbewegungen, die gegen die Regeln und Lebensgewohnheiten protestierten, die ihnen von ihren Eltern und der Gesellschaft vorgegeben wurden. Ihren Höhepunkt erreichten sie 1968.

Werner Besch, Jahrgang 1928, ist Sprachwissenschaftler und war Professor an der Universität Bonn.

Material 5
Interview mit dem Fehler-Forscher Jan Hagen:
Lehren aus der Luftfahrt. Duzen kann Leben retten (2013)

[…]

SPIEGEL ONLINE: In Ihrem Buch schildern Sie viele […] Fehler, die zu Abstürzen führten. Oft trauten sich Untergebene dabei nicht, den Kapitän rechtzeitig auf Probleme hinzuweisen. Bis in der Luftfahrt ein neues Fehlermanagement entwickelt wurde, das eine offenere Kommunikation und Fehleranalyse an Bord fördert. Warum sollte das auch in anderen Branchen funktionieren?

Hagen: Weil in jedem Unternehmen mit komplexen Strukturen und starken Hierarchien die Gefahr besteht, dass wichtige Informationen die Chefs nicht erreichen. […]

SPIEGEL ONLINE: Gerade wir Deutschen sind allerdings nicht für übermäßiges Aufbegehren gegenüber Obrigkeiten bekannt. Distanz zu Vorgesetzten entsteht bei uns schon durch das Siezen.

Hagen: Deshalb hat etwa die Lufthansa als Teil des Fehlermanagements auch unter allen Mitarbeitern an Bord das „Du" eingeführt – selbst wenn eine Besatzung zum ersten Mal gemeinsam fliegt. Das flacht die Hierarchie ab und macht es leichter, auf Fehler hinzuweisen.

SPIEGEL ONLINE: Duzen rettet also Leben?

Hagen: Im Zweifel ja.

SPIEGEL ONLINE: Auch außerhalb der Luftfahrt?

Hagen: Ja, etwa in Operationsteams, wo es inzwischen auch ein Fehlermanagement gibt. Das Statusgefälle zwischen Chefarzt und Krankenschwester ist noch steiler als zwischen Kapitän und Flugbegleiter. Doch auch eine Krankenschwester muss sich trauen, den Arzt auf Fehler hinzuweisen. […]

David Böcking: Lehren aus der Luftfahrt. Interview mit Jan Hagen,
http://www.spiegel.de/wirtschaft/unternehmen/interview-wie-die-luftfahrt-aus-ihren-fehlern-lernt-a-930916.html, 16.11.2013

Erläuterung:
Jan Hagen ist Professor in Berlin und beschäftigt sich vor allem mit den Themen Führung, Fehler- und Krisenmanagement, darunter insbesondere der Art und Weise, wie Organisationen mit Fehlern umgehen.

Material 6
Stefanie Hörnig: Wer darf wem das Du anbieten? (2012)

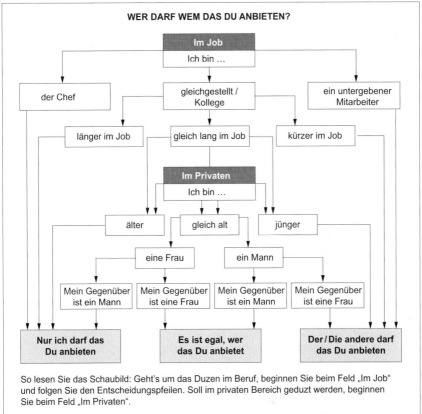

Stefanie Hörnig: Wer darf wem das Du anbieten?, http://bilder.bild.de/fotos/grossklick-26815584/Bild/1.bild.jpg, 22.10.2012

Erläuterung:
Stefanie Hörnig ist Journalistin und hat in der BILD-Zeitung unter der Rubrik „Büro-Knigge" erklärt, wer wem das Du anbieten darf.

Material 7
Interview mit dem Linguisten Martin Hartung: „Ein Du allein bedeutet nicht viel" (2007)

Was sagt es über unsere Gesellschaft, dass die Leute sich der Regeln[1] immer weniger bewusst sind? Sind wir egalitärer?
Da wäre ich vorsichtig. Man könnte auch auf die Idee kommen, dass die Hierarchien, die es gibt – vielleicht sogar noch mehr gibt als früher –, nur überdeckt werden.
In manchen Unternehmen gilt ja die Regel: Jeder duzt jeden.
In jungen Unternehmen, gerade im Bereich Medien und Internet [...] wird oft geduzt, aus Prinzip.
Ist es nicht eine Chimäre, dass dadurch Hierarchien abgebaut werden?
Es gibt Unternehmen – wie auch Gruppen und Organisationen –, die leben das Du wirklich; da drückt es ein Lebensgefühl aus. Mindestens die Hälfte dieser Unternehmen aber führen das Du ein, ohne es zu leben; der Chef tut bloß so, als sei er nicht autoritär. Auf die Dauer fällt aber keiner darauf rein. [...]
Das Duzen ist ja mit enorm viel Emotion belastet.
Natürlich, das gilt vor allem für das „Vertrautheits-Du". Verwandtschaft, Freundschaft, Liebe, Liebelei – die sind emotional besetzt, und deshalb lässt sich so ein Du auch nicht so leicht zurücknehmen. Aber der rein grammatische Blick auf Sie und Du verdeckt ja ganz wesentliche soziale Faktoren.
Inwiefern?
Wir verwenden das Du und das Sie in sehr komplexen Ausdruckskontexten – mit Intonation, mit syntaktischer Konstruktion, in einer bestimmten Situation, mit Körpersprache: Hält man Blickkontakt, dreht man den Körper weg? Das ist viel differenzierter, als das Paar Du gegen Sie es nahelegt. Ein Du allein sagt nicht viel.
Zum Beispiel?
Ich kann mich sehr distanziert jemandem gegenüber verhalten – obwohl ich ihn duze. Das zeigt: Ich mag dich nicht besonders. Oder: Ich duze dich zwar, aber wir sind noch am Anfang der Beziehung. Wenn ich meinen Partner duze, drücke ich dadurch etwas anderes aus, als wenn ich jemanden aus meiner Abteilung duze. „Du, Schätzchen, komm mal her" ist was ganz anderes als „Du, Hartung, komm mal her".
Und die Körpersprache?
Wichtig ist auch der Abstand zwischen den Körpern. Bei jemandem, den ich distanziert duze, vor dem bleibe ich auch mit größerem Abstand stehen. Jemanden aus meiner Familie, dem darf ich näherkommen, sogar berühren. Wenn Sie jemanden duzen, den Sie nicht leiden können, dann erkennt er das an Ihrem Gesicht, und er weiß, dass das kein Vertrautheits-Du ist, sondern ein Not-Du. Er wird sich nicht bei Ihnen zu Hause einladen. [...]

Bertram Eisenhauer: Ein Du allein bedeutet nicht viel. Interview mit Martin Hartung. Frankfurter Allgemeine Sonntagszeitung, 01.07.2007, Nr. 26 / Seite 16

1 Regeln, nach denen man entscheidet, ob man duzt oder siezt

Martin Hartung ist linguistischer Kommunikationsberater am Institut für Gesprächsforschung in Mannheim.

Hinweise und Tipps

- Die vorliegende Abituraufgabe verlangt von Ihnen, dass Sie mithilfe eines **Materialdossiers** einen **argumentierenden Text**, genauer einen **Kommentar**, verfassen. Dabei geht es um die Frage, ob die höfliche „Sie"-Anrede im Deutschen vollständig abgeschafft werden soll. Da die Aufgabenstellung recht umfangreich ist, sollten Sie **zentrale Begriffe markieren**, um herauszufinden, was genau Sie zu leisten haben. Sie erfahren dann auch, dass Sie die beiliegenden **Materialien für Ihre Argumentation nutzen**, sich aber nicht allein auf diese stützen sollen. Stattdessen sollen Sie auch **eigene Erfahrungen** und im Unterricht **erworbenes Wissen** mit einbringen. Sie dürfen aus den Materialien **zitieren**, ohne dabei genaue Zeilenangaben machen zu müssen.
- Lesen Sie zunächst aufmerksam die **Materialien**. Markieren Sie dabei solche Stellen, die Sie für Ihre **eigene Argumentation nutzen** können. Wenn Sie sich zudem bei jedem Material **knapp dessen Quintessenz notieren**, dann fällt es Ihnen später leichter, die Materialien in Ihren Aufsatz einzubinden.
- Bevor Sie mit dem Schreiben beginnen, sollten Sie sich die Merkmale der **Textsorte Kommentar** in Erinnerung rufen: Denken Sie daran, dass Sie einen **meinungsbildenden Text** schreiben sollen, der **sprachlich-rhetorisch attraktiv** und **adressatengerecht formuliert** ist.
- Beginnen Sie Ihren Kommentar mit einer **Einleitung**, die den Leser anspricht und ihn zum Weiterlesen animiert. Machen Sie außerdem deutlich, womit Sie sich im Folgenden beschäftigen werden. Anschließend sollten Sie **Argumente** ausführen, die **für bzw. gegen die Abschaffung des Siezens** sprechen. Dabei können Sie auch beide Seiten berücksichtigen, sollten aber deutlich machen, welche Aspekte für Sie überwiegen, d. h., ob Sie dafür oder dagegen sind. Dies sollte spätestens im **Schluss** erkennbar sein, der auch einen **Appell** an die Leserschaft enthalten kann. Vergessen Sie nicht, Ihren Kommentar mit einer ansprechenden **Überschrift** zu versehen und die vorgegebene Länge (800 bis 1 000 Wörter) im Blick zu behalten.

Lösungsvorschlag

Siezt du noch oder duzt du schon? – Warum das Siezen nicht aussterben darf	Überschrift
Ein skandinavisches Einrichtungshaus verspricht uns das gemütlichste Wohnen, die PISA-Studie weist das skandinavische Schulsystem als das erfolgreichste aus und beim jährlich durchgeführten World Happiness Report belegen Schweden, Norwegen, Dänemark und Finnland regelmäßig die vorderen Plätze. Ist es da nicht nur natürlich, dass man sich in unseren Breiten die **Frage** stellt, wie wir ein bisschen **skandinavisch-glücklicher** werden können?	Einleitung Skandinavien als Vorbild
Die **Abschaffung** der bei uns bisher noch üblichen **höflichen „Sie"-Anrede** wäre ein Schritt in diese Richtung. Denn in Schweden ist es seit den 1970er-Jahren üblich, sich zu duzen – auch wenn man sich	Vorschlag: Abschaffung der „Sie"-Anrede Bezug zu M 1

kaum kennt und sogar in formellen Zusammenhängen wie bei einem Behördenbesuch.

Eine findige **Initiative**, die in den letzten Tagen Schlagzeilen gemacht hat, votiert jedenfalls dafür, die „**Sie**"-**Anrede** aus dem deutschen Sprachraum zu verbannen. Ist das eine gute Idee? *Bezug zu Kontext des Kommentars*

Neu ist sie jedenfalls auch in Deutschland nicht. Dass das **Siezen überkommene gesellschaftliche Strukturen zementiert**, wussten schon die „68er", die laut dem Sprachwissenschaftler Werner Besch die „Du-Expansion" vorantrieben. Dabei spielt auch die Überzeugung eine Rolle, dass unser **Sprechen unser Denken beeinflusst:** Je mehr wir duzen desto weniger fühlen wir uns demnach wie Untertanen, die sich einer Obrigkeit unterwerfen. *Pro-Argumente Verflachung von Hierarchien Bezug zu M 4 Bezug zu M 3 und Einbezug von Unterrichtswissen*

Ein Bericht der Deutsch-Schwedischen Handelskammer macht klar, warum in Deutschland immer noch gesiezt wird. Die „Sie"-Anrede sei Ausdruck eines hierzulande ausgeprägteren **hierarchischen Denkens**. Und tatsächlich erscheint es in Deutschland selbst im dritten Jahrtausend weiterhin undenkbar, Personen in einem öffentlichen Schreiben zu duzen. Genauso wenig würde sich ein Arzt von seinen Patienten oder ein Lehrer von seinen Schülern mit „Du" ansprechen lassen. Das käme ja fast einer Revolution gleich. *Bezug zu M 1 Einbezug eigener Erfahrungen*

Dabei kann Duzen ein **Zeichen von Solidarität und Teamgeist** sein. Besch spricht vom „**Solidaritäts-Du**", das nicht nur in der Arbeiterbewegung, sondern auch in Vereinen verbreitet ist. Dort **verringert** es die **Distanz** und stärkt das Zusammengehörigkeitsgefühl. Wer eine neue Sportart beginnt, fühlt sich – diese Erfahrung habe ich jedenfalls gemacht – schneller in einem Verein zu Hause, wenn er mit einem freundlichen „Du" begrüßt wird. *Vorteile für Gesellschaft und Wirtschaft Bezug zu M 4 Einbezug eigener Erfahrungen*

Dass das „Du" auch **im beruflichen Umfeld attraktiv** sein kann, zeigt ein Interview mit dem Fehler-Forscher Jan Hagen, nach dem das „Duzen […] Leben retten" kann. Auch wenn es in den meisten Firmen nicht wie bei der Luftfahrt um Leben oder Tod geht, kann ein **vertrauter Umgang zwischen Chef und Personal** durchaus zu einer **gesteigerten Effektivität** beitragen. Der Untergebene hat dann weniger Scheu, seinen Vorgesetzten auf Fehler hinzuweisen oder ihm neue Ideen zu unterbreiten. Ein konsequentes „Du" kann also auch **in der freien Wirtschaft Vorteile** bringen. *Bezug zu M 5*

Das gilt umso mehr, als die **Regeln zur angemessenen Personenanrede** weder leicht erklärbar noch leicht verständlich sind. Duzen in vertrauter Umgebung, Siezen im öffentlichen Umfeld – wenn es denn nur so einfach wäre! Selbst Muttersprachlern ist nicht immer klar, wer wem wann und in welcher Situation das „Du" anbieten *Vereinfachung sprachlicher Regeln Bezug zu M 4 und M 6* darf. Wie viel schwerer muss es da erst für des Deutschen nicht umfassend mächtige Personen sein? Deren **Integration** könnte man **erleichtern**, wenn man einfach generell auf die „Sie"-Anrede verzichten und ein **neutrales „Du"** einführen würde.

Einbezug von Unterrichtswissen: Problematik der Integration

Dafür spricht auch, dass sich dieses **in vielen Bereichen bereits durchgesetzt** hat. So käme kein Student mehr auf die Idee, seine Kommilitonen zu siezen, und auch unter gleichaltrigen Zufallsbekanntschaften setzt sich die „Du"-Anrede immer weiter durch, ohne dass damit gleich eine besondere Vertrautheit einhergehen würde. Das **neutrale „Du"** ist also bereits **weitgehend etabliert**, sodass der vollständige Verzicht auf das höfliche „Sie" kein allzu großer Schritt mehr wäre.

bereits weite Verbreitung der „Du"-Anrede

Bezug zu M 4 und Einbezug eigener Erfahrungen

Also einfach weg mit dem nervigen „Sie", wie es die oben angesprochene Initiative fordert? An dieser Stelle muss dann doch vehement widersprochen werden, da mit einer Abschaffung der „Sie"-Anrede durchaus **gravierende Nachteile** verbunden wären.

Überleitung

Bezug zu Kontext des Kommentars

So betont der Linguist Martin Hartung zurecht, dass ein „Du allein" keine **Hierarchien** abschafft. Oft werden diese durch ein verordnetes „Du" **nur überdeckt** – mehr Schein als Sein also. Wenn ein Chef seinen Mitarbeitern das persönlichere, vertraulichere „Du" anbietet, wird es auch **schwieriger**, **sachliche Kritik zu üben** oder **Ermahnungen** auszusprechen. Die Abschaffung der distanzierteren „Sie"-Anrede **verkompliziert** hier also die **zwischenmenschliche Kommunikation** – anstatt sie zu vereinfachen.

Kontra-Argumente

nur Überdeckung von weiterhin existierenden Hierarchien

Bezug zu M 7

Aus **kommunikationswissenschaftlicher Perspektive** sollte man die „Du"-Ansprache als Mittel der Annäherung auch nicht zu sehr überbewerten: Denn – so argumentiert Hartung überzeugend – **Kommunikation** funktioniert **nie nur verbal** und über einen einzigen Kanal, sondern auch Intonation, Mimik und Gestik spielen dabei eine zentrale Rolle. Ein „**Du**" **reicht nicht aus**, um eine vorhandene **innere Distanz zu verschleiern**. Auch ein „Du" kann nicht verhindern, dass ein **Abwenden des Körpers** oder eine **einsilbige Antwort** als unfreundlich oder ablehnend empfunden werden. Es nützt also nichts, nur die „Sie"-Anrede abzuschaffen, da sich **allein durch das Duzen keine wirkliche Nähe oder Vertrautheit** herstellen lässt.

Bedeutung nonverbaler Kommunikation

Bezug zu M 7

In der Werbung wird das dennoch zum Zweck der **Manipulation** versucht – sie macht sich die „Duz-Hegemonie", wie der Journalist Holger Fuß die immer weitere Ausbreitung des Duzens nennt, zunutze. Indem sie ihre potenziellen Kunden vertraulich mit „Du" anredet, **suggeriert** sie, deren **Bedürfnisse genau zu kennen**, und erschleicht sich dadurch das Vertrauen ihrer Adressaten. Diese

Manipulationsgefahr

Bezug zu M 2

Wirkung lässt sich mit dem **Vier-Ohren-Modell** von Schulz von Thun erklären, das besagt, dass eine Botschaft nicht nur eine Sach-, sondern auch eine **Beziehungsebene** hat. In der „Du"-Anrede wird diese stärker berücksichtigt, sodass eine Werbebotschaft emotionaler wirkt und das Produkt vielleicht eher gekauft wird.

Einbezug von Unterrichtswissen: Kommunikationstheorie

Die **Differenzierung zwischen den zwei Anrede-Formen** erlaubt es außerdem auch, seinem Gegenüber bereits auf sprachlicher Ebene **Respekt** zu zollen und **achtsam mit seinen Mitmenschen umzugehen.** Statt alle – weil's halt einfacher ist – undifferenziert und neutral zu duzen, verleiht die „Sie"-Anrede der **Achtung vor der Andersartigkeit** des Gesprächspartners Ausdruck. Sie ermöglicht es, die **Besonderheit einer Beziehung** auch sprachlich zu kennzeichnen. Gerade Jugendliche sind nicht selten stolz, wenn sie das erste Mal im öffentlichen Raum gesiezt und damit als gleichberechtigt anerkannt werden. Auch im persönlichen Miteinander sind es oft besondere Momente, wenn zwei Kommunikationspartner vom „Sie" zum „Du" übergehen. Solche **bereichernden Nuancierungen** würden der Sprache sowie dem gesellschaftlichen und persönlichen Miteinander abhandenkommen, wenn man dem Ruf nach der Abschaffung des Siezens folgen würde.

Möglichkeit zur sprachlichen Differenzierung
Bezug zu M 2

Einbezug eigener Erfahrungen

Ganz davon abgesehen würde es wohl **Jahre dauern**, bis mit der veränderten Anrede auch ein **verändertes Lebensgefühl** und Bewusstsein einhergehen würde. Nur weil das Siezen offiziell abgeschafft wäre, würde man es dennoch nicht als neutral und passend empfinden, auf der Straße oder in einem Amt einfach geduzt zu werden. Man kann einer Sprachgemeinschaft nicht von oben einen bestimmten Gebrauch befehlen oder untersagen, sondern dieser **muss sich dynamisch entwickeln**, damit ein Bewusstseinswandel damit verbunden ist.

Unmöglichkeit, Sprachwandel von oben zu verordnen

Einbezug von Unterrichtswissen: Sprachwandel

Man sollte dem Sprachwandel also seinen eigenen Lauf lassen und es als **Chance** begreifen, dass wir im Deutschen **zwischen „Sie" und „Du" differenzieren** können. Und glauben Sie mir – unglücklicher wird man dadurch nicht!

Schluss
Appell

Kernfach Deutsch (Hamburg): Abiturprüfung 2018
Erhöhtes Anforderungsniveau – Aufgabe IV

Thema
Lyrik

Texte
Keller, Gottfried: *Abendlied an die Natur.*
Kuhligk, Björn: *Aus den Landschaften*

Teilaufgaben

1. Interpretieren Sie das Gedicht *Abendlied an die Natur.* von Gottfried Keller.

2. Vergleichen Sie die Gestaltung des Verhältnisses zwischen Mensch und Natur in den Gedichten *Abendlied an die Natur.* von Gottfried Keller und *Aus den Landschaften* von Björn Kuhligk.
   Berücksichtigen Sie dabei sowohl inhaltliche als auch sprachliche Aspekte.

Text a: Gottfried Keller (1819–1890): Abendlied an die Natur. (1889)

Hüll' ein mich in die grünen Decken,
Mit deinem Säuseln sing' mich ein,
Bei guter Zeit magst du mich wecken
Mit deines Tages jungem Schein!
5 Ich hab' mich müd' in dir ergangen,
Mein Aug' ist matt von deiner Pracht;
Nun ist mein einziges Verlangen,
Im Traum zu ruh'n, in deiner Nacht.

Des Kinderauges freudig Leuchten
10 Schon fingest du mit Blumen ein,
Und wollte junger Gram es feuchten,
Du scheuchtest ihn mit buntem Schein.
Ob wildes Hassen, maßlos Lieben
Mich zeither[1] auch gefangen nahm:
15 Doch immer bin ich Kind geblieben,
Wenn ich zu dir ins Freie kam!

Geliebte, die mit ew'ger Treue
Und ew'ger Jugend mich erquickt,
Du einz'ge Lust, die ohne Reue
20 Und ohne Nachweh mich entzückt –

Sollt' ich dir jemals untreu werden,
Dich kalt vergessen, ohne Dank,
Dann ist mein Fall genaht auf Erden,
Mein Herz verdorben oder krank!

25 O steh' mir immerdar im Rücken,
Lieg' ich im Feld mit meiner Zeit!
Mit deinen warmen Mutterblicken
Ruh' auf mir auch im schärfsten Streit!
Und sollte mich das Ende finden,
30 Schnell decke mich mit Rasen zu;
O selig Sterben und Verschwinden
In deiner stillen Herbergsruh!

Keller, Gottfried: Abendlied an die Natur. In: Ders.: Sämtliche Werke. Historisch-Kritische Ausgabe, Band 9: Gesammelte Gedichte. Erster Band. Hrsg. von Walter Morgenthaler u. a.; Frankfurt am Main und Zürich 2009, S. 40 f.

Erläuterung:
1 „zeither": seither
Die Rechtschreibung entspricht der Textquelle.

Text b: Björn Kuhligk (*1975): Aus den Landschaften (2005)
(für Peter Wawerzinek)[1]

Man steht an Küsten, unterkühlt
auf Klippen, in Tälern
überpokert von Gipfeln

man hat zwei Zimmerpflanzen
5 die bekommen Wasser und
dieser Kaktus, der durchhält

man muß nicht wedeln, die Wäsche
trocknet von selbst, die zwei Leben
die man hatte, da paßt ein drittes drauf

10 man steht unter Bäumen, worunter
auch sonst, da stecken Misteln drin
das sieht verstörend aus

man ist geduldet, ein lebender Gast
mit Schuhwerk am Knöchel, ein
15 dummes Gewirr, was Größeres will

Kuhligk, Björn: Aus den Landschaften. In: Ders.: Großes Kino. Berlin 2005, S. 10.

Erläuterung:
1 Widmung an einen Schriftstellerkollegen
Die Rechtschreibung entspricht der Textquelle.

Hinweise und Tipps

- Die **erste Teilaufgabe**, auf die ca. 60 % der von Ihnen geforderten Leistung entfallen, verlangt von Ihnen die **Interpretation** des Gedichts „Abendlied an die Natur." von Gottfried Keller. Das bedeutet, dass Sie die **inhaltliche, formale** und **sprachlich-stilistische Gestaltung** des Gedichts untersuchen müssen, um zu einer **Gesamtdeutung** zu kommen. Sie müssen nicht zwingend genau jene Aspekte nennen, die im folgenden Lösungsvorschlag angesprochen werden. Es ist aber wichtig, dass Sie Sinnzusammenhänge zwischen den einzelnen Einheiten des Gedichts herstellen. Dies erreichen Sie, indem Sie die formale und sprachlich-stilistische Gestaltung des Textes im Hinblick auf ihre Funktion und Wirkung für die Gesamtaussage analysieren und deuten. Dabei ist es erforderlich, dass Sie Ihr Textverständnis stets mithilfe von **Zitaten** am Gedicht belegen.
- Die **zweite Teilaufgabe** (ca. 40 % der geforderten Leistung) verlangt einen Vergleich des Gedichts „Abendlied an die Natur." mit dem Gedicht „Aus den Landschaften" von Björn Kuhligk. Dabei sollen Sie sich auf die **inhaltliche und sprachliche Gestaltung des Verhältnisses zwischen Mensch und Natur** in beiden Werken konzentrieren. Eine vollständige Interpretation des Kuhligk-Gedichts ist hier nicht gefordert. Vielmehr müssen Sie geeignete Passagen daraus auswählen und diese vergleichend auf Kellers Darstellung beziehen. Das bedeutet, dass Sie **Gemeinsamkeiten und Unterschiede** im Hinblick auf die Gestaltung des Verhältnisses zwischen Mensch und Natur in beiden Gedichten herausarbeiten müssen. Fassen Sie abschließend Ihre Ergebnisse in einem **Fazit** zusammen.

Lösungsvorschlag

Die **Natur** spielt in der deutschen Lyrik über die verschiedenen Epochen hinweg eine zentrale und mannigfaltige Rolle. Dabei steht der Wunsch nach Einklang und Verschmelzen mit der Natur der Distanzierung und Entfremdung des Menschen von seiner natürlichen Umgebung diametral gegenüber. In Gottfried Kellers Gedicht *Abendlied an die Natur.* aus dem Jahr 1889 geht es um die innige und **lebenslange emotionale Verbundenheit** des lyrischen Sprechers **mit der Natur**, von der eine **wohltuende Wirkung** auf das lyrische Ich ausgeht.

Aufgabe 1
Einleitung
Autor, Titel, Entstehungszeit, Thema und Deutungsthese

Der Sprecher stellt hier sein enges und emotionales Verhältnis zur Natur dar. In der **ersten Strophe** bittet er die Natur darum, ihn liebevoll **zur Nacht aufzunehmen**, nachdem er den ganzen Tag über ihre Schönheit genossen hat. Die **zweite Strophe** widmet sich zunächst der positiven **Erinnerung** des lyrischen Ich **an seine Kindheit**, in der es die Natur als etwas Aufmunterndes und Erfreuendes erlebt hat. Anschließend verdeutlicht das lyrische Ich, dass es auch noch als Erwachsener die befreiende und **ausgleichende Wirkung** der

Interpretation des Keller-Gedichts
Aufbau und Inhalt des Gedichts

Natur spürt und sich seine kindliche Unbeschwertheit in der Natur bewahren konnte. In der **dritten Strophe** schwört der lyrische Sprecher der Natur seine **Treue** und betont, dass ein Bruch des Eides ihm selbst schaden würde. In der **letzten Strophe** bittet das lyrische Ich die Natur um Rückhalt und mütterliche **Fürsorge auch in konfliktreichen Lebenslagen**. Außerdem äußert es den Wunsch nach **Seelenfrieden im Tod** durch ein Eingehen in die Natur.

Die **innige Verbundenheit des lyrischen Sprechers mit der Natur** zeigt sich in der konsequenten Verwendung des Personalpronomens „du" im Nominativ, Dativ und Akkusativ (vgl. V. 3, 5, 10, 12, 16, 19, 21, 22) und des Possessivpronomens „dein" (vgl. V. 2, 4, 6, 8, 27, 32). Der mit dieser durchgängigen **direkten Anrede** bereits geweckte Eindruck von einer **Personalität der Natur** wird mithilfe zahlreicher, das ganze Gedicht durchziehender Personifikationen verstärkt (vgl. V. 1–4, 9–12, 17–20, 25–28).

> innige Verbundenheit des lyrischen Ich mit der Natur durch Anrede der Natur

Die Innigkeit zwischen der Natur und dem Menschen wird in der ersten Strophe als ein **Verhältnis zwischen fürsorglicher Mutter und umsorgtem Kind** ausgestaltet: „Hüll' ein mich in die grünen Decken,/Mit deinem Säuseln sing' mich ein,/Bei guter Zeit magst du mich wecken/Mit deines Tages jungem Schein!" (V. 1–4) Während Mutter Natur dem lyrischen Ich in der ersten Strophe **Geborgenheit** schenkt, gewährt sie ihm in der zweiten Strophe **Schutz** und **Trost**: „Und wollte junger Gram es [das Kinderauge] feuchten,/Du scheuchtest ihn mit buntem Schein" (V. 11 f.). Die Skizze der mütterlichen Beziehung der Natur zum lyrischen Ich ist hier eingebettet in die Erinnerung des Sprechers an sein Erleben der Natur als Kind (vgl. V. 9–12). Diese Idylle besteht auch im Erwachsenenalter fort, da das lyrische Ich in der Natur alle **Probleme der Erwachsenenwelt abschütteln** und wieder Kind sein kann (vgl. V. 13–16). Die **wohltuende Wirkung der Natur** wird in den ersten beiden Strophen mithilfe von Metaphern („grün[e] Decken", V. 1; „deines Tages jungem Schein", V. 4; „mit buntem Schein", V. 12) hervorgehoben. Zugleich wird der Natur durch die zweifache Antithese „Ob wildes Hassen, maßlos Lieben/Mich zeither auch gefangen nahm:/Doch immer bin ich Kind geblieben,/Wenn ich zu dir ins Freie kam!" (V. 13–16) eine **befreiende Wirkung** zugeschrieben. Die Gleichsetzung der Beziehung zwischen der Natur und dem Individuum mit dem Verhältnis zwischen Mutter und Kind wird hier augenscheinlich. Gleiches gilt für die letzte Strophe, in der das lyrische Ich die Natur mit einer als Ausruf gestalteten Metapher um **mütterliche Unterstützung bei Problemen** bittet: „Mit deinen warmen Mutterblicken/Ruh' auf mir auch im schärfsten Streit!" (V. 27 f.)

> Mutter-Kind-Verhältnis zwischen der Natur und dem Menschen

Das Gefühl der Geborgenheit durch eine herzliche Mutter-Kind-Beziehung wird in der dritten Strophe flankiert von einem **idealisierten Liebesverhältnis des lyrischen Ich zur Natur** (vgl. V. 17–20), die als „Geliebte" (V. 17) apostrophiert wird. Während die **Natur** als Mutter Sicherheit und Schutz gewährt sowie Trost spendet, „erquickt" (V. 18) und „entzückt" (V. 20) sie den lyrischen Sprecher **als Geliebte.** Konsequent folgt dann mithilfe einer Exklamation und einer Personifikation des Herzens, das als Pars pro Toto für das lyrische Ich steht, der **Treueschwur des Sprechers:** „Sollt' ich dir jemals untreu werden,/Dich kalt vergessen, ohne Dank,/Dann ist mein Fall genaht auf Erden,/Mein Herz verdorben oder krank!" (V. 21–24)

idealisiertes Liebesverhältnis zwischen der Natur und dem lyrischen Ich

Das bereits in der ersten Strophe evozierte Bild von der Natur als fürsorglicher Mutter, die ihr Kind zudeckt, wird in der letzten Strophe mit der euphemistischen Periphrase für den Tod „Und sollte mich das Ende finden,/Schnell decke mich mit Rasen zu" (V. 29 f.) wieder aufgegriffen. In beiden Strophen wird die **Natur als Ruhe- und Rückzugsort** angesprochen. Während es in der ersten Strophe aber darum geht, sich zur Nacht zu betten (vgl. V. 5–8), bittet das lyrische Ich die Natur in der letzten Strophe darum, nach dem Tod in sie eingehen und in Frieden ruhen zu dürfen. Hervorgehoben wird dies mithilfe der Interjektion „O selig Sterben und Verschwinden" (V. 31) und der sich in den letzten beiden Wörtern verdichtenden rhetorischen Figuren des Pleonasmus, des Neologismus und der Metapher „In deiner stillen Herbergsruh!" (V. 32). Die **metaphorische Rahmung durch das Bild des Zudeckens**, Schutzgewährens und Ruhefindens in der ersten und letzten Strophe verdeutlicht die **Allgegenwärtigkeit und die Allmacht der Natur.** Deren Omnipräsenz offenbart sich zudem darin, dass das lyrische Ich die Natur bei Tag und bei Nacht erlebt (vgl. V. 5–8). Die Omnipotenz wird außerdem in der Begegnung des Sprechers mit der Natur im Leben (vgl. zweite Strophe) und im Tod deutlich (vgl. V. 29–32). In allen Lebensphasen des lyrischen Ich von der Kindheit bis zum Tod wirkt die **Natur positiv** auf das Individuum, sodass selbst das „Sterben und Verschwinden" (V. 31) nicht als Bedrohung, sondern als beglückender Zustand wahrgenommen wird.

Natur als Ruhe- und Rückzugsort

Omnipräsenz und Omnipotenz der Natur

Die Innigkeit und **Harmonie zwischen der Natur und dem lyrischen Ich** wird auch mithilfe der **regelmäßigen Form** des Gedichts verdeutlicht. Dieses besteht aus vier gleich gebauten Strophen zu je acht Versen und weist regelmäßige vierhebige Jamben sowie einen Kreuzreim mit alternierenden weiblichen und männlichen Kadenzen auf. Nach dem vierten Vers einer jeden Strophe erfolgt eine gedankliche Zäsur, was durch den Wechsel des Reims auch formal betont wird.

Korrespondenz von Form und Inhalt

Das Gedicht *Abendlied an die Natur.* betont sowohl inhaltlich als auch formal den **Einklang zwischen** der **Natur und** dem **lyrischen Ich**. Dieses reflektiert die zentrale und **beglückende Bedeutung** der Natur für sein Lebensgefühl und für seinen Lebenslauf von der Kindheit bis zum Tod.

> abschließende Interpretation: beglückende Bedeutung der Natur für das lyrische Ich

Der **innigen Verbundenheit** des Sprechers mit der Natur in Gottfried **Kellers Gedicht** steht ein **distanziertes Naturerleben** in dem Gedicht *Aus den Landschaften* von Björn **Kuhligk** aus dem Jahr 2005 gegenüber. In Kellers Gedicht geht es um die **Harmonie zwischen Natur und Mensch**. Das Verhältnis zwischen der Natur und dem lyrischen Ich wird hier als eine Mutter-Kind-Beziehung beziehungsweise als Beziehung zu einer Geliebten dargestellt. Dagegen thematisiert Kuhligks poetisches Werk das **gestörte Verhältnis des Menschen zur Natur**.

> **Aufgabe 2**
> Überleitung zum Gedichtvergleich

Dennoch weisen beide Gedichte auch **Gemeinsamkeiten** auf. Sie bieten eine reflexive und resümierende **Bilanzierung der Beziehung zwischen Mensch und Natur**, wobei letztere sowohl in Kellers als auch in Kuhligks Werk als **omnipräsent** dargestellt wird. Außerdem sind in beiden Werken **Form und Inhalt aufeinander bezogen** und ergänzen sich gegenseitig. Bei beiden Gedichten **verweist** bereits der **Titel auf** das jeweils nachfolgend beschriebene **Verhältnis zwischen** der **Natur** und dem **Menschen**. Dieses ist allerdings ganz unterschiedlich gestaltet.

> **Gedichtvergleich**
> **Gemeinsamkeiten**
> Thema, Zusammenhang von Form und Inhalt, Verweischarakter der Titel

In Kellers Gedicht *Abendlied an die Natur.* wird die **personal gedachte Natur** als ganzheitlich erlebt und als **harmonische Einheit** betrachtet. Das erkennt man daran, dass in der ersten Strophe summarisch von der „Pracht" (Text a, V. 6) der Natur gesprochen wird. Lediglich mit „Blumen" (Text a, V. 10) und „Rasen" (Text a, V. 30, vgl. auch V. 1) werden einzelne Naturelemente als Pars pro Toto explizit erwähnt. Der **emphatischen Ansprache der Natur** bei Keller wird in Kuhligks Gedicht *Aus den Landschaften* eine **lakonische Bestandsaufnahme** entgegengesetzt, welche die Distanz des lyrischen Ich zur Natur demonstriert. **Einzelne Naturphänomene** werden **getrennt nach Landschaften** separat betrachtet: „Küsten" (Text b, V. 1), „Klippen" (Text b, V. 2), „Gipfe[l]" (Text b, V. 3), „Zimmerpflanzen" (Text b, V. 4), „dieser Kaktus" (Text b, V. 6), „Bäum[e]" (Text b, V. 10), „Misteln" (Text b, V. 11).

> **Unterschiede**
> ganzheitliche Naturbetrachtung (Keller) vs. disparate Naturbetrachtung (Kuhligk)

Das **gestörte Verhältnis** des Sprechers **zur Natur** in Kuhligks Gedicht offenbart sich zudem deutlich in der Verwendung des **unpersönlichen Pronomens „man"** (Text b, V. 1, 4, 7, 10, 13), mit dem anaphorisch jede der fünf dreiversigen Strophen beginnt. Der

> Naturnähe (Keller) vs. Distanz zur Natur (Kuhligk)

Mensch erscheint hier nur als **unbeteiligter Beobachter**, der in keinem emotionalen Verhältnis zur Natur steht. Dies bildet einen Kontrast zur innigen und **herzlichen Beziehung des lyrischen Ich zur Natur** in Kellers Gedicht, der durch eine konsequente persönliche Anrede der Natur Ausdruck verliehen wird. Der **Mensch** fühlt sich hier **eng mit der Natur verbunden** und erlebt diese in allen Lebenslagen als beglückend.

Auffällig ist in Kuhligks Gedicht auch die **negativ konnotierte Wortwahl**: „Man steht an Küsten, unterkühlt/auf Klippen, in Tälern/überpokert von Gipfeln" (Text b, V. 1–3). Die **Natur** scheint dem Menschen hier geradezu **feindselig** gegenüberzustehen. Auf keinen Fall vermittelt sie die bei Keller erkennbare Sicherheit und Geborgenheit. Zwar ist die Natur durchaus **von praktischem Nutzen**, indem sie zum Beispiel Wäsche an der Leine trocknet (vgl. Text b, V. 7 f.), jedoch begegnet der Mensch ihr **ohne große Emotionen**. Seine Pflanzen „bekommen Wasser" (Text b, V. 5), aber viel mehr investiert der Besitzer nicht in ihre Pflege. Dies wird mit der Ellipse „dieser Kaktus, der durchhält" (Text b, V. 6) hervorgehoben. Misteln in Bäumen, die eigentlich Assoziationen an romantische Küsse unter dem Mistelzweig wecken, empfindet der Sprecher in Kuhligks lyrischem Werk als „verstörend" (Text b, V. 12) und er hat den Eindruck, von der Natur nur „geduldet" (Text b, V. 13) zu sein. Im Gegensatz zu dieser pessimistischen Sichtweise überwiegt bei Keller eine **positiv konnotierte Wortwahl**. Die Natur ist eine „Geliebte" (Text a, V. 17), die „erquickt" (V. 18) und „ohne Reue/[…] entzückt" (Text a, V. 19 f.).

positiver Blick auf die Natur (Keller) vs. negatives Naturbild (Kuhligk)

Auch der **Satzbau** der beiden Gedichte offenbart Unterschiede im Verhältnis von Mensch und Natur. Kellers Gedicht zeichnet sich durch eine **syntaktische Gebundenheit**, Anreden und Ausrufe aus, was die **Verbundenheit** des lyrischen Ich **mit der Natur** zeigt. In Kuhligks Werk lässt sich dagegen eine unverbundene, monotone und zum Teil **elliptische Syntax** finden, die auf die **Distanz und Fremdheit zwischen** dem lyrischen **Sprecher und** der **Natur** verweist.

gebundene Syntax (Keller) vs. teilweise elliptischer Satzbau (Kuhligk)

Die beide Gedichte auszeichnende **Korrespondenz von Form und Inhalt** unterstreicht ebenfalls die unterschiedlichen Sichtweisen auf das Verhältnis zwischen Mensch und Natur. Während der **regelmäßige formale Aufbau des Keller-Gedichts** auf die **Harmonie** zwischen Individuum und seiner natürlichen Umgebung verweist, untermauert die **nüchterne Gestaltung des Kuhlig-Werks** die zwischen der Natur und dem lyrischen Ich herrschende **Fremdheit**. Das Gedicht *Aus den Landschaften* weist weder Reime noch ein regelmäßiges Metrum auf. Obwohl alle Zeilenbrüche mithilfe von

formale Regelmäßigkeit (Keller) vs. nüchterne formale Gestaltung (Kuhligk)

Enjambements – teilweise gegen gültige Interpunktionsregeln (vgl. V. 4 f., V. 8 f., V. 11 f.) – überspielt werden, trennen sie inhaltlich Zusammengehöriges bisweilen derart künstlich, dass die **Distanz des Menschen zur Natur** besonders betont wird. So führt beispielsweise der stark konstruierte Zeilenbruch in der ersten Strophe zu einer exponierten Stellung der Partizipien „unterkühlt" (V. 1) und „überpokert" (V. 3), welche die vom lyrischen Sprecher als unangenehm empfundene **Macht der Natur** verdeutlicht.

Während das lyrische Ich bei Keller die **Natur als** Schutz und Geborgenheit gewährende **Mutter** und beglückende **Geliebte** wahrnimmt und ihren **positiven Einfluss** in allen Lebenslagen spürt, betrachtet der Sprecher in Kuhligks Gedicht die **Natur als eine autarke Macht**, von der er sich ausgeschlossen fühlt. Die Empfindung der **Isolation** und der **Entfremdung** wird dabei mithilfe zweier metaphorischer Appositionen untermauert, die **Zweifel an der Sinnhaftigkeit der eigenen Existenz** erkennen lassen: „man ist geduldet, ein lebender Gast / mit Schuhwerk am Knöchel, ein / dummes Gewirr, was Größeres will" (Text b, V. 13–15).

Schutz und Geborgenheit (Keller) vs. Isolation und Fremdheit (Kuhligk)

Obwohl beide Gedichte das Verhältnis des Menschen zur Natur thematisieren, werden ganz unterschiedliche Sichtweisen deutlich. Keller stellt die Beziehung des Menschen zur Natur als eine **beglückend erlebte Verbundenheit** dar, während Kuhligk das **Verhältnis von Individuum und Natur als gestört** ansieht. Der Mensch hat **keine Beziehung zur Natur mehr**, er ist ihr **entfremdet**. So verweisen beide Gedichte auf die **Macht der Natur:** entweder als positive Kraftquelle oder aber als Ausgangspunkt für den Zweifel an der Sinnhaftigkeit der eigenen Existenz.

Schluss